Web3への法務Q&A

ブロックチェーン、NFT・NFTマーケット、Play to Earn、
DeFi、メタバース、税務

野口香織
Kaori Noguchi
編著

一般社団法人金融財政事情研究会

はしがき

Web3は、イーサリアムの共同創設者であるギャヴィン・ウッド氏によって最初に発案された、従来の中央集権的に管理されたアプリケーションから、非中央集権型プロトコルの上に構築されたアプリケーションへ、というWebアプリーションの新しいビジョンと方向性を示す用語です。現在Web3には、定まった定義はありませんが、このギャヴィン・ウッド氏の唱えるWeb3を理解することは、これを実現するためのブロックチェーン（特にスマートコントラクト）やDAppsといった概念を理解することにほかならず、ブロックチェーンやDAppsを理解することは、様々な意味で用いられるWeb3を理解するための第一歩です。一方、現在Web3という用語に注目が集まっている理由は、昨年2021年から紙面を賑わしているNFT取引の登場やPlay to Earn（遊んで稼ぐ）の躍進、DeFiの拡大、メタバースへの応用の期待など複合的です。

そこで、本書では、「Web3への法務Q&A」と題し、Web3を実現するブロックチェーンやWeb3が注目される理由ともなったNFT・NFTマーケット、Play to Earn、DeFi、メタバースを巡って生じる法的論点に税務を加え、QA方式でまとめることにしました。

なお、技術の進化は日進月歩であり、ブロックチェーンに関する法的論点（規制動向等）は日々目まぐるしく変化し続け、本書の内容は、本来は書籍としてまとめるには適さないものです。そうであるにもかかわらずこの形をとったのは、法律家の視点から、ブロックチェーンの基礎知識や法的論点がまとめられた書籍が、ブロックチェーンに関係する人々とそうでない人々（企業、法律家等）との間での共通言語の醸成に有用であり、今後のブロックチェーンの普及やWeb3の推進、ブロックチェーンを悪用したトラブルの防止に資すると感じたためです。

このような本書の性質から、その利用にあたっては、本書の内容が発行日の時点で既に最新の情報でない可能性があること（なお、法令は2022年８月31

日現在を基準とし、校正の中で可能な限り更新しています)、最新の情報は他の媒体（インターネット等）で確認する必要があることにご留意ください。また、ブロックチェーンに係る記述は、文献や外部有識者の情報に基づき可能な限り正確を期したつもりですが、編著者の力不足により詳細の省略や意訳、不正確な点があり得ることをご容赦ください。

本書がブロックチェーンの理解やこれを巡る法的問題解決の一助となれば幸いです。

令和４年10月

TMI総合法律事務所　弁護士　**野口　香織**

執筆者紹介

【編著者】

野口　香織（のぐち　かおり）

2007年弁護士登録。TMI総合法律事務所パートナー弁護士。
主な業務は、新規事業（多くはデジタル事業）の立上げ、運用管理、訴訟・紛争等対応。
主な著作に、「ブロックチェーンと地域通貨の活用」金融法務事情2055号2016年12月10日号、「銀行本体による情報提供業務の解禁と情報銀行」金融法務事情No.2114号2019年５月25日号など。

【筆者】

岩品　信明（いわしな　のぶあき）

■第６章担当
2000年弁護士登録。2010年税理士登録。TMI総合法律事務所パートナー弁護士・税理士。
主な業務分野は、税務争訟、商事関連争訟、M&A、消費者関連、タックスプランニング、コーポレートガバナンス。
主な著作に、「法律事務所に求められる消費税インボイス制度への対応」自由と正義（2022年７月１日号)、「新型コロナ新常態の法務対応」商事法務（2021年、共著）など。

土肥　里香（どい　さとか）

■第２章Q10～Q14、Q17、Q18、Q23、Q24担当
2010年弁護士登録。TMI総合法律事務所アソシエイト弁護士。
主な業務分野は、フィンテック、金融レギュレーション、個人情報、データ。
主な著作に、『プライバシーポリシー作成のポイント』（中央経済社、2022）（共著)、『コード決済の不正利用と補償』（金融法務事情No.2133　2020年３月10日）など。

長島　匡克（ながしま　まさかつ）

■第２章Q15、Q18～Q22、第５章担当
2011年弁護士登録、2020年カリフォルニア州弁護士登録。
主な業務分野は、知的財産、IT法務。

主な著作に、The Law Review『THE SPORTS LAW REVIEW－6th Edition』、Chambers「GLOBAL PRACTICE GUIDES - Copyright 2021」、商事法務ポータル「ｅスポーツを巡るリーガル・トピック」など。

白澤　光音（しらさわ　みつね）

■第４章担当

2013年弁護士登録。TMI総合法律事務所アソシエイト弁護士。2015年～2017年金融庁総務企画局市場課勤務。

主な業務分野は、フィンテック、金融レギュレーション、LBOファイナンス、アセットマネジメント・投資ファンド、データ。

主な著作に、『IT・インターネットの法律相談〔改訂版〕』（青林書院、2020）（共著）、「連載　続・業種別M&Aにおける法務デュー・ディリジェンスの手引き　第６回　Fintech企業（上・下）」ビジネス法務2022年９月号・10月号（共著）など。

中山　祥（なかやま　しょう）

■第２章Q14、Q19、Q20担当

2014年弁護士登録。TMI総合法律事務所アソシエイト弁護士。2019年～2021年経済産業省商務情報政策局コンテンツ産業課課長補佐。

主な業務分野は、コンテンツ、エンタテインメント、スポーツ、著作権、知財戦略支援、システム・ソフトウェア開発、データ、AI/IoT、知財争訟。

主な著作に、『Getting the Deal Through: Sports Law 2019』（Getting the Deal Through、2018）（共著）、『契約類型別　債権法改正に伴う契約書レビューの実務』（商事法務、2019年）（共著）など。

高藤　真人（たかふじ　まさと）

■第５章Q37、Q40担当

2014年弁護士登録。TMI総合法律事務所アソシエイト弁護士。2019年7月～2022年2月文化庁著作権課著作権調査官。

主な業務分野は、著作権、商標、不正競争、意匠、知財争訟、知財戦略支援、システム・ソフトウェア開発、データ、AI/IoT。

主な著作に、『著作権法コンメンタール別冊　平成30年・令和２年改正解説』（勁草書房、2022年）（共著）など。

松岡　亮（まつおか　りょう）

■第２章Q15、Q16、Q21、Q22、第５章Q42～Q44担当
2017年弁護士登録。TMI総合法律事務所アソシエイト弁護士。
主な業務分野は、著作権、商標、不正競争、システム・ソフトウェア開発、データ、知財トランザクション、知財争訟、商事関連争訟。
主な著作に、「ライセンス契約書作成のポイント」中央経済社（2020年・共著）、「起業の法務――新規ビジネス設計のケースメソッド」（2019年・商事法務）など。

川口　大喜（かわぐち　だいき）

■第１章Q２～Q５、Q９、第３章Q28、第５章Q36、Q45～Q47担当
2018年弁護士登録。TMI総合法律事務所アソシエイト弁護士。
主な業務分野は、個人情報、データ、システム・ソフトウェア開発、人事労務、商事関連争訟。
主な著作に、「プライバシーポリシー作成のポイント」中央経済社（2022年・共著）、「労働時間の法律相談」青林書院（2020年・共著）など。

田橡　史也（たえん　ふみや）

■第４章担当
2019年弁護士登録。TMI総合法律事務所アソシエイト弁護士。
主な業務分野は、エクイティファイナンス、ストラクチャードファイナンス、プロジェクトファイナンス、金融レギュレーション、フィンテック。
主な著作は、「実務逐条解説　令和元年会社法改正」商事法務（2021年・共著）など。

清水　秋帆（しみず　あきほ）

■第３章Q25～Q27
2019年弁護士登録。TMI総合法律事務所アソシエイト弁護士。
主な業務分野は、不動産ファイナンス、金融レギュレーション、フィンテック。

凡　例

資金決済法	資金決済に関する法律（平成21年法律第59号）
金商法	金融商品取引法（昭和23年法律第25号）
犯罪収益移転防止法	犯罪による収益の移転防止に関する法律（平成19年法律第22号）
景品表示法	不当景品類及び不当表示防止法（昭和37年法律第134号）
個人情報保護法	個人情報の保護に関する法律（平成15年法律第57号）
令和４年（2022年）改正法	安定的かつ効率的な資金決済制度の構築を図るための資金決済に関する法律等の一部を改正する法律（令和４年法律第61号）
改正資金決済法	令和４年（2022年）改正法による改正後の資金決済法
改正銀行法	令和４年（2022年）改正法による改正後の銀行法
暗号資産ガイドライン	金融庁「事務ガイドライン（第三分冊：金融会社関係　16暗号資産交換業者関係）」
個情法ガイドライン（通則編）	個人情報保護委員会「個人情報の保護に関する法律についてのガイドライン（通則編）」（平成28年11月（令和３年10月一部改正））
2019年９月３日パブコメ回答	金融庁「『事務ガイドライン（第三分冊：金融会社関係）』の一部改正（案）に対するパブリックコメントの結果について」（2019年９月３日公表）における「コメントの概要及びパブリックコメントに対する金融庁の考え方」
2020年４月３日パブコメ回答	金融庁「令和元年資金決済法等改正に係る政令・内閣府令案等に対するパブリックコメントの結果等について」（2020年４月３日公表）における「コメントの概要及びパブリックコメントに対する金融庁の考え方」
資金決済WG報告	金融審議会「資金決済ワーキング・グループ報告」（2022年１月11日公表）
自民党NFTホワイトペーパー（案）	自民党デジタル社会推進本部NFT政策検討PT「NFTホワイトペーパー（案）」（令和４年３月30日公表）
マスタリングビット	アンドレアス・M・アントノプロス著（今井崇也＝鳩貝淳

コイン	一郎訳）『ビットコインとブロックチェーン：暗号通貨を支える技術』（NTT出版、2016）
マスタリングイーサリアム	アンドレアス・M・アントノプロス＝ギャヴィン・ウッド著（落合庸介ほか訳）『マスタリング・イーサリアム―スマートコントラクトとDAppの構築』（オライリージャパン、2019）
暗号資産	資金決済法２条５項の定義する「暗号資産」
１号暗号資産	資金決済法２条５項１号に規定する暗号資産
２号暗号資産	資金決済法２条５項２号に規定する暗号資産
暗号資産交換業	資金決済法２条７項に定義する「暗号資産交換業」
暗号資産交換業者	資金決済法２条８項に定義する「暗号資産交換業者」

目　次

第1章　ブロックチェーン

第2章　NFT・NFTマーケット

第３章　Play to Earn

第４章　DeFi

第５章　メタバース

第6章 税　務

第1　法人の税務

第2　個人の税務

第 1 章

ブロックチェーン

Q1　ブロックチェーンとはなんですか。法との関わり合いを教えてください

1　ブロックチェーンの定義

ブロックチェーンには、確立した定義はなく、日本の法令における定義もありません。

ブロックチェーンは、2008年10月31日にSatoshi Nakamotoと名乗る人物により公表され[1]、2009年1月に稼働したビットコイン[2]という「管理者のいないデジタル通貨[3]システム」を実現する技術です。

デジタルな記録が通貨として人々の間で広く受け入れられるためには、その価値の保有や移転の情報が正しくかつ整合的に記録され、改ざんされることなく、維持されていくことが必要になります。もっとも、管理者がいない場合には、誰でもその情報にアクセスや記録が可能であり、改ざん、なりすまし、二重使用及び故意に不正な情報を流そうとする者、システムのダウンを企てる者などの存在を前提に、これを実現しなければなりません。

ビットコインは、その価値の移転に電子署名を要するものとし、一定期間に生じた取引をブロックにまとめてチェーン状につなげて非可逆的に記録し、ブロックの追加には不正を行う動機を低減させるための負荷を課して正しい記録をすることに合理性を持たせ（Proof of Work)、その価値の移転の記録を分散して共有し、1台のコンピュータがダウンしても他のコンピュー

1　ビットコインホワイトペーパー（原文：https://bitcoin.org/bitcoin.pdf、和訳：https://bitcoin.org/files/bitcoin-paper/bitcoin_jp.pdf）参照。以下「ビットコインホワイトペーパー」といいます。

2　ネットワーク及びソフトウェアの総称の意味で使用しています。これに対し、ビットコイン（BTC）は、通貨そのもの又は通貨単位という意味で使用します。

3　経済学にいう「貨幣」、すなわち交換手段、価値尺度（計算単位)、価値貯蔵の3つの機能を持ち得るものという意味で使用しています。実定法上の「通貨」、すなわち強制通用力を有する貨幣及び日本銀行券であって、これを用いた金銭債務の弁済が当然に有効になるもの（民法402条1項、2項、通貨の単位及び貨幣の発行等に関する法律2条3項、日本銀行法46条2項参照）ではありません。

タがダウンせずにこれを維持し続けるという仕組みにより、これを実現しました（ブロックチェーンの基本的な仕組みについてQ２参照)。

このようにビットコインは、「管理者のいないデジタル通貨システム」であり、そのネットワークへの参加は誰でも可能です（ブロックチェーンのステークホルダーについてQ３参照)。ブロックチェーンには、ネットワークへの参加に制約のないパブリック型と、ネットワークへの参加に管理者による許可を要するコンソーシアム型[4]があります[5]（ブロックチェーンの種類についてQ５参照)。本書では、特に断りのない限り、ブロックチェーンという場合には、ビットコインやイーサリアムのようなパブリック型のブロックチェーンを念頭に置きます。

2　ビットコイン（BTC)・トークンの正体

上記１のとおり、ビットコインのブロックチェーンは、ビットコインという「管理者のいないデジタル通貨システム」を実現する技術ですが、これにより実現されるビットコイン（BTC）というデジタル通貨の実態は、ブロックチェーンで管理される残高の記録に過ぎません。もっとも、このブロックチェーンで管理される残高の記録は、交換手段として、人々の間で広く受け入れられるものであり、日本では資金決済法の規制対象となる「暗号資産」に該当すると解されています（資金決済法の暗号資産の定義について下記５(2)参照、暗号資産の規制についてQ６参照)。

イーサリアムネットワークでは、イーサ（ETH)[6]というデジタル通貨[7]のほか、スマートコントラクトにより発行される残高や証書の記録についても管理することができます。スマートコントラクトとは、イーサリアムネット

4　エンタープライズ型とも呼ばれます。

5　このほかにも、パブリック型はパーミッションレス型と、コンソーシアム型はパーミッション型と呼ばれることがあります。

6　通貨そのもの又は通貨単位という意味で使用します。

7　イーサリアムで使用されるネイティブ通貨であり、スマートコントラクトを実行する際のガス費用に使用することができます。ガスとは、イーサリアムでコントラクトを実行するために使用される仮想燃料のことをいいます（マスタリングイーサリアム用語集XXXiii)。

ワークプロトコルの一部として実行されるコンピュータプログラムのことを指し、スマートコントラクトにより発行される残高や証書の記録は、トークンと呼ばれています。このトークン（以下「トークン」といいます）についても、交換手段として、人々の間で広く受け入れられるものである場合には、日本では資金決済法の規制対象となる暗号資産や、今後同法の規制対象となることが予定される「電子決済手段」等に該当することがあります（電子決済手段等のステーブルコインについてＱ７参照）。

3　ブロックチェーンの利用の広がり

ブロックチェーンは、①データの改ざんが困難であり信用できる（耐改ざん性）、②データの透明性が高く誰でも確認することができる（高透明性）、③特別な権限を持った管理者がなく特定の者を信頼する必要がない（非中央集権）、④データが分散され、単一障害点を解消する（分散型）、⑤トラストレスな取引ができる（スマートコントラクト）といった特性を持ちます。これらの特性から、ブロックチェーンでは、「レコードキーピング」を実現することができ、「スマートコントラクト及び分散型アプリケーション（DApps）」[8]及び「トークンエコノミー」を実現することができます（ブロックチェーンによって実現できることについてＱ４参照）。

近年では、デジタル通貨以外のトークンや、暗号資産に該当しないデジタル通貨（ステーブルコイン）としての利用が急速に広がっています。

前者の代表的なものとして、NFT（Non-Fungible Token）があります。2021年は、NFTの年といわれ、2022年以降も、ブロックチェーンを利用したNFTの発行や、NFTの取引を行うマーケットプレイスの開設が続いています（NFT・NFTマーケットプレイスについて「第２章　NFT・NFTマーケット」参照）。

また、2021年は、新型コロナウイルス感染症（COVID-19）の流行という社会情勢もあり、ブロックチェーンゲームで暗号資産を稼ぐPlay to Earnが

8　イーサリアムを念頭に置いています。ビットコインではスマートコントラクトの仕組みはありません。

フィリピンを中心に爆発的にヒットしました（Play to Earnについて「第３章　Play to Earn」参照）。

さらに、ブロックチェーンは、DeFi（Decentralized Finance）（DeFiについて「第４章　DeFi」参照）として海外で急速な利用の広がりをみせ、今後は新興国での利用、NFTと組み合わせた新しいサービス、また、将来的にはメタバース領域での活用が期待されています（メタバースについて「第５章　メタバース」参照）。

4　ブロックチェーンと民法その他実体法との関係

ブロックチェーンのトークンの一部には、ブロックチェーン上に特定のデジタルコンテンツ等が記録され、ブロックチェーンに内在するデジタルコンテンツ等を表すものもあります（コンテンツデータの保存場所についてQ14参照）。一方で、不動産、動産、契約上の地位、債権など、外在的なものを表すためにも、多くのトークンが使用されています。

いずれの場合であっても、対象となるコンテンツや資産に関する権利は、トークンを管理するブロックチェーンのルールとは別に民法その他実体法に従って管理されることになります（現物資産の証明書としてのNFT、権利のNFT化についてQ11参照）。

5　ブロックチェーンと資金決済法との関係

(1)　暗号資産に関する規制の経緯

冒頭のとおり、ブロックチェーンには、日本の法令における定義はありません。

もっとも、ビットコインが「管理者のいないデジタル通貨システム」として登場し、その後、資金決済法において仮想通貨（情報通信技術の進展に伴う金融取引の多様化に対応するための資金決済に関する法律等の一部を改正する法律（令和元年法律第28号）（以下「令和元年（2019年）改正法」といいます）により暗号資産と呼称変更されています）としてその取扱いが規制されることになったという経緯から、これを実現したブロックチェーンは、同法や同法の定義する「暗号資産」とは切っても切り離せない関係にあります。

ビットコインをはじめとする仮想通貨については、その登場以降、その移転が迅速かつ容易であること、匿名での利用が可能であること等から、2014年６月、金融活動作業部会（Financial Action Force 以下「FATF」といいます）が公表した報告書「Virtual Currencies Key Definitions and Potential AML/CFT Risks」[9]（以下「FATF報告書」といいます）をはじめとして、国際的にマネーロンダリング・テロ資金供与に悪用されるリスクが指摘されていました。

2015年６月８日、Ｇ７エルマウ・サミットにおいて、「仮想通貨及びその他の新たな支払手段の適切な規制を含め、全ての金融の流れの透明性拡大を確保するために更なる行動をとる」ことを内容とする首脳宣言が発出され、同月26日、FATFにおいて、「各国は、仮想通貨と法定通貨を交換する交換所に対し、登録・免許制を課すとともに、顧客の本人確認義務等のマネーロンダリング・テロ資金供与規制を課すべきである」こと等を内容とするガイダンスが公表されました。

他方、国内では、2014年２月28日、取引量において当時世界最大規模の仮想通貨と法定通貨の交換所を運営していたマウントゴックス社（株式会社MTGOX）が東京地方裁判所に民事再生法の適用を申請する事件をきっかけに、取引所の利用者保護の必要性が認識されました。

このような国内外の動向を踏まえ、2016年５月25日、日本では、マネー・ローンダリング・テロ資金供与対策（以下「AML/CFT」といいます）（仮想通貨と法定通貨の交換等を行う事業者に対する犯罪収益移転防止法上の本人確認義務等の導入）や、仮想通貨に関する利用者保護の観点からの制度（仮想通貨と法定通貨の交換等を行う事業者に対する登録制の導入等）などを盛り込んだ情報通信技術の進展等の環境の変化に対応するための銀行法等の一部を改正す

9　FATFウェブサイト（http://www.fatf-gafi.org/publications/methodsandtrends/documents/virtual-currency-definitions-aml-cft-risk.html）。

る法律（平成28年法律第62号）（以下「平成28年（2016年）改正法」といいます）が成立、同年６月３日に公布され、2017年４月１日、施行されるに至りました。

2014年	２月28日	マウントゴックス社（株式会社MTGOX）が東京地方裁判所に民事再生法の適用を申請
	６月27日	FATFが「Virtual Currencies Key Definitions and Potential AML/CFT Risks」を採択
2015年	６月８日	G７エルマウ・サミット宣言[10]
	６月26日	FATFが「Guidance for a Risk-Based Approach to Virtual Currencies」[11]を採択
	７月23日	金融審議会「決済業務等の高度化に関するワーキング・グループ」（決済WG）の設置
	12月22日	決済WGが報告書を公表
2016年	６月３日	平成28年（2016年）改正法公布
2017年	４月１日	平成28年（2016年）改正法施行
2019年	６月７日	令和元年（2019年）改正法公布
2020年	５月１日	令和元年（2019年）改正法施行
2022年	６月10日	令和４年（2022年）改正法公布

(2)　ブロックチェーンと暗号資産の定義との関係

資金決済法の暗号資産の定義は、それぞれの定義を比較してみれば分かるとおり、FATF報告書における“Virtual Currencies”の定義を踏まえたものとなっています。

FATF報告書の“Virtual Currencies”の定義

“A digital representation of value that can be digitally traded and

10　外務省ウェブサイト（https://www.mofa.go.jp/mofaj/ecm/ec/page4_001244.html）。
11　FATAウェブサイト。

functions as (1) a medium of exchange; and/or (2) a unit of account; and/or (3) a store of value, but does not have legal tender status (i.e., when tendered to a creditor, is a valid and legal offer of payment) in any jurisdiction"
(和訳)　電子的に記録された財産的価値であって電子的な方法で取引可能であり、かつ(1)交換手段、(2)計算単位、(3)価値貯蔵の機能を有するが、いかなる法域においても法定通貨の地位を有しないもの

資金決済法の「暗号資産」の定義（同法２条５項及び６項）[12]

5　この法律において「暗号資産」とは、次に掲げるものをいう。ただし、金融商品取引法（昭和23年法律第25号）第２条第３項に規定する電子記録移転権利を表示するものを除く。
一　物品を購入し、若しくは借り受け、又は役務の提供を受ける場合に、これらの代価の弁済のために不特定の者に対して使用することができ、かつ、不特定の者を相手方として購入及び売却を行うことができる財産的価値（電子機器その他の物に電子的方法により記録されているものに限り、本邦通貨及び外国通貨並びに通貨建資産を除く。次号において同じ。）であって、電子情報処理組織を用いて移転することができるもの
二　不特定の者を相手方として前号に掲げるものと相互に交換を行うことができる財産的価値であって、電子情報処理組織を用いて移転することができるもの
6　この法律において「通貨建資産」とは、本邦通貨若しくは外国通貨をもって表示され、又は本邦通貨若しくは外国通貨をもって債務の履

12　なお、ステーブルコインの仲介者に関する規制を含む「安定的かつ効率的な資金決済制度の構築を図るための資金決済に関する法律等の一部を改正する法律」（令和４年（2022年）改正法）が2022年６月３日に成立、同月10日に公布されており、暗号資産の定義については、改正が予定されています。ステーブルコインについてＱ７参照。

行、払戻しその他これらに準ずるもの（以下この項において「債務の履行等」という。）が行われることとされている資産をいう。この場合において、通貨建資産をもって債務の履行等が行われることとされている資産は、通貨建資産とみなす。

どちらの定義においても、電子的方法により記録された財産的価値であること、電子的方法によって移転できることが要件とされており、技術的にブロックチェーンを利用していることや、管理者がいないことは要件とはされていません。また、発行者の有無についても、同様です。

もっとも、FATF報告書における“Virtual Currencies”の定義では、経済学にいう「貨幣」、すなわち交換手段、価値尺度（計算単位）、価値貯蔵の３つの機能を持ち得るものであることが要件とされ、１号暗号資産では、「代価の弁済のために不特定の者に対して使用することができる」こと及び「不特定の者を相手方として購入及び売却を行うことができる」こと（以下「不特定性の要件」といいます）がこの要件に関連しています。

不特定性の要件については、「ブロックチェーン等のネットワークを通じて不特定の者の間で移転可能な仕組みを有しているか」等が判断の要素とされます（暗号資産ガイドラインⅠ－１－１）。ここでブロックチェーンが挙げられているのは、特に、管理者のいないパブリック型のブロックチェーンではネットワークへの参加に制約がなく、誰でも参加が可能であることから、その仕組み上、不特定の者の間で移転可能な仕組みを有しているためです。

したがって、ブロックチェーンと暗号資産の定義の関係については、ブロックチェーンは暗号資産の定義の要件ではありませんが、この要件のうち、パブリック型のブロックチェーン上のトークンは基本的に不特定性の要件を充足し得るという関係にあります。

なお、不特定性については、以下のような金融庁の考え方が示されており（2019年９月３日パブコメ回答No.２、３）、ネットワークへの参加に管理者による許可を要するコンソーシアム型やプライベート型のブロックチェーン上のトークンであっても、不特定性の要件を充足する可能性があると解されています。

① 不特定の者の間で移転可能な仕組みを有する場合

⇒トークンが広く転々流通することが合理的に見込まれるため、これを充足する可能性が高い。

② トークンの仕組み上、特定の者の間でしか移転できない等の制限が設けられている場合

⇒基本的には不特定性を充足しない。ただし、例えば、当該制限を事後的に解除する等により、当該トークンが広く転々流通することが合理的に見込まれる場合には、これを充足する可能性がある。

③ 例えば、トークンの移転先が、本人確認等を経て一定の審査や登録等が行われた者のみに限定されている場合であっても、当該者が継続的に入れ替わるなど、当該トークンが広く転々流通することが合理的に見込まれる場合

⇒これを充足する可能性がある。

また、不特定性を満たさない場合であっても、不特定の者を相手方として1号暗号資産と相互に交換できるものは2号暗号資産として暗号資産に該当します。これは、法定通貨建ての売買はなされていないもののビットコイン等の他の暗号資産建ての売買は行われているものが存在し、これらを貨幣の機能の面で暗号資産に準ずるものとして規制対象にするものです。2号暗号資産の「不特定の者を相手方として前号に掲げるものと相互に交換を行うことができる」ことの要件は、「ブロックチェーン等のネットワークを通じて不特定の者の間で移転可能な仕組みを有しているか」「発行者による制限なく、1号暗号資産との交換を行うことができるか」「1号暗号資産との交換市場が存在するか」「1号暗号資産を用いて購入又は売却できる商品・権利等にとどまらず、当該暗号資産と同等の経済的機能を有するか」等が判断の要素とされます（暗号資産ガイドラインⅠ－1－1）。

(3) NFT・トレーディングカード・ゲーム内アイテム等と暗号資産該当性

NFTとは、ノンファンジブルトークン（Non-Fungible Token）の略であり、法令上定義された用語ではありません。一般に、ブロックチェーン上で発行される「代替不可能な」トークンのことをいいます[13]（NFTについてQ10参照）。

NFTは、イーサリアムのようなパブリック型のブロックチェーン等で発行されるトークンであり、イーサ（ETH）やその他の暗号資産と交換できることから、1号暗号資産又は2号暗号資産に該当するかどうかが問題となります。

NFTの暗号資産該当性については、「いわゆるDappsがERC721形式でゲーム内での固有トークンを発行することに対して、何か法的な規制はあるか」とのコメントに対し、「資金決済法第2条第5項に規定する仮想通貨の該当性については、法令に基づき、実態に即して個別具体的に判断されるべきものと考えております」との金融庁の考え方が示されています（2019年9月3日パブコメ回答No.1）。

もっとも、上記(2)のとおり、1号暗号資産における不特定性の要件は、「ブロックチェーン等のネットワークを通じて不特定の者の間で移転可能な仕組みを有しているか」等が判断の要素とされるところ、そもそも当該要件は、経済学にいう「貨幣」に関連すると考えられ、決済（交換）手段性が認められない場合には、「代価の弁済のために不特定の者に対して使用することができる」とはいえず、これに該当しないと考えられます。

また、2号暗号資産の「不特定の者を相手方として前号に掲げるものと相互に交換を行うことができる」の要件については、「ブロックチェーン等のネットワークを通じて不特定の者の間で移転可能な仕組みを有しているか」が判断の要素とされるものの、同時に「1号暗号資産を用いて購入又は売却

---

13 マスタリングイーサリアム用語集XXXVii。

できる商品・権利等にとどまらず、当該暗号資産と同等の経済的機能を有するか」についても判断の要素とされます。

この点に関し、ブロックチェーンを用いたトレーディングカード・ゲーム内アイテム等について、「２号暗号資産について１号暗号資産と『同等の経済的機能を有するか』との基準を設けるべきではない。同等の経済的機能とならないような制限を加えることで、資金決済法に基づく規制の対象外になりかねない」とのコメントに対し、「物品等の購入に直接利用できない又は法定通貨との交換ができないものであっても、１号仮想通貨と相互に交換できるもので、１号仮想通貨を介することにより決済手段等の経済的機能を有するものについては、１号仮想通貨と同様に決済手段等としての規制が必要と考えられるため、２号仮想通貨として資金決済法上の仮想通貨の範囲に含めて考えられたものです。したがって、例えば、ブロックチェーンに記録されたトレーディングカードやゲーム内アイテム等は、１号仮想通貨と相互に交換できる場合であっても、基本的には１号仮想通貨のような決済手段等の経済的機能を有していないと考えられますので、２号仮想通貨には該当しないと考えられます」との金融庁の考え方が示されています（2019年９月３日パブコメ回答No.４）。

このように、NFTやトレーディングカード・ゲーム内アイテム等は、イーサ（ETH）やその他の暗号資産と交換できる場合であっても、１号暗号資産のような決済手段等の経済的機能を有していない場合には、２号暗号資産に該当しないと考えられています。

(4) ステーブルコインの暗号資産該当性

ステーブルコインは、一般に、「特定の資産と関連して価値の安定を目的とするデジタルアセットで分散台帳技術又はこれと類似の技術を用いているもの」をいうと考えられています。ステーブルコインは、日本法の現行制度の考え方に基づけば、価値を安定させる仕組みによって、以下のとおりデジタルマネー類似型と暗号資産型に分類できると考えられています[14]。

a．デジタルマネー類似型

法定通貨の価値と連動した価格（例：１コイン＝１円）で発行され、発行価格と同額で償還を約するもの（及びこれに準ずるもの）

b．暗号資産型

デジタルマネー類似型以外（アルゴリズムで価値の安定を試みるもの等）

したがって、ステーブルコインには、その性質に応じて、暗号資産に該当しないもの（上記ａデジタルマネー類似型）とこれに該当するもの（上記ｂ暗号資産型）が存在します。ステーブルコインの詳細については、Ｑ７をご参照ください。

14　資金決済WG報告第２章１⑶（17頁、18頁）。

Q2　ブロックチェーンの基本的な仕組みを教えてください

1　ブロックチェーンの基本的な仕組み

ここでは、ビットコインを念頭にブロックチェーンの基本的な仕組みを説明します。

ブロックチェーンは、P2P（Peer to Peer）ネットワーク内におけるビットコインの移転の記録（以下「トランザクションデータ」といいます）を、グループにまとめたブロックの連なりです[1]。

ブロックは、大別して、ブロックヘッダとトランザクションデータにより構成され、ブロックヘッダには直前のブロックのハッシュ値[2]やナンスと呼ばれる値が含まれています。

【図1　ブロックの構成】

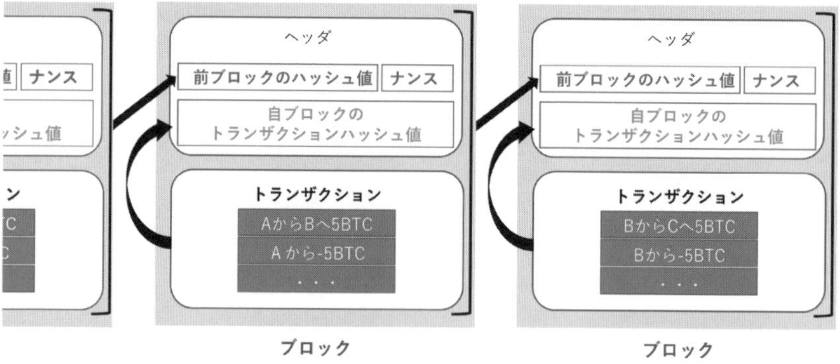

ブロックチェーンに関するこれらのデータ（以下「ブロックチェーンデータ」といいます）は、各ノードで保有されています。ノードとは、ネットワー

1　マスタリングビットコイン用語解説XV参照。

2　元になるデータからハッシュ関数を用いた一定の計算手法により求められた固定長（元のデータの長さにかかわらず一定の長さの値となることをいいます）の不規則な文字列であり、同じ元データからは必ず同じハッシュ値が得られ、逆に元データが一部でも異なれば事実上すべての場合に異なるハッシュ値が算出される点や、ハッシュ値からは元のデータの内容を推測したり復元することができない点に特徴があります。

クに参加するクライアントをいいます。ブロックチェーンにおいては、それぞれのノードでブロックチェーンデータが分散して共有されており、あるノードがブロックを作成しようとするときは、自らが作成したブロックを他のノードにブロードキャストし、他のノードにより承認されたブロックが新しいブロックとして組み入れられることになります[3]。

多数のノード（通常はネットワークのほとんどのノード）が、ローカルで検証されたブロックチェーンにおいて同一のブロックを保持している場合を、コンセンサスといい[4]、コンセンサスに至るための仕組みをコンセンセスアルゴリズムといいます。

以下では、ブロックチェーンにおいて、どのようにそれぞれのノードでトランザクションデータが取り扱われ、ブロックが作成及び保持されることになるかについて概略を説明します。

(1) トランザクションデータのトランザクションプールへの蓄積

新しいトランザクションデータは、ウォレットやその他のソフトウェアから常にビットコインネットワークに送信されます。

トランザクションデータがブロックに追加されるためには、有効な電子署名が必要です。有効な署名は、有効なデジタル鍵でしか生成されません。デジタル鍵は、秘密鍵と公開鍵のペアとして用いられます[5]。ウォレットには、秘密鍵とこの秘密鍵に対応する公開鍵で構成されているキーペアが格納されています[6]。公開鍵はビットコインを受け取るために使われ、秘密鍵はビットコインを支払うためのトランザクションを署名するのに使われます。トランザクションデータの支払情報を記した部分には、受取人の公開鍵がビットコインアドレスと呼ばれるデジタル指紋の形で表示されています。こ

3　ビットコインホワイトペーパー参照。
4　マスタリングイーサリアム用語集XXX。
5　マスタリングビットコイン67頁。
6　ほとんどのウォレットでは、利便性のため秘密鍵と公開鍵がキーペアとして一緒に保存されています。ただし、この公開鍵は、秘密鍵から計算できるため、秘密鍵だけを保存しておくことも可能です（マスタリングビットコイン68頁）。

【図２　トランザクションプールへの蓄積】

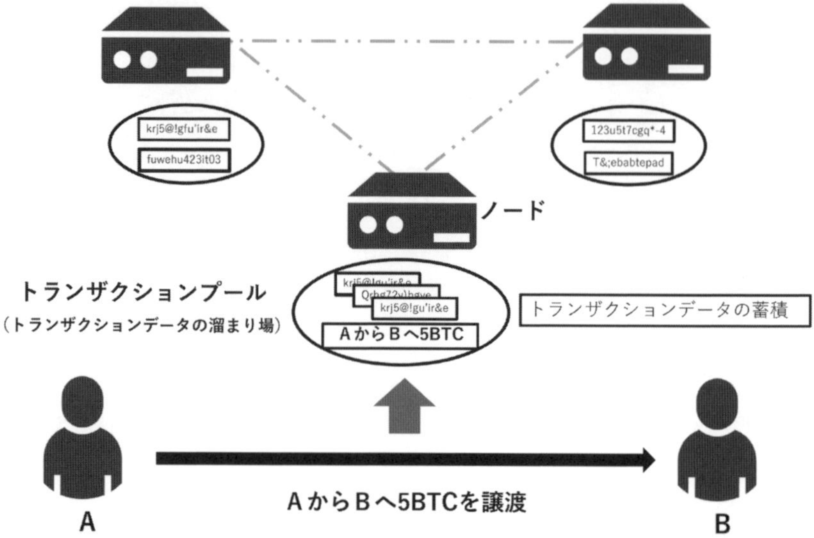

れらは、例えば、公開鍵を銀行の口座番号、秘密鍵を銀行のPINコード、ビットコインアドレスは小切手の受取人名に似たものとイメージすることができます[7]。

そのため、例えば、ＡさんがＢさんに対して、５ビットコイン（BTC）を送金しようとする場合には、Ａさんの秘密鍵を用いて生成された有効な電子署名やＢさんのビットコインアドレスの情報が必要です。

新たなトランザクションデータは、直ちにブロック化されるわけではなく、各ノードが一時的に蓄積しておくトランザクションプールに加えられます。その後、当該ノードが、新たなブロックを作成しようとするとき、このトランザクションプールに蓄積されたデータを取り出して新たなブロックに追加します（下記(3)参照）[8]。

例えば、上記の図２のように、ＡさんがＢさんに対して、５ビットコイン（BTC）を送金しようとする場合には、そのトランザクションデータは、各

7　マスタリングビットコイン68頁。
8　マスタリングビットコイン28頁。

【図3　他のノードのトランザクションプールへの転送】

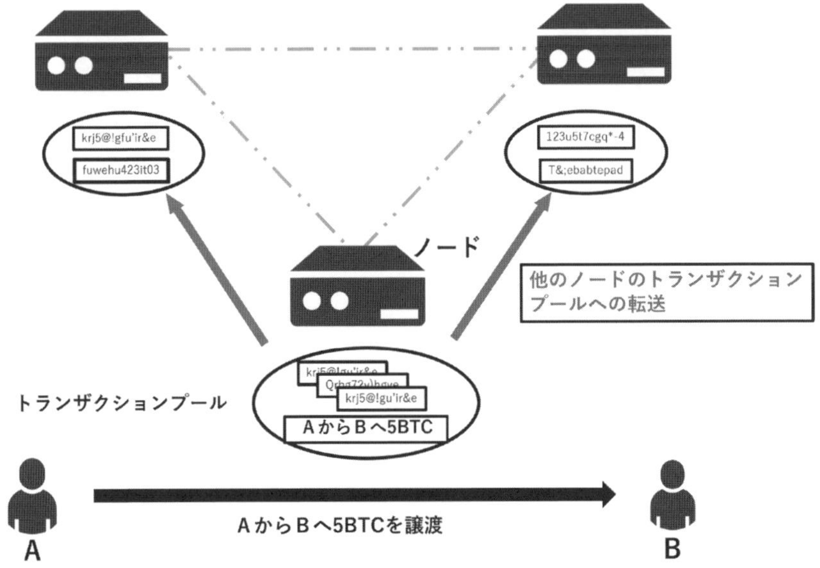

ノードのトランザクションプールに一時的に蓄積されることになります。

⑵　他のノードのトランザクションプールへの転送

あるノードのトランザクションプールに加えられたトランザクションデータは、署名の有効性などの検証後、他のノードに転送されます。

⑶　ブロックの作成と承認（コンセンサスアルゴリズム）

あるノードが候補ブロックを作成すると、自らが作成したブロックを他のノードにブロードキャストし、当該ブロックは、他のノードにより、そこに取り込まれたトランザクションデータが正当なものであると検証され、その結果は全体で共有されます。

ビットコインにおいては、多数のノード（通常はネットワークのほとんどのノード）が、ローカルで検証されたブロックチェーンにおいて同一のブロックを保持するため、Proof of Work（PoW）と呼ばれるコンセンサスアルゴリズムが採用されています。なお、イーサリアムにおいては、Proof of

【図4　ブロックの作成と承認（コンセンサスアルゴリズム）】

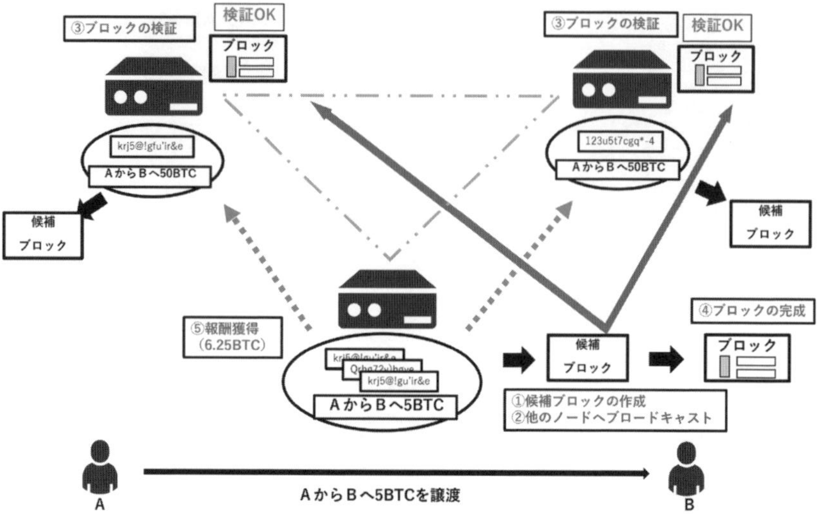

Stake（PoS）と呼ばれるコンセンサスアルゴリズムへの移行が進められています（下記2参照）。

ビットコインでは、当該ブロックチェーン上のノードのうち、最も早くマイニングを行ったノードには、これに対する報酬[9]と手数料が支払われることとされており、各ノードはこの報酬等の獲得を目指し、競ってマイニングを行っています。

2　コンセンサスアルゴリズム

(1)　Proof of Work（PoW）の仕組み

PoWにおいては、マイニングが行われます。

マイニングとは、マイニングするブロックのブロックヘッダをハッシュ化し、このハッシュ値の先頭に、0が一定数以上並ぶ結果となることとなるナンスを、ひたすら計算処理を繰り返すことによって発見する作業をいいま

9　2022年3月時点では、1ブロック当たり6.25ビットコイン（BTC）です。

【図5　PoWの仕組み】

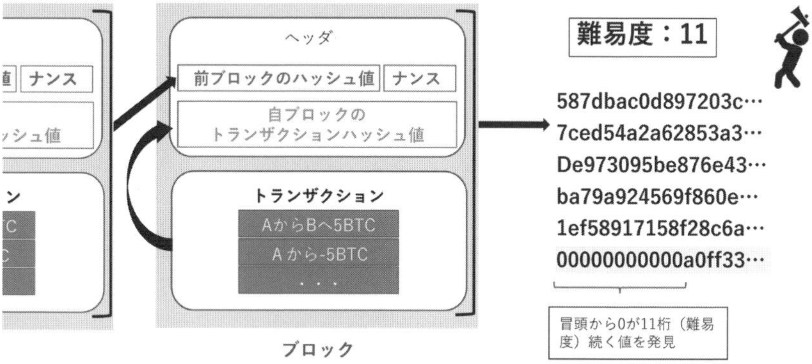

す。

このようにマイニングには超高速で総当たりの計算を繰り返し行うことができる機器が必要となり、このような計算に要する電気量も膨大なものになっています。マイニングを含めたビットコインのブロックチェーンネットワーク（ブロックチェーンネットワークについてＱ３参照）における年間の電力使用量については、2022年６月30日現在、90.34テラワット（TWh）と推計されており、これは、フィンランドやベルギーにおける年間の電力消費量を上回るものです[10]。

これらの電気はその多くが化石燃料による発電に頼っており、こうした現状を踏まえ、ビットコインにおけるマイニングやトランザクションについて、環境破壊をもたらしているとの批判が存在します。環境破壊への懸念からTESLA社によるビットコインを使用した自動車の販売中止を表明したイーロンマスク氏のTwitterへのツイート[11]も世間の耳目を集めたところです。

そこで、PoWに代わるコンセンサスアルゴリズムとして、PoSを採用する

10　The Cambridge Centre for Alternative Finance（CCAF), Cambridge Bitcoin Electricity Consumption Index（https://ccaf.io/cbeci/index）

11　イーロンマスク氏Twitterへのツイート（https://twitter.com/elonmusk/status/1392602041025843203）。

ブロックチェーンが増えつつあります。PoSはPoWと比較してエネルギー効率が良いとされ、イーサリアムにおいても、PoSへの移行を内容に含むEthereum2.0への移行が進められています。

また、マイニングマシン等の電気廃棄物の増加も課題とされています。

(2) Proof of Stake (PoS) の仕組み

上記のとおり、PoWにおいては、超高速に総当たりの計算を繰り返し行うことのできる高性能の機器を用意する必要があり、また検証プロセスで膨大なエネルギー消費をする点でも問題点がありました。

PoSは、2022年９月以降に予定される「イーサリアム2.0」へのアップデート（The Merge）において採用される見込みです[12]。

PoSでは、ブロックチェーンのネイティブ通貨（イーサリアムの場合にはイーサ（ETH））を保有している者は、ネイティブ通貨をデポジットするた

【図６　PoSの仕組み】

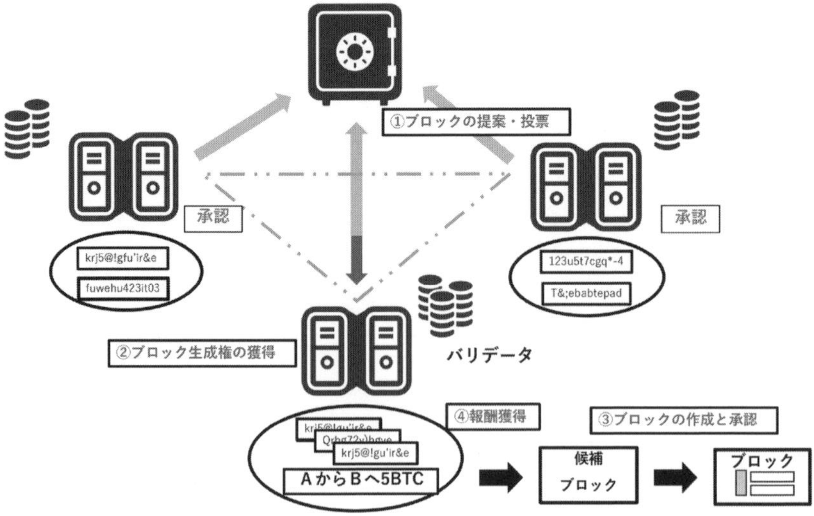

12　イーサリアムファンデーションHP（https://ethereum.org/en/upgrades/merge/、https://ethereum.org/en/developers/docs/consensus-mechanisms/pos/）。なお、The Mergeは、2022年９月に完了しています。

めの特別なトランザクションを送信することで、バリデータになることができます。バリデータは順番に次の有効なブロックの提案と投票を行いますが、各バリデータの投票の重みはそのデポジット（すなわちステイク＝賭け金）のサイズに応じて決まります。バリデータは、自身が投票を行ったブロックが大部分のバリデータによって拒否された場合、ステイクした資金を失います。反対に、ブロックが多数派によって承認された場合は、自身がステイクしているサイズに比例して、いくらかの報酬を獲得します[13]。また、暗号資産の保有量のほかに、当該暗号資産の保有期間も考慮した上で、ブロックの生成権を付与するブロックチェーンもあります。

PoWにおいては、マイニングの確率を高めるために、ナンスを短時間で求めるための高度な計算能力を有する高性能機器が必要となり、また、マイニングに要する電気量の負担も多大なものになっていましたが、PoSは、このように、仮想通貨の保有量（及び保有期間）に着目してブロック生成権限を付与するもので、日常的に使用するコンピュータでも行うことができ、電力の大量消費を回避できる点に特徴があります[14]。

13　マスタリングイーサリアム335頁。

14　PoSにより、検証プロセスで消費される電気量がPoWと比較して90%以上削減されるとも指摘されています（イーサリアムについて、https://blog.ethereum.org/2021/05/18/country-power-no-more/参照）。

Q3 ブロックチェーンネットワークのステークホルダーを教えてください

1 ノードの機能・種類等

ブロックチェーンネットワークとは、ビットコイン、イーサリアム等それぞれのP2Pプロトコルが動作しているノードの集合体をいいます[1]。

ノードには、大別して以下の7つの機能があります。

①	ネットワークの接続	P2Pネットワークを構築し、維持するために、複数のPeerとの接続管理や新たなPeerとの接続の確立を行います。
②	ブロックチェーンの同期	他のノードが有しているブロックチェーンデータとの同期を行います。
③	ブロックの取扱い	送信（ブロードキャスト）・他のノードから受け取ったブロックの検証を行います。
④	トランザクションの取込み	トランザクションプールに加えたトランザクションを取り込んでブロックを作成します。
⑤	トランザクションプールの同期	トランザクションプールに取り込まれたトランザクションデータを他のノードとの間で送受信します。
⑥	マイニング	ナンスを発見する作業をします。
⑦	ウォレット	アドレスの生成・管理やトークンの管理・残高を確認することができます。

もっとも、すべてのノードがすべての機能を有しているわけではありません。ノードには、大別して、フルノードとSPV[2]クライアント及びライトクライアント[3]があり、それぞれが有している機能は、以下のとおり異なっています。また、フルノード、SPV及びライトクライアント、ウォレットのソ

1 マスタリングビットコイン147頁参照。
2 SPVはSimplified Payment Verificationの略称。ビットコインにおける名称。
3 イーサリアムにおける名称。

フトウェアの例は以下のとおりです。

【ノードの種類・ソフトウェアの例】

種類	機能等	ソフトウェアの例	
		ビットコイン	イーサリアム
フルノード	すべてのブロックチェーンデータを保有し、上記①から⑦までのすべての機能を有します。	BitcoinCore	Geth
SPVクライアント・ライトクライアント	ブロックヘッダ及び当該ノードに関するトランザクションデータのみを保有します。ブロックの作成やマイニング等は行わず、ウォレット機能のほか、各機能のデータを閲覧する機能のみを有します。	MultiBit Bitcoin Wallet	Geth
ウォレット	ウォレット機能のみを有します。	breadwallet	MetaMask

2　ブロックチェーンネットワークのステークホルダー

ブロックチェーンネットワークには、概ね以下のステークホルダーが存在します。

すなわち、主に①フルノード、②SPV・ライトクライアントといったノードがP2Pネットワークにおいて相互に接続されている状態により、ブロックチェーンネットワークが構成され、周辺には、③RPCサーバ（APIサーバ）、④暗号資産取引所、⑤ウェブサーバ、⑥マイナー、⑦ウォレットを利用するユーザー等が存在しています[4]。

①　フルノード

上記１のとおり、すべてのブロックチェーンデータを保有し、すべての機能を有するノードです。

②　SPVクライアント・ライトクライアント

上記１のとおり、ブロックのヘッダのデータ及び当該ノードに関する

4　詳細は、マスタリングビットコイン148～151頁参照。

【図7　ブロックチェーンネットワークのステークホルダー】

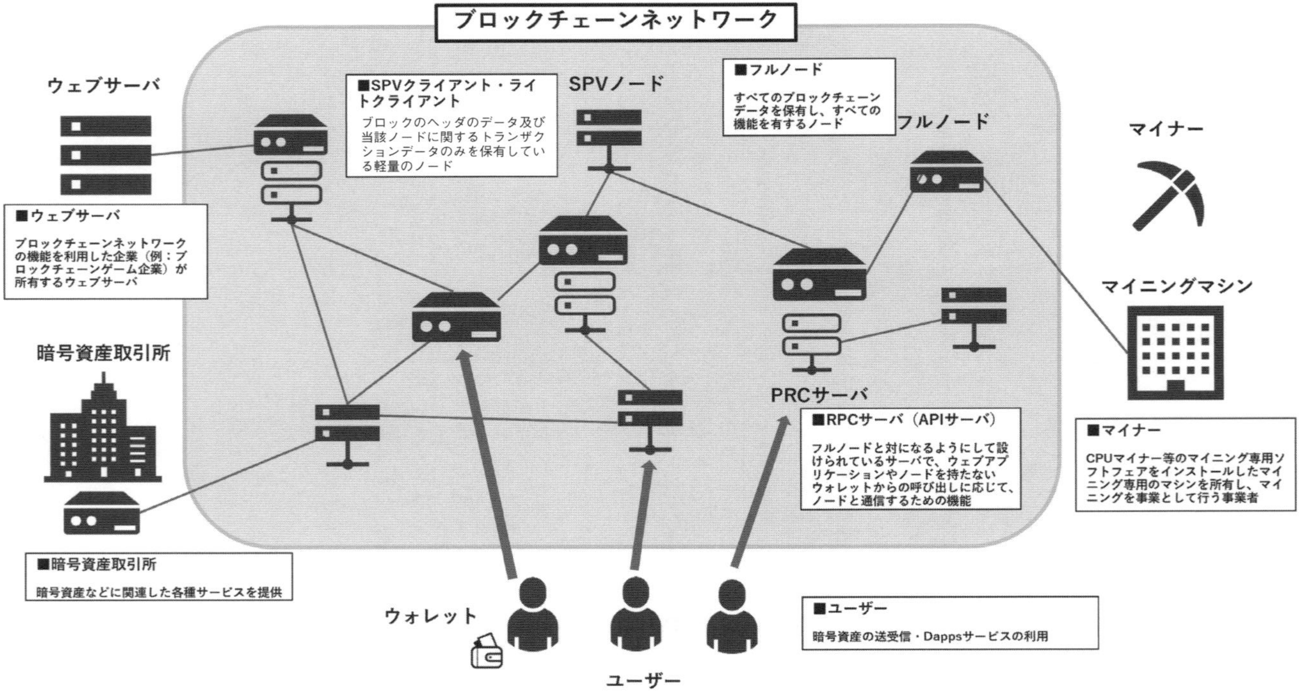

トランザクションデータのみを保有している軽量のノードです。

③　RPCサーバ（APIサーバ）

フルノードと対になるようにして設けられているサーバで、ウェブアプリケーションやノードを持たないウォレットからの呼び出しに応じて、ノードと通信するための機能を果たしています。

④　暗号資産取引所

暗号資産に関連した各種サービスを提供しています。暗号資産取引所は自らフルノードを保持していることが多く、この場合には、暗号資産取引所もブロックチェーンネットワークの構成員とみることができます。

⑤　ウェブサーバ

ブロックチェーンネットワークの機能を利用したサービスを提供する事業者（ブロックチェーンを利用したゲームを提供する企業等）の所有するウェブサーバです。

当該ウェブサーバはフルノードに接続されたRPCサーバを通じてブロックチェーンネットワークに関与しています。

⑥　マイナー（マイニングマシン）

CPUマイナー等のマイニング専用ソフトフェアをインストールしたマイニング専用のマシンを所有し、マイニングを事業として行う事業者を指します。フルノードでは処理しきれないような膨大な計算作業を行うことで、より早くマイニングができるように、フルノードとネットワークで連携しています。

⑦　ユーザー

暗号資産等のトークンの送受信やDAppsサービスを利用します。

Q4　ブロックチェーンによってできることを教えてください

1　ブロックチェーンの仕組みと機能

Q２で説明したとおり、ブロックチェーンは、P2Pネットワーク上でトランザクションデータをグループとしてまとめたブロックが直前のブロックとハッシュ値でチェーン上に連結しており、これにより、デジタルデータであるにもかかわらず改ざんが非常に困難な仕組みとなっています。

また、ネットワークに参加する各ノードがデータを分散して保有管理し、相互にブロックを検証し、その結果を全体に共有する仕組みを採用することで、データのバックアップが不要となり、かつ、24時間365日停止することがない管理者不在の非中央集権的なネットワークを可能としています。

このように、ブロックチェーンには、①データの改ざんが困難であり信用できる（耐改ざん性）、②データの透明性が高く誰でも確認することができる（高透明性）、③特別な権限を持った管理者がなく特定の者を信頼する必要がない（非中央集権）、④データが分散され、単一障害点を解消する（分散型）、⑤トラストレスな取引ができる（スマートコントラクト）といった特性があります。

ブロックチェーンでは、これらの特性を活かすことにより、大別して、①「レコードキーピング」、②「スマートコントラクト及び分散型アプリケーション（DApps）」及び③「トークンエコノミー」を実現することができます。

2　ブロックチェーンにより実現できること①「レコードキーピング」

(1)　レコードキーピングの概要

ブロックチェーンによって実現できることの１つ目は、「レコードキーピング」、すなわち、データを高い信頼性をもって保持し続けることです。

従来の仕組みでは、ある時点にあるデータが存在しており、当該データが現在まで改変されていないことを保証するためには、第三者機関の存在やこれに対する信頼が不可欠でした。また、当該データの真正性を確認するためには当該第三者機関が定める手続による必要があったり、当該第三者機関によるデータ管理の実態が明らかではないこともしばしばでした。

その一方で、ブロックチェーンは、そのデータや処理が広く公表され透明性が確保されており、ブロックチェーンデータはいつでも閲覧可能であるとともに、改ざんが困難で特定の管理者が存在しないため、特定の者に対する信頼を必要としないとされています。

この特性を利用し、改変されてはならないデータをブロックチェーン上に記録することで、当該データがある特定の日時には存在していたことや改変されていないことを証明する形でデータを保持することが可能とされています。

(2) レコードキーピングの活用事例

このようなレコードキーピングの特性を活用した事例には、以下のようなものがあります。

① ブロックチェーンを利用した不動産公示制度

日本においては、不動産の物理的現況や所有権等の権利関係を公示し、対抗要件を得る仕組みとして不動産登記制度が存在し、広く活用されています。しかしながら、このような登記制度が存在しなかったり、存在していてもあまり活用されていない国・地域においてはブロックチェーンを活用した不動産の公示・対抗要件制度を導入することが検討されています。

例えば、ビットコイン関連事業を手掛けるBitfury Groupが、2016年2月に、ジョージア政府との共同プロジェクトを立ち上げ[1]、2018年1月には、バミューダ政府と提携し、同国の既存の土地登記制度にブロックチェーン技術を導入し[2]、安全で透明性のある土地登記制度の構築を目指す動きなどがみられます。

② 機密書類改ざんの検知

ある機密情報が記載された書類についてブロックチェーンによってレコードキーピングをしようとするときは、当該書類に関するデータのハッシュ値をブロックチェーン上に記録します（図8）。

例えば、ある機密書類に関するデータのハッシュ値を1月1日にブロックチェーン上に記録すると、ブロックチェーン上では、同日時点での当該書類に関するデータのハッシュ値が記録されることになります。その後、2月1日に再び当該書類に関するデータのハッシュ値を計算し、ブロックチェーン上に記録された1月1日時点のハッシュ値と比較することにより、当該データが改ざんされているかを検知することができます。ただし、このような改ざん検知の仕組みは、改ざんの有無を把握することはできるものの、改ざんされていた場合に、そのデータがどのように改ざんされたかといった情報まで把握することはできません。

また、以上の機密書類の例のほかにも、履歴書やカルテ等の医療データをブロックチェーン上で共有したり、寄付金の使途に関するデータをブロックチェーン上で記録し、手続の透明性を高める取組みや、食品や製品の生産・収穫・梱包・出荷・搬送・販売に至るまでの一連の流通過程に関するデータを記録しトレーサビリティを確保するブロックチェーンを利用した取組みなども行われています。

まず、履歴書に関しては、2016年4月に、株式会社リクルートテクノロジーズが、転職活動に必要な契約や公的証明書の管理・提供をブロックチェーン上で実施できるようにする「履歴書公証データベース」のプロトタ

---

1 “The Bitfury Group and Government of Republic of Georgia Expand Historic Blockchain Land-Titling Project Land-Titling Project will Extend to Other Government Departments and Increase Blockchain Capabilities for Georgian Citizens ONGOING SUCCESS OF THE BLOCKCHAIN TRUST ACCELERATOR”（https://bitfury.com/content/downloads/the_bitfury_group_republic_of_georgia_expand_blockchain_pilot_2_7_16.pdf)

2 「Bitfuryが土地登記所にブロックチェーンを導入することでバミューダ政府と提携」（https://bitfury.com/content/downloads/bitfury-partners-with-government-of-bermuda-to-bring-blockchain-to-land-registry_jp.pdf)。

【図8　レコードキーピング（機密書類改ざんの検知）】

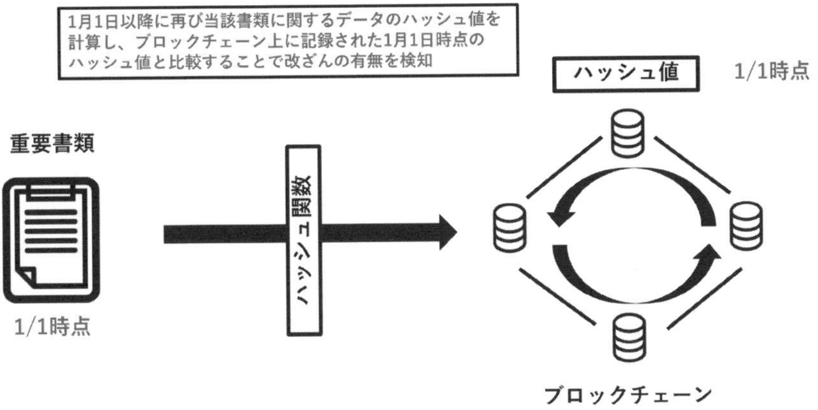

イプ開発に着手した例などがあります[3]。

また、医療データに関しては、IT大国として知られるエストニアの例が有名です。エストニアでは、「X-Road」と呼ばれる政府のシステム間連携基盤に紐づくシステムにおいてブロックチェーン技術が活用され、医療データの記録についても、ブロックチェーン技術が活用されており、これにより、医師や患者は、自らの診療記録に簡単にアクセスすることができています[4]。

さらに、食品や製品の流通過程のトレーサビリティの確保のためにも、ブロックチェーン技術は活用されています。例えば、英国のスタートアップ企業Everledgerは、ダイヤモンドが鉱山から産出され消費者の手に渡るまでの過程を追跡し、ダイヤモンドの鑑定情報や取引履歴、移転証明などをブロックチェーン技術を活用したシステム上で管理する仕組みを実現しまし

3　「リクルートテクノロジーズ、ブロックチェーン技術のビジネス活用を視野に検証を開始～仮想シナリオの第一弾は転職活動シーン。独スタートアップと共同開発～」（https://www.recruit.co.jp/newsroom/recruit-tech/news/160425_001900.html）、「平成28年度我が国におけるデータ駆動型社会に係る基盤整備（ブロックチェーン技術を活用したシステムの評価軸整備等に係る調査）調査報告書」（株式会社三菱総合研究所、2017年3月17日）22～24頁。

4　「平成28年度我が国におけるデータ駆動型社会に係る基盤整備（ブロックチェーン技術を活用したシステムの評価軸整備等に係る調査）調査報告書」29～31頁、“FACTSHEET e-HEALTH”（https://e-estonia.com/wp-content/uploads/e-health-factsheet-sep2021-3.pdf）。

た。このシステムでは、ダイヤモンドの所有権移転記録だけでなく、センサーで個々のダイヤモンドの形状を厳密に測定したデジタル指紋に加え、鑑定書情報も格納されているため、購入者はダイヤモンドの真贋はもちろん、その来歴を確認することもできるとされています[5]。また、スーパーマーケットチェーンで世界最大のWalmartも、食品の生産・収穫・梱包・出荷・搬送・販売に至るまでの一連の流通過程のトレーサビリティの確保のために、これらのデータの記録にブロックチェーン技術を活用しています[6]。

3　ブロックチェーンにより実現できること②「スマートコントラクト及び分散型アプリケーション（DApps）」

(1)　スマートコントラクト及び分散型アプリケーション（DApps）の概要

①　スマートコントラクトの概要

スマートコントラクト[7]とは、イーサリアム仮想マシン（Ethereum Virtual Machine、EVM）で実行されるコンピュータプログラムを指します。EVMは、イーサリアムのブロックチェーンの構成要素の１つである計算エンジンです。このように、スマートコントラクトは、コンピュータプログラムであり、法的な契約（コントラクト）でもないことを考えればやや不適切な名称ともいえますが、既に定着している名称です[8]。

イーサリアムでは、ブロックチェーン上にコントラクトを作成することができます。コントラクトは、通常「Solidity」のような高級言語（人間にも可

5　「平成28年度我が国におけるデータ駆動型社会に係る基盤整備（ブロックチェーン技術を活用したシステムの評価軸整備等に係る調査）調査報告書」24～25頁。

6　“Blockchain in the food supply chain - What does the future look like?”（https://one.walmart.com/content/globaltechindia/en_in/Tech-insights/blog/Blockchain-in-the-food-supply-chain.html）

7　ビットコインではスマートコントラクトの仕組みはありません。ここでは、イーサリアムを念頭に置きます。

8　マスタリングイーサリアム134頁。

読性が高い言語）で書かれますが、これを実行するには、EVMで実行される低レベルのバイトコード（英数字の羅列）にコンパイルする必要があります。このバイトコードは、特別なコントラクト作成トランザクションを使用してイーサリアムネットワークにデプロイされます[9]。

コントラクトがブロックチェーン上に作成（デプロイ）されると、ウォレットのようにイーサリアムアドレス（以下「コントラクトアドレス」といいます）を持ちます。このコントラクトアドレスにトランザクションを送信すると、そのトランザクションはEVM内で実行されます[10]。

ブロックチェーン上に一度デプロイされたコントラクトは、そのコードを変更することはできません[11]。また、コントラクトは、ブロックチェーン上で公開されていますが、「Etherscan」と呼ばれるウェブサイト[12]では、Solidityのような高級言語で書かれたコントラクトが登録されており、これをコンパイルしたバイトコードとブロックチェーン上で確認できるバイトコードが一致するかどうかを確認することができます。このように「Etherscan」では、ブロックチェーン上のコントラクトの内容について、人間が理解しやすい内容（Solidity）で、誰でも確認しやすいようになっており、スマートコントラクトの透明性の確保につながっています。

従来の自動処理プログラムは、管理者によっていつでも変更が可能であり、その処理内容や変更履歴についても管理者以外の者が確認することが難しいことが多く、そのような意味で、当該プログラムの信頼性は当該管理者に委ねられていました。

これに対し、スマートコントラクトでは、その内容は変更できず、当該プログラムの内容や処理の過程を誰でも確認することができ、管理者への信用を必要としない処理が可能とされています。

9　マスタリングイーサリアム134頁。

10　マスタリングイーサリアム37頁。コントラクトアドレスに送信されたトランザクションはイーサ（ETH）又はデータ、あるいはその両方を持つことができます。

11　スマートコントラクトを変更できないという特性から生じた代表的な事件として、The DAO事件があります。

12　https://etherscan.io/

② 分散型アプリケーション（DApps）の概要

Webアプリケーションには、サーバサイド（バックエンド）、Webインターフェイス（フロントエンド）、データストレージ、メッセージ通信といった様々な要素がありますが、スマートコントラクトは、主にサーバサイド（バックエンド）の分散化を担います。

DAppsは、Decentralized Applications（分散型アプリケーション）の略称であり、狭義には、分散化されたサーバサイド（スマートコントラクト）とWebインターフェイスを指します。広義には、オープンで分散型の、P2Pインフラストラクチャのサービス上に構築されたWebアプリケーションを指します[13]。

DAppsのコンセプトは、Webアプリケーションのあらゆる提案にP2Pプロトコルを伴った非中央集権制を導入し、ワールドワイドウェブを次の進化のステージに導くことになるとされています[14]。この進化を説明するために用いられる用語がWeb3で、これはウェブの３番目のバージョンを意味しています。Web3は、ギャヴィン・ウッド博士が最初に発案したもので、中央集権的に所有され管理されたアプリケーションから、非中央集権型プロトコルの上に構築されたアプリケーションへ、というウェブアプリケーションの新しいビジョンと方向性を示していると説明されています[15]。DAppsのうち代表的なアプリケーションは、UniswapやMakerDAO、Compoudといった DeFiにおいて実現されています（DeFiについて「第４章　DeFi」参照）。

(2) スマートコントラクトの活用事例

このようなスマートコントラクトを活用した事例としては、トークンの作成があります。

イーサリアムにおけるトークンには、以下のような標準があります。

13　マスタリングイーサリアム用語集XXXi。
14　マスタリングイーサリアム11頁。
15　マスタリングイーサリアム11頁、12頁。

① ERC20トークン標準

「ERC20」は、ファンジブルトークン（Fungible Token）のための標準です。ERC20のトークンの様々な単位には互換性があり、固有の特性はありません[16]。ERC20を利用して作成された代表的なERC20トークンには、例えば以下のものがあります。

【代表的なERC20トークン】

・テザー（USDT）
・チェーンリンク（LINK）
・バイナンスコイン（BNB）
・USDコイン（USDC）
・ラップドビットコイン（WBTC）
・ダイ（DAI）

ERC20には、①totalSupply（トークンの総供給量を決める機能）、②balanceOf（特定のアドレスが保有するトークンの残高を表示する機能）、③transfer（トークンの所有権限を別のユーザーに移す機能）という機能が標準機能として実装されています[17]。

ERC20トークンの機能は、スマートコントラクトで管理されています。

② ERC721トークン標準

「ERC721」は、ノンファンジブルトークン（Non-Fungible Token）のための標準です。ERC20トークン標準は、上記①のとおり特定のアドレスが保有するトークンの残高を表示しますが、トークンの出所を（明示的に）追跡しません。ERC721では、トークンのIDとこれを保有するアドレスを追跡します[18]。現在NFTを発行する際に最もよく利用される規格です（NFTについて「第２章　NFT・NFTマーケット」参照）。

16　マスタリングイーサリアム240頁。
17　https://ethereum.org/ja/developers/docs/standards/tokens/erc-20/
18　マスタリングイーサリアム261頁。

4　ブロックチェーンにより実現できること③「トークンエコノミー」

(1)　トークンエコノミーの概要

ブロックチェーンにより実現できることの３つ目は「トークンエコノミー」です。「トークン」とは、Ｑ１で説明したとおり、ブロックチェーンで管理される残高や証書のことをいいますが、これに一定の価値を表章させ、不特定多数の人々の間で流通することで形成される独自の経済圏をトークンエコノミーといいます。

なお、ブロックチェーンにおけるトークンには、発行上限がある場合とない場合があります。また、トークンが発行されると、その認知度の向上のために、トークンを無償配布する「エアドロップ」が行われることがあります。

(2)　トークンエコノミーの事例

このようなトークンエコノミーの事例としては、以下のようなものがあります。

①　地域通貨

2020年７月から会津大学（福島県会津若松市）内で正式運用を開始した、ブロックチェーンを活用したデジタル地域通貨「Byacco/白虎」の事例があります[19]。「Byacco/白虎」は、データ自体が現金と同等の価値を持ち、ファイナリティーを有するトークン型のデジタル通貨です。

また、このほかにも、近鉄グループホールディングス株式会社が株式会社三菱総合研究所と共同で、あべのハルカスをはじめとする大阪市あべの・天王寺エリアにおいて、ブロックチェーンを活用したデジタル地域通貨「近鉄ハルカスコイン」の社会実験を実施した事例[20]や、三重県伊勢志摩地域にお

19　Byacco/白虎ウェブサイト（https://soramitsu.co.jp/byacco/ja）。

いてデジタル地域通貨「近鉄しまかぜコイン」の社会実験を行った事例[21]などがあります。

② 不動産所有権トークン

不動産を裏付けとするトークンをブロックチェーン上で発行し、これによって収集した資金で不動産を開発・運用し、最終的には利益を配当としてトークンの保有者に自動的に配布する仕組みをブロックチェーンで構築する事例が挙げられます。実際に、2019年初め頃には、米国において、このような取組みが実施されています[22]。

③ DeFiでのガバナンストークン

一部のDeFiにおいては、DeFiプロトコル（DeFiプロトコルについてQ31参照）をデプロイした後に、DeFiプロトコルのメンテナンスやアップグレード、管理等を、利用者や開発者のコミュニティに委ねていくという方針が採用されることがあり、この際に用いられるトークンが「ガバナンストークン」と呼ばれるトークンです。基本的には、1トークン当たり1票の価値が与えられ、投票によって意思決定が行われ、また、その保有数量により、投票のみならず案件の提案を行うことができる権利を有することもあります。ガバナンストークンについては、Q31をご参照ください。

---

20 「デジタル地域通貨「近鉄ハルカスコイン」の実用化に向け、大阪市、地元商店会と連携して第2回社会実験を実施～あべの・天王寺エリアに利用範囲を拡大～」（https://www.kintetsu-g-hd.co.jp/common-hd/data/pdf/sai180907hd20180907140715362968405.pdf）。

21 「伊勢志摩地域においてデジタル地域通貨『近鉄しまかぜコイン』を発行～ブロックチェーン基盤を使用し、サービスのデジタル化・データ活用による新たな沿線活性化モデルを目指す～」（https://www.kintetsu-g-hd.co.jp/common-hd/data/pdf/20191016-hd20191015171315711272312.pdf）。

22 「「トークン不動産」NYに　ブロックチェーン使い権利証　融資頼らず広く資金調達」（日経電子版、2019年1月17日）（https://www.nikkei.com/article/DGKKZO40057670W9A110C1EE9000/）。

Q5　ブロックチェーンの種類とそれぞれの特徴を教えてください

1　ブロックチェーンの種類と主な特徴

Ｑ１で述べたとおり、本書では、特に断りのない限り、ブロックチェーンという場合には、ビットコインやイーサリアムのようなパブリック型のブロックチェーンを念頭に置いています。したがって、ここまでのＱでは、ブロックチェーンの仕組みやブロックチェーンによって実現可能なことについて、ブロックチェーンは広く不特定多数に公開され、管理者が不在であることを前提に説明してきました。

しかしながら、ブロックチェーンには、大別してパブリック型、コンソーシアム型及びプライベート型という３種類のブロックチェーンが存在します。

【図９　ブロックチェーンのイメージ】

①パブリック　②コンソーシアム　③プライベート

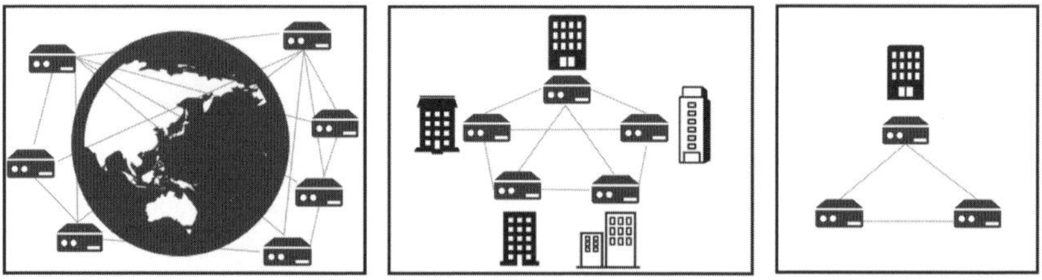

パブリック型、コンソーシアム型及びプライベート型では、管理者の有無や、ブロックチェーンネットワークの構成員であるノードの所有者の特定性の有無のほか、当該ブロックチェーンにおけるトランザクションにおける手数料の有無等といった点でそれぞれ異なる特徴を有します。

それぞれの種類のブロックチェーンの特徴や主な用途は、下表のとおりです。

種類	参加者（ノード所有者）	管理者	利用料	主な用途	代表例
パブリック	不特定多数	×	○	暗号資産の取引等に関連したサービス等様々	ビットコイン イーサリアム 等
コンソーシアム	特定多数	○	△	特定の企業間での取引の実行や秘匿性の高いデータの管理	Hyperledger Fabric Corda　等
プライベート	特定の法人・個人のみ	○	×	単一企業・組織内でのデータ管理	Hyperledger Fabric　等

以下では、パブリック型及びコンソーシアム型の特徴や課題について解説します。

2　パブリック型ブロックチェーンの特徴

(1)　管理者の不在、スケーラビリティ問題とその解決策

ア　管理者の不在とスケーラビリティ問題

パブリック型のブロックチェーンの最大の特徴は、管理者がいない点にあります。パブリック型のブロックチェーンでは、不特定多数のノードが参加することができ、ブロックチェーンに参加するノードが増えれば増えるほど分散性が高まりますが、その反面で合意形成に時間を要することになります。

スケーラビリティとは、システム等の拡張性、すなわち処理能力を指しており、1秒間に処理できるトランザクションデータの数を示すTPS（Transaction Per Seconds）によって表現されます。

ブロックチェーンでは、コンセンサスアルゴリズムに基づき、一定量のトランザクションデータをブロック化することでトランザクションデータを記録しています。そのため、ノードが増えれば増えるほど、分散性が高まりま

すが、その反面で合意形成に時間を要することになります。実際に、ビットコインは7TPS、イーサリアムでは15TPS程度といわれており、VISA等の一般的なクレジットカードブランドによる数千TPSをはるかに下回るスケーラビリティしか有していないといわれています。

このように、スケーラビリティはブロックチェーンの分散性とトレードオフの関係にあることから、特に分散性の高いパブリック型における大きな課題として認識されてきました。

このようなスケーラビリティの問題を克服し、手数料も安くすることでイーサリアムブロックチェーンと競争関係に立とうとする「イーサリアムキラー」と呼ばれるブロックチェーンが多く登場しています。主なイーサリアムキラーのブロックチェーンは、下表のとおりです。

名称	開発主体	特徴
Solana （ソラナ）	Solana Labs	・1秒間に5万件の取引処理が可能で、ブロックの生成速度が0.4秒であるなど処理速度が速い[1]。 ・レイヤー2（下記イ参照）が不要である。
Avalanche （アバランチ）	Ava Labs	・1秒間に4,500件を超える取引処理が可能である。 ・いわゆる51％攻撃[2]への耐性を有する。
BNBチェーン	Binance	・2022年2月にバイナンス・スマート・チェーン（Binance Smart Chain）及びバイナンスチェーン（Binance Chain）から名称を変更したブロックチェーンである[3]。

1　Solanaウェブサイト（https://solana.com/ja）。

2　特定のマイナーがブロックチェーンネットワークの計算能力の過半数（51％）を占め、ブロックチェーンデータを不正に改ざんすることをいいます。「アバランチ101：金融のインターネットの概要」（https://medium.com/ava-labs-jp/avalanche-101-%E9%87%91%E8%9E%8D%E3%81%AE%E3%82%A4%E3%83%B3%E3%82%BF%E3%83%BC%E3%83%8D%E3%83%83%E3%83%88%E3%81%AE%E6%A6%82%E8%A6%81-9d494397c467）。

		・スマートコントラクト機能とイーサリアム仮想マシン（EVM）との互換性に特化している[4]。
Polkadot（ポルカドット）	Web3 Foundation	・インターオペラビリティの仕組みの開発を目指しているブロックチェーンである（下記(2)参照）[5]。

イ　スケーラビリティ問題の解決策

以上のスケーラビリティ問題の解決策として代表的なものとしては、①コンセンサスアルゴリズムの変更（分散性を下げて、スケーラビリティを上げる）と②レイヤー２があります。レイヤー２は、レイヤー１と呼ばれる主たるブロックチェーンからのトランザクションを処理するスケーリングソリューションの総称であり、レイヤー１を拡張する独立したブロックチェーンです。これによってレイヤー１のブロックチェーン本体のシステムの処理に負荷がかからず、高速な処理ができることでスケーラビリティ問題を解決することが期待されます[6]。ビットコインにおいて使用されているLightning

【図10　Lightning Networkの概要】

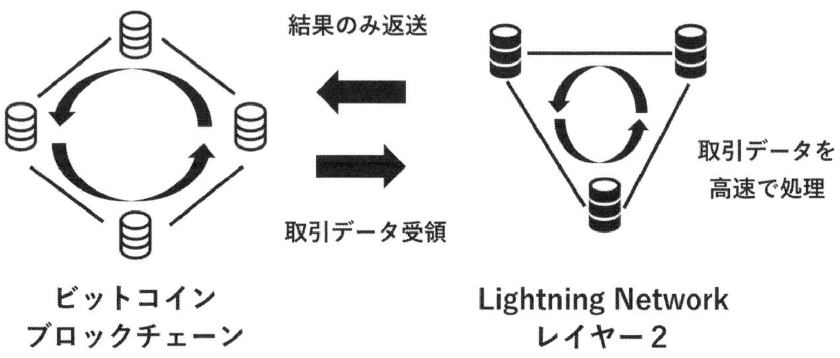

3　"Introducing BNB Chain: The Evolution of Binance Smart Chain"（https://www.binance.com/en/support/announcement/854415cf3d214371a7b60cf01ead0918）

4　「バイナンススマートチェーン（BSC）の紹介」（https://academy.binance.com/ja/articles/an-introduction-to-binance-smart-chain-bsc）。

5　"Polkadot FAQ"（https://polkadot.network/faq/）

Networkがレイヤー２の代表例です。

(2) ブロックチェーンの独立性とインターオペラビリティ

ビットコインやイーサリアムはパブリック型のブロックチェーンに分類されますが、同じパブリック型のブロックチェーンであっても、それぞれのブロックチェーンは独立し、別個のブロックチェーンネットワークを構築しています。

【図11　ブロックチェーンの独立性】

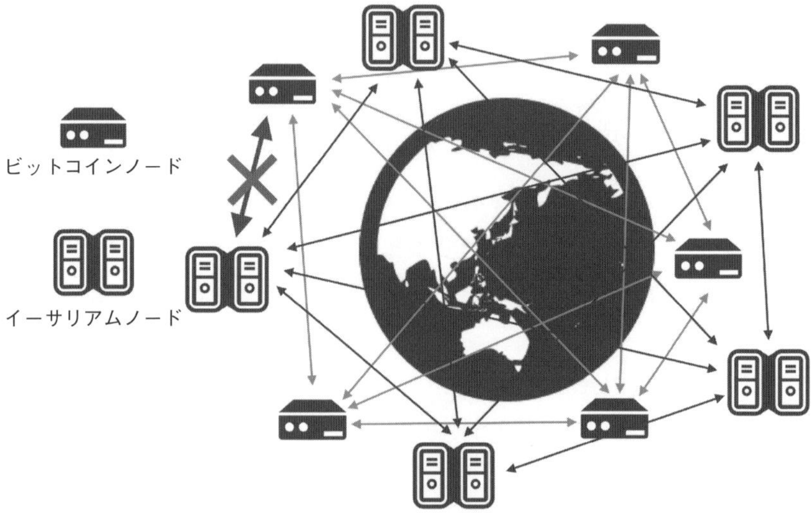

このようにパブリック型同士は、互換性がなく相互運用性に欠けており、これによってブロックチェーン技術の発展が妨げられるといった課題がありました。

このような課題を解決し、異なるブロックチェーン同士をつなぐことができるようにするために、「インターオペラビリティ（相互運用性）」と呼ばれる仕組みが研究・開発されています。インターオペラビリティの中でも注目を集めているのが「Polkadot」と呼ばれるプロジェクトです。Polkadotで

6　イーサリアムウェブサイト（https://ethereum.org/en/layer-2/）。

は、ネットワークのセキュリティやインターオペラビリティの心臓部を担うRelay Chainに、個々のブロックチェーンがParachainsとしてRelay Chainに接続されることでインターオペラビリティを実現しようとします。Relay Chainに接続できるParachainsは現在100枠に制限されており、その接続枠を各ブロックチェーンのプロジェクトが競うために、パラチェーンオークションが行われています[7]。また、インターオペラビリティを実現するための仕組みとして、Polkadotのほかにも、Cosmos[8]と呼ばれるプロジェクトも開発されています。

3　コンソーシアム型ブロックチェーンの特徴

以上のように、パブリック型ブロックチェーンでは、高度の分散性によりスケーラビリティに課題が生じていましたが、コンソーシアム型ブロックチェーンでは、特定の管理者が承認したノードのみが参加するため、パブリック型ブロックチェーンと比較して高度のスケーラビリティの確保が可能とされています。

代表的なコンソーシアム型ブロックチェーンの概要は、下表のとおりです。

名称	運営主体	主な活用事例等
Hyperledger Fabric	IBM	・サプライヤー管理プラットフォーム「Trust Your Supplier」[9] ・航空機部品のマーケットプレイス「GoDirect Trade」[10]
Corda	R3 LLC	・イタリアにおける銀行間決済「Project Spunta」[11] ・金融機関の業務要件を解決するために設計・開発されたものであり、金融業界における利活用

7　An Introduction to Polkadot（https://polkadot.network/Polkadot-lightpaper.pdf）
8　「Cosmos」ウェブサイト（https://cosmos.network/intro/）。
9　「Trust Your Supplier」ウェブサイト（https://trustyoursupplier.com/）。
10　「GoDirect Trade」ウェブサイト（https://www.godirecttrade.com/）。
11　「Spunta Banca DLT」ウェブサイト（https://www.abilab.it/en/aree-ricerca/blockchain-dlt/spunta-banca-dlt）。

		事例が多いが、最近では金融業界以外での利活用事例もみられる[12]。例えば、トヨタグループによる電子商取引クラウドサービス「TBLOCK SIGN」[13]等。
Quorum	ConsenSys (JP Morgan)	・LVMHが主導するブランド品の真贋証明プラットフォーム「AURA」[14] ・銀行間情報ネットワーク「Liink」[15]

12 「ブロックチェーンCordaとは？（ビジネス編）」(SBIr3 Japan)（https://sbir3japan.co.jp/wp-content/uploads/2021/06/%E3%83%96%E3%83%AD%E3%83%83%E3%82%AF%E3%83%81%E3%82%A7%E3%83%BC%E3%83%B3Corda%E3%81%A8%E3%81%AF%EF%BC%9F%EF%BC%88%E3%83%93%E3%82%B8%E3%83%8D%E3%82%B9%E7%B7%A8%EF%BC%89ver2.pdf)。

13 「TBLOCK SIGN」ウェブサイト（https://www.ttsystems.com/tblocksign)。

14 「AURA」ウェブサイト（https://auraluxuryblockchain.com/?cli_action=1619693377.529)。

15 「Liink」ウェブサイト（https://www.jpmorgan.com/onyx/liink)。

Q6 ウォレットとはなんですか。暗号資産に関する法規制と併せて教えてください

1 ウォレットとは

Q１で説明したとおり、ビットコイン（BTC）というデジタル通貨の実態は、ブロックチェーンで管理される残高の記録に過ぎません。また、イーサリアムネットワークでは、イーサ（ETH）や、スマートコントラクトの作成により発行される残高や証書の記録についても管理することができ、これらのブロックチェーンで管理される残高や証書を一般にトークンといいます。

ウォレットとは、本来的には、秘密鍵を管理するためのソフトウェアをいいます[1]（秘密鍵についてQ２参照）。もっとも、ウォレットという用語は、多義的であり、上記のトークンの管理方法を指す言葉としても一般に用いられています。

以下では、後者のトークンの管理方法を指す言葉としてのウォレットについて説明します。

2 （トークンの管理方法としての）ウォレットの種類

トークンの管理方法には、一般に、以下の２つがあります。

① 利用者個人のアドレスで管理する方法
通称：プライベートウォレット、アンホステッド・ウォレット etc.
② 取引所やサービス運営者のアドレスで管理する方法
通称：カストディアルウォレット、ホステッド・ウォレット etc.

1 マスタリングイーサリアム用語集XI。

上記①の利用者個人のアドレスで管理する方法とは、自らの端末（スマートフォンやパソコン）上にトークンを管理するアプリやソフトウェアをダウンロードし、又はハードウェアを購入するなどしてこの管理アプリ等やハードウェアのアドレスで管理する方法をいいます。このように利用者個人で管理するトークンを他のアドレスに移転するためには、個人で管理するアドレスに対応する秘密鍵が必要となります。もっとも、この場合には、一般に、当該利用者個人のみが秘密鍵を管理し、又は管理方法を把握しているため、当該利用者個人のみが当該トークンを移転することができることになります。

これに対し、上記②のトークンを取引所やサービス運営者（以下「取引所等」といいます）のアドレスで管理する場合には、一般に、取引所等において当該アドレスに対応する秘密鍵が管理されており、取引所の利用者は、取引所等とのサービス契約に基づき、取引所等に対して、送付先のアドレスを指定して当該トークンを移転させる請求権を有します。

上記①のトークンの管理方法は「プライベートウォレット」と、上記②のトークンの管理方法は「カストディアルウォレット」と呼ばれます。また、AML/CFTの観点からは、前者は「アンホステッド・ウォレット」と、後者は「ホステッド・ウォレット」とも呼ばれますが、本書では「プライベートウォレット」「カストディアルウォレット」という用語を使用することとします。

前者の代表例としては、MetaMask（メタマスク）[2]などが挙げられます。

3　暗号資産交換業の規制

(1)　暗号資産交換業の定義

暗号資産に該当するトークンについて、次に掲げる行為のいずれかを業として行う場合は、「暗号資産交換業」に該当し（資金決済法２条７項）、資金

2　ブラウザ（Chrome、Firefox、Opera、Brave Browser）で動作するブラウザ拡張ウォレットです（https://metamask.io/）。

決済法に基づく登録が必要です（資金決済法63条の２）。

> ①　暗号資産の売買又は他の暗号資産との交換
> ②　前号に掲げる行為の媒介、取次ぎ又は代理
> ③　その行う前二号に掲げる行為に関して、利用者の金銭の管理をすること
> ④　他人のために暗号資産の管理をすること（当該管理を業として行うことにつき他の法律に特別の規定のある場合を除く）

平成28年（2016年）改正法当時、FATFの仮想通貨に関するガイダンスにおいて、仮想通貨の交換所は、法定通貨との交換を通じ、既存の金融システムとの出入口に当たることから、規制対象とすることが求められていたこと、仮想通貨の売買のほか、その媒介・取次ぎ・代理、また、売買等に関して行われる金銭又は仮想通貨の預託の受入れについては、事業者の破綻や売買にあたり預託された顧客資産が消失するリスク、あるいは、適正な情報が十分に顧客に提供されないリスク等が存在するとされたことから、上記①から③の行為及び④のうち上記①②の行為に関して利用者の暗号資産の管理をすることが規制対象とされました。

その後、令和元年（2019年）改正法により、上記①②の行為に関しない上記④についても、同様に、FATFからマネー・ローンダリング・テロ資金供与のリスクが指摘され、また事業者の破綻や顧客の暗号資産の流出のリスクがあることを理由に、規制対象とされました。

⑵　暗号資産交換業該当性

利用者に対するウォレットの提供は、「他人のために暗号資産の管理をすること」（以下「暗号資産の管理」といいます）に該当し、暗号資産交換業に該当しないかが、問題となります。

まず、ウォレットで管理するトークンが暗号資産でない場合には、これに該当しません。

次に、当該トークンが暗号資産である場合には、暗号資産の管理に該当するかが問題となりますが、「利用者の関与なく、単独又は関係事業者と共同して、利用者の暗号資産を移転でき得るだけの秘密鍵を保有する場合など、事業者が主体的に利用者の暗号資産の移転を行い得る状態にある場合には」これに該当すると解されています（暗号資産ガイドラインⅠ－１－２－２③）。

プライベートウォレットの提供は、利用者のアドレスに係る秘密鍵を利用者自身が管理し、事業者が秘密鍵を保有せず主体的に利用者暗号資産の移転を行い得る状態にない場合には、暗号資産の管理には該当しません。これに対し、カストディアルウォレットの提供は、一般に、取引所等において当該アドレスに係る秘密鍵が管理されているため、暗号資産の管理に該当します。

⑶　暗号資産の借入れの暗号資産の管理該当性

なお、暗号資産のレンディングサービスにおける利用者からの暗号資産の借入れについては、一般に、暗号資産の管理には該当しません。もっとも、「利用者がその請求によっていつでも借り入れた暗号資産の返還を受けることができるなど、暗号資産の借入れと称して、実質的に他人のために暗号資産を管理している場合には、同号に規定する暗号資産の管理に該当する」と解されています（暗号資産ガイドラインⅠ－１－２－２③）。

Q 7　ステーブルコインとはなんですか。ステーブルコインに関する法規制と併せて教えてください

1　ステーブルコインの定義

ステーブルコインは、一般に、「特定の資産と関連して価値の安定を目的とするデジタルアセットで分散台帳技術又はこれと類似の技術を用いているもの」をいうと考えられており[1]、ブロックチェーンは、ここでいう分散台帳技術に該当します。

ステーブルコインの代表的なものとしては、テザー（USDT）、USDコイン（USDC）、バイナンスUSD（BUSD）、ダイ（DAI）などがあり、その総供給量は、2020年10月19日の215億ドルから2022年月10日 5 日には1,418.7億ドルへと急増しています[2]。

なお、ダイ（DAI）を発行するMakerDAOについては、Q32をご参照ください。

2　現在のユースケース

ステーブルコインは、現在、米国では、主にデジタルアセット（暗号資産）取引プラットフォームにおいて、又は同プラットフォームを通じて、他のデジタルアセットの取引や貸し借りを促進するために使用され[3]、デジタルアセット取引プラットフォームやDeFiでの取引や貸し借りの促進はス

1　資金決済WG報告第２章１⑵（16頁）。FSB「『グローバル・ステーブルコイン』の規制・監督・監視—最終報告とハイレベルな勧告」（2020年10月）（以下「FSBの勧告」といいます）。（https://www.fsb.org/wp-content/uploads/P131020-3.pdf）の用語集では、Stablecoinは、"A crypto-asset that aims to maintain a stable value relative to a specified asset, or a pool or basket of assets." と定義され、Crypto-asset は "A type of private digital asset that depends primarily on cryptography and distributed ledger or similar technology." と定義されています（同５頁）。

2　THE BLOCK（https://www.theblockcrypto.co/data/decentralized-finance/stablecoins/total-stablecoin-supply-daily）

テーブルコインに依存しているともいわれています[4]（DeFiについて「第4章　DeFi」参照）。

このように、現在のステーブルコインのユースケースは、主にデジタルアセット取引とされていますが、2019年6月公表のFacebook社（当時）を中心としたリブラ構想のように、ネットワーク効果や、ステーブルコインと既存のユーザー基盤やプラットフォームとの関係次第では、その支払手段としての幅広い使用への移行が急速に進む可能性があるとの指摘がなされています[5]。

3　海外の規制動向

Facebook社を中心としたリブラ構想以後、G20及びFSB、FATFなどの国際基準設定主体において、いわゆるグローバル・ステーブルコインへの対応についての議論が行われ、金融安定理事会（Financial Stability Board、以下「FSB」といいます）の勧告やその他の報告書が公表されてきました。

ここでは、「同じビジネス、同じリスクには同じルールを適用する（same business, same risk, same rule)」という考え方を基本とし、グローバル・ステーブルコインのサービス提供前に各国がルール整備を行う必要性が強調されています[6]。

これを受け、欧州連合（EU）では、2020年9月にステーブルコインを含む暗号資産の規制案が公表され、米国では、2021年11月に決済用ステーブルコイン（Payment stablecoins）の発行者を、銀行をはじめとする預金保険対

3　大統領金融市場作業部会（President's Working Group on Financial Markets)、the Federal Deposit Insurance Corporation（FDIC), and the Office of the Comptroller of the Currency（OCC)「Report on STABLECOINS」(2021年11月)（以下「米国報告書」といいます）1頁。

4　米国報告書8頁。

5　米国報告書1頁。

6　資金決済WG報告第2章1(1)（13頁、14頁)。2019年10月のG20財務大臣・中央銀行総裁会議以降、累次のG20声明文において、「いかなる所謂『グローバル・ステーブルコイン』も、関連する全ての法律上、規制上及び監視上の要件が、適切な設計と適用可能な基準の遵守を通して十分に対処されるまではサービスを開始すべきでないことを支持する」旨の確認がなされています。

象の預金取扱金融機関に限定する等の規制方針等を示した米国報告書が公表されています。

4　日本の規制動向

(1)　令和4年（2022年）改正法の成立・公布

日本では、2022年1月11日、金融審議会から資金決済WG報告が公表され、ステーブルコインに関する規制の方向性が示されました[7]。これを受け、資金決済法、銀行法等にステーブルコインの仲介者に関する規制を追加することを含む「安定的かつ効率的な資金決済制度の構築を図るための資金決済に関する法律等の一部を改正する法律」（令和4年（2022年）改正法）が、同年6月3日に成立し、6月10日に公布されています。

同法による改正後の資金決済法（改正資金決済法）及び銀行法（改正銀行法）は、公布の日から起算して1年を超えない範囲内において政令で定める日から施行することとされています（令和4年（2022年）改正法附則1条本文）。

(2)　令和4年（2022年）改正法の規制対象・内容

ステーブルコインは、日本法の現行制度の考え方に基づけば、価値を安定させる仕組みによって、以下のとおりデジタルマネー類似型と暗号資産型に分類できると考えられています[8]。

> a．デジタルマネー類似型
>
> 　法定通貨の価値と連動した価格（例：1コイン＝1円）で発行され、発行価格と同額で償還を約するもの（及びこれに準ずるもの）
>
> b．暗号資産型
>
> 　デジタルマネー類似型以外（アルゴリズムで価値の安定を試みるもの

7　金融審議会「資金決済ワーキング・グループ」報告書の公表について（https://www.fsa.go.jp/singi/singi_kinyu/tosin/20220111.html）。

8　資金決済WG報告第2章1(3)（17頁、18頁）。

等）

令和４年（2022年）改正法は、下表のとおり、上記の２つの類型のうち、デジタルマネー類似型と既存のデジタルマネー（預金・未達債務）を規制対象とするものです。

また、デジタルマネー類似型と既存のデジタルマネーの「移転・管理を行う者」（以下「仲介者」といいます）として、新たに「電子決済等取扱業者」と「電子決済手段等取引業者」を新設するものです（改正銀行法２条18項、改正資金決済法２条12項）。

デジタルマネー類似型のステーブルコインの「発行者」については、その発行・償還する行為は為替取引に該当し、銀行業免許又は資金移動業登録が必要であり令和４年（2022年）改正法によって、新たに規制の対象となるものではありません[9]。

ただし、信託受益権スキームが創設され、「特定信託会社」が「発行者」となることができるようになります（改正資金決済法37条の２）。

<table>
<tr><th colspan="2">デジタルマネー類似型</th><th>暗号資産型</th></tr>
<tr><td colspan="3">発行者</td></tr>
<tr><td>銀行・資金移動業者</td><td>特定信託会社（※新設）</td><td>—</td></tr>
<tr><td colspan="3">仲介者</td></tr>
<tr><td>銀行代理業者
電子決済等代行業者
金融サービス仲介業者</td><td>電子決済手段等取引業者（※新設）
電子決済等取扱業者（※新設）</td><td>暗号資産交換業者</td></tr>
</table>

⑶ ステーブルコインの仲介者の規制

資金決済WG報告では、現行制度の下で発行者と仲介者が分離することを

9　資金決済WG報告第２章１⑵（16頁）、同⑶（22頁）。なお、発行者に係る規制の在り方は引き続き検討するとされており（金融庁説明資料（https://www.fsa.go.jp/common/diet/208/03/setsumei.pdf））５頁、今後の動向に留意が必要です。

想定する仕組みとして、以下の３パターンが示されていました[10]。

ａ．銀行の預金債権スキーム

銀行の口座振替時における預金債権の発生・消滅についての現行実務を前提としたものとして、銀行から代理権を付与された仲介者が、個々の利用者の持分を管理し、振り替える仕組み（発行者である銀行は総額のみを管理）

ｂ．資金移動業者の未達債務スキーム

資金移動業者の未達債務について、資金移動業者から代理権を付与された仲介者が、個々の利用者の持分を管理し、振り替える仕組み（発行者である資金移動業者は総額のみを管理）

ｃ．信託受益権スキーム

信託法制が適用されるものとして、受益証券発行信託において、銀行に対する要求払預金を信託財産とした信託受益権を仲介者が販売・移転する仕組み

令和４年（2022年）改正法では、上記ａの仲介者の業務は改正銀行法において「電子決済等取扱業」と定義され（同法２条17項）、上記ｂ・ｃやこれら以外のスキームの仲介者の業務は改正資金決済法において「電子決済手段等取引業」と定義され（同法２条10項）、それぞれ登録制が導入され（改正銀行法52条の60の３、改正資金決済法62条の３）、業務に関する規定が整備されています。

改正銀行法の「電子決済等取扱業」の定義（同法２条17項）

この法律において「電子決済等取扱業」とは、次に掲げる行為を行う営業をいい、「電子決済等関連預金媒介業務」とは、第二号に掲げる行為

10　資金決済WG報告第２章１(6)（23頁）。

をいう。

一　銀行の委託を受けて、当該銀行に代わって当該銀行に預金の口座を開設している預金者との間で次に掲げる事項のいずれかを電子情報処理組織を使用する方法により行うことについて合意をし、かつ、当該合意に基づき預金契約に基づく債権（以下この号において「預金債権」という。）の額を増加させ、又は減少させること。

イ　当該口座に係る資金を移動させ、当該資金の額に相当する預金債権の額を減少させること。

ロ　為替取引により受け取った資金の額に相当する預金債権の額を増加させること。

二　その行う前号に掲げる行為に関して、同号の銀行（以下「委託銀行」という。）のために預金の受入れを内容とする契約の締結の媒介を行うこと。

改正資金決済法の「電子決済手段等取引業」の定義（同法２条10項）

10　この法律において「電子決済手段等取引業」とは、次に掲げる行為のいずれかを業として行うことをいい、「電子決済手段の交換等」とは、第１号又は第２号に掲げる行為をいい、「電子決済手段の管理」とは、第３号に掲げる行為をいう。

一　電子決済手段の売買又は他の電子決済手段との交換

二　前号に掲げる行為の媒介、取次ぎ又は代理

三　他人のために電子決済手段の管理をすること（その内容等を勘案し、利用者の保護に欠けるおそれが少ないものとして内閣府令で定めるものを除く。）。

四　資金移動業者の委託を受けて、当該資金移動業者に代わって利用者（当該資金移動業者との間で為替取引を継続的に又は反復して行うことを内容とする契約を締結している者に限る。）との間で次に掲げる事項のいずれかを電子情報処理組織を使用する方法により行うことに

ついて合意をし、かつ、当該合意に基づき為替取引に関する債務に係る債権の額を増加させ、又は減少させること。

イ　当該契約に基づき資金を移動させ、当該資金の額に相当する為替取引に関する債務に係る債権の額を減少させること。

ロ　為替取引により受け取った資金の額に相当する為替取引に関する債務に係る債権の額を増加させること。

上記４号は、上記(3)ｂ資金移動業者の未達債務スキームに対応するものです。

また、電子決済手段には、特定信託受益権が含まれ（同条５項３号)、上記各号は、信託受益権スキームやこれら以外のスキームに対応するものです。

(4)　電子決済手段の定義

電子決済手段の定義は、次のとおりです。

改正資金決済法の「電子決済手段」の定義（同法２条５項）※下線は筆者にて加筆

５　この法律において「電子決済手段」とは、次に掲げるものをいう。

一　物品等を購入し、若しくは借り受け、又は役務の提供を受ける場合に、これらの代価の弁済のために不特定の者に対して使用することができ、かつ、不特定の者を相手方として購入及び売却を行うことができる財産的価値（電子機器その他の物に電子的方法により記録されている通貨建資産に限り、有価証券、電子記録債権法（平成19年法律第102号）第２条第１項に規定する電子記録債権、第３条第１項に規定する前払式支払手段その他これらに類するものとして内閣府令で定めるもの（流通性その他の事情を勘案して内閣府令で定めるものを除く。）を除く。次号において同じ。）であって、電子情報処理組織を用いて移転することができるもの（第３号に掲げるものに該当するものを除く。）

二　不特定の者を相手方として前号に掲げるものと相互に交換を行うことができる財産的価値であって、電子情報処理組織を用いて移転することができるもの（次号に掲げるものに該当するものを除く。）
三　特定信託受益権
四　前三号に掲げるものに準ずるものとして内閣府令で定めるもの

同項1号の電子決済手段は、通貨建資産[11]に限定されており、暗号資産型のステーブルコインのうち暗号資産に該当するものはこれに該当しません。また、有価証券や前払式支払手段等は原則として「電子決済手段」から除外されるものの、このうち「流通性その他の事情を勘案して内閣府令で定めるもの」は例外的にこれに該当する可能性があります。

11　本邦通貨若しくは外国通貨をもって表示され、又は本邦通貨若しくは外国通貨をもって債務の履行、払戻しその他これらに準ずるものが行われることとされている資産（改正資金決済法2条7項）。

Q 8　銀行グループはトークンに関する業務を営むことはできますか。カストディ業務やステーブルコインに関する業務、NFTマーケットプレイスの運営について教えてください

1　トークンに関する業務

Ｑ１の説明のとおり、ブロックチェーン上の残高や証書の記録は、一般にトークンと呼ばれています。このトークンは、交換手段として、人々の間で広く受け入れられるものである場合には、暗号資産やデジタルマネー類似型のステーブルコイン（以下「ステーブルコイン」といいます。デジタルマネー類似型のステーブルコインについてＱ７参照）に該当することがあります。また、トークンは、コンテンツ等に関するNFTやゲームアイテムであることもあります（ゲームアイテムについて「第３章　Play to Earn」参照）。NFTは、ノンファンジブルトークン（Non-Fungible Token）の略であり、一般に、ブロックチェーン上で発行される「代替不可能な」トークンのことをいいます[1]（NFTについてＱ10参照）。

ここでは、トークンに関する業務として、銀行グループによるカストディ業務[2]やステーブルコイン発行・償還業務、NFTマーケットプレイスの運営の可否について検討することとします。

2　カストディ業務

(1)　暗号資産・NFTの信託の可否

暗号資産の信託が可能かという点については、信託財産となる要件は信託法２条３項の趣旨に照らせば、次の４つの要件であると解されており、これ

1　マスタリングイーサリアム用語集XXXVii。
2　「三井住友トラスト、暗号資産信託の新会社発表」日経電子版、2022年５月25日（https://www.nikkei.com/article/DGXZQOUB2449T0U2A520C2000000/）。

らを満たす暗号資産は信託可能な財産であると考えられています[3]。そこで、NFTについても、同様に、これらの要件を満たす場合には、信託可能な財産であると考えられます。

① 金銭的価値に見積もることができるものであること ② 積極財産であること ③ 委託者から移転等のできるものであること ④ 特定可能なものであること

⑵ 信託受託者による「他人のために暗号資産の管理をすること」の暗号資産交換業該当性

Q６の説明のとおり、「他人のために暗号資産の管理をすること」（資金決済法２条７項４号）を業として行う場合は、「暗号資産交換業」に該当し、資金決済法に基づく登録が必要です（資金決済法63条の２）。もっとも、「当該管理を業として行うことにつき他の法律に特別の規定のある場合」は登録が必要な行為から除外されるため、信託業法その他の法令に基づき「他人のために暗号資産の管理をすること」は「暗号資産交換業」に該当しません。

⑶ 信託兼営金融機関（信託銀行等）

上記⑴のとおり、信託財産となる要件を満たす暗号資産やNFTは信託財産となることができます。

このうち、暗号資産については、現時点では、内閣総理大臣の認可を受けて信託業務を営む銀行等の金融機関（以下「信託銀行等」といいます）については、その営むことのできる業務から「信託財産の管理又は処分において暗号資産を含む財産の信託及び暗号資産関連デリバティブ取引を行う信託」（以下「暗号資産信託業」といいます）が除外されています（金融機関の信託業

3　2019年９月３日パブコメ回答No.246。

務の兼営等に関する法律施行規則3条1項6号)。

このように信託銀行等の営むことのできる業務から暗号資産信託が除外されたのは、信託銀行等が暗号資産を受託財産とする信託業を営む場合のリスクとして、マネー・ローンダリング等に利用されるリスクや、暗号資産の管理等に係るシステムリスクのほか、これらが顕在化した場合のレピュテーショナル・リスク等が想起されるところ、これらのリスクを完全にコントロールすることは容易ではなく、これらのリスクが顕在化した場合には、信託勘定にとどまらず、信託銀行等の固有業務への影響も考えられ、適当ではないとされたことにあります[4]。

もっとも、2022年6月30日、金融庁から、信託兼営金融機関において、暗号資産信託業のうち、信託業法3条に定義する管理型信託業(いわゆるカストディ業務。以下「暗号資産カストディ業務」といいます)を営むことを可能とする「金融機関の信託業務の兼営等に関する法律施行規則の一部を改正する内閣府令(案)」が公表され、パブリックコメントに付されています(未施行)。かかる改正は、デジタル資産のカストディ業務の担い手の増加により、利用者保護を図りつつ、利用者の利便性を高める金融イノベーションの創出につながることを期待したものです。

以上に対して、NFTを信託財産として受託することや、信託財産をNFTで運用すること(以下「NFTカストディ業務」といいます)は、現時点では信託銀行等の営むことのできる業務から除外されていません。ただし、NFTは、ブロックチェーン上で発行される「代替不可能な」トークンであり、これがマネー・ローンダリング等に利用されるリスクに関しては、FATFが2021年10月28日に改定した「暗号資産及び暗号資産交換業者に対するリスクベース・アプローチに関するガイダンス」(原題「Updated Guidance for a risk-based approach to Virtual Assets and Virtual Asset Service Providers」)では対象に含まれなかったものの、今後とも、ステーブルコイン、P2P取引、分散型金融(DeFi)などとともに、暗号資産に関するモニタリングを継続し

4 2019年9月3日パブコメ回答No.254。

ていくとされているほか、その管理等に係るシステムリスクは存在します(NFT取引におけるAML/CFTについてQ23参照)。

(4) 銀行グループの信託会社

銀行及び銀行持株会社の子会社である信託専門会社（以下、単に「信託会社」といいます）の業務範囲は、信託銀行等の業務範囲に限定されています(銀行法16条の2第1項6号、52条の23第1項5号)。したがって、銀行の子会社である信託会社は、現時点では、暗号資産信託を営むことはできませんが、今後暗号資産カストディ業務を営むことが可能となる見込みです。

また、銀行及び銀行持株会社の子法人等、関連法人等である信託会社の業務範囲も同様であるため（金融庁「主要行等向けの総合的な監督指針」(以下「監督指針」といいます）Ⅴ－3－3、Ⅴ－3－3－1(3)①)、銀行及び銀行持株会社が基準議決権数（銀行であれば合算5％、銀行持株会社であれば合算15%）を超えて議決権を取得した国内の信託会社も同様の取扱いと考えられます。

以上に対し、NFTカストディ業務は、現時点では信託銀行等の営むことのできる業務から除外されておらず、これらの信託会社の業務範囲から除外されていません。なお、NFTがマネー・ローンダリング等に利用されるリスクやその管理等に係るシステムリスク等については、上記(3)のとおりです。

3　ステーブルコインに関する業務

(1) ステーブルコインの発行・償還業務

Q7の説明のとおり、デジタルマネー類似型のステーブルコインの発行者については、その発行・償還する行為は為替取引に該当すると考えられています。

また、信託受益権スキームが創設され、「特定信託会社」が発行者となることができるようになることが予定されています(改正資金決済法37条の2)。

そこで、銀行グループにおいては、銀行や銀行及び銀行持株会社の子会社、子法人等、関連法人等である資金移動業者（銀行法16条の２第１項２号の２、52条の23第１項１号の２）、信託会社において、ステーブルコインの発行・償還業務を行うことが考えられます。

もっとも、ステーブルコインの仲介者等に関する規制を含む令和４年（2022年）改正法は、未施行の段階であり、個別具体的な銀行グループの会社がステーブルコインの発行・償還業務を行うことできるかどうか、当該業務についてどのような制約があるかについては、ステーブルコインを発行するブロックチェーンの種類（ブロックチェーンの種類についてＱ５参照）やステーブルコインの内容等を踏まえて、今後公表される内閣府令、監督指針、ガイドラインやこれらの解釈に照らして判断する必要があり、留意が必要です。

(2) ステーブルコインの仲介業務

上記(1)のとおり、令和４年（2022年）改正法が未施行の段階であるため、銀行グループの会社がステーブルコインの仲介業務を行うことができるかどうかは、今後公表される内閣府令、監督指針、ガイドラインやこれらの解釈に照らして判断する必要があります。また、当該業務についてどのような制約があるかについては、ステーブルコインを発行するブロックチェーンの種類やステーブルコインの内容等を踏まえて、検討する必要がある点にも留意が必要です。

4 NFTマーケットプレイスの運営

(1) 銀行の他業禁止・銀行グループの業務範囲規制

銀行は、固有業務、付随業務及び法定他業以外の業務を営むことができません（銀行法12条）。また、銀行及び銀行持株会社は、銀行法上列挙された会社のみ子会社とすることができ（同法16条の２第１項、52条の23第１項）、これらに該当しない国内の会社の議決権の取得・保有は、原則として基準議決権数以下（銀行であれば合算して５％以下、銀行持株会社であれば合算して15%

以下）に制限されています（同法16条の４第１項、52条の24第１項）。

⑵ NFTマーケットプレイスの運営

NFTマーケットプレイスとは、一般に、NFTの取引の場を提供するサービスをいい、NFTマーケットプレイスの運営者は、主に、以下の４つの機能の全部又は一部を提供しています（NFTマーケットプレイスについてＱ12参照）。

① NFTを発行する場 ② 発行したNFTを販売する場 ③ 販売されているNFTを購入する場 ④ 購入したNFTを販売する場（二次・N次流通）

銀行グループがNFTマーケットプレイスの運営をすることができるかについては、提供する機能や、取り扱うNFTの内容（NFTの代表例についてＱ11参照）といった個別具体的な事情次第であると考えられますが、基本的には、銀行法16条の２第１項15号又は52条の23第１項14号に規定する銀行業高度化等会社（以下「銀行業高度化等会社」といいます）においてこれを担うことが考えられるため[5]、以下では、銀行業高度化等会社の概要を説明します。

⑶ 銀行業高度化等会社の定義・区分

銀行業高度化等会社とは、「情報通信技術その他の技術を活用した当該銀行の営む銀行業の高度化若しくは当該銀行の利用者の利便の向上に資する業務若しくは地域の活性化、産業の生産性の向上その他の持続可能な社会の構築に資する業務又はこれらに資すると見込まれる業務を営む会社」をいいま

5 銀行業高度化等会社は、いわゆるECモール（電子商取引市場）の運営を含めた多様な業務を営むことが想定されています（金融審議会金融制度スタディ・グループ「金融機関による情報の利活用に係る制度整備についての報告」（平成31年１月16日）４頁）。

す（銀行法16条の2第1項15号、52条の23第1項14号）。

銀行業高度化等会社は、銀行法施行規則17条の4の3に規定される「一定の銀行業高度化等会社」（以下「一定の銀行業高度化等会社」といいます）と銀行法施行規則17条の5第3項に規定される「他業銀行業高度化等会社」（以下「他業銀行業高度化等会社」といいます）に区分されます。一定の銀行業高度化等会社の業務は、下表のものに限定されます（銀行法施行規則17条の4の3各号）。

①	フィンテック業務	専ら情報通信技術を活用した当該銀行の営む銀行業の高度化若しくは当該銀行の利用者の利便の向上に資する業務又はこれに資すると見込まれる業務（1号）
②	地域商社業務	特定の地域において生産され、若しくは提供される商品又は提供される役務の提供を行う業務であつて、当該銀行の業務の健全かつ適切な運営に支障を来す著しいおそれがないもの（2号）
③	登録型人材派遣業務	高度の専門的な能力を有する人材その他の当該銀行の利用者である事業者等の経営の改善に寄与する人材に係る労働者派遣事業の適正な運営の確保及び派遣労働者の保護等に関する法律第2条第3号に規定する労働者派遣事業（経営相談等業務その他の当該銀行の営む業務に関連して行うものであつて、その事業の派遣労働者が常時雇用される労働者でないものに限る。）（3号）
④	システム関連業務	他の事業者等のために電子計算機を使用することにより機能するシステムの設計、開発若しくは保守（当該銀行若しくはその子会社が単独で若しくは他の事業者等と共同して設計し、若しくは開発したシステム又はこれに準ずるものに係るものに限る。）又はプログラムの設計、作成、販売（プログラムの販売に伴い必要となる附属機器の販売を含む。）若しくは保守（当該銀行若しくはその子会社が単独で若しくは他の事業者等と共同して設計し、若しくは作成したプログラム又はこれに準ずるものに係るものに限る。）を行う業務（第1号に掲げる業務に該当するものを除く。）（4号）

⑤	広告宣伝、データ分析等業務	他の事業者等の業務に関する広告、宣伝、調査、情報の分析又は情報の提供を行う業務（5号）
⑥	ATM保守点検業務	他の事業者等の現金自動支払機等の保守、点検その他の管理を行う業務（6号）
⑦	成年後見制度に係る相談等を行う業務	成年後見制度に係る相談の実施、成年後見人等（成年後見制度の利用の促進に関する法律（平成28年法律第29号）第2条第1項に規定する成年後見人等をいう。以下この号、第34条の18の2第7号及び第34条の19の6第7号において同じ。）の事務の支援その他成年後見人等の事務を行う業務（7号）
⑧	前各号に掲げる業務に関し必要となる業務であって、子会社対象会社が営むことができるもの（8号）	
⑨	前各号に掲げる業務に附帯する業務（9号）	
⑩	障害者雇用促進法に係る特例子会社が営む業務（本文）	

⑷　銀行業高度化等会社の認可

銀行業高度化等会社のうち、他業銀行業高度化等会社への出資に係る認可基準については、下表のとおり定められています（銀行法施行規則17条の5の2第2項）。当該基準のうち、②、⑧及び⑨は、通常の子会社の保有における認可基準に加重されたものです。これに対し、一定の銀行業高度化等会社については、通常の子会社の保有と同じ認可基準であり（銀行法施行規則17条の4の3、17条の5等）、以下のうち②、⑧及び⑨以外が認可基準となります。

また、他業銀行業高度化等会社への出資に認可が必要となる場合は、銀行及び銀行持株会社が基準議決権数（銀行であれば合算5％、銀行持株会社であれば合算15％）を超えて議決権を取得し、又は保有するときです。これに対し、一定の銀行業高度化等会社については、子会社としようとするときで足ります（銀行法16条の2第4項、52条の23第3項）。なお、銀行の子会社である一定の銀行業高度化等会社が他業銀行業高度化等会社となる場合には、これに係る認可が必要ですが（同法16条の2第13項）、反対に、他業銀行業高度化等会社が上記⑶の一定の銀行業高度化等会社の業務を開始する場合には、認可は不要です。

さらに、財務健全性やガバナンスが一定以上であることの認定を受けた銀行持株会社（認定銀行持株会社）は、一定の銀行業高度化等会社を銀行持株会社の子会社とする場合には、個別認可を不要とし、届出で足りることとされています（同法52条の23の２第６項から８項、銀行法施行規則34条の19の６から34条の19の８等）。

①	申請銀行の資本金の額が当該申請に係る他業銀行業高度化等会社等の議決権を取得し、又は保有するに足りる十分な額であること。
②	当該申請に係る他業銀行業高度化等会社等に対する出資が全額毀損した場合であっても、申請銀行及びその子会社等（当該認可により子会社等となる会社を除く。）の財産及び損益の状況が良好であることが見込まれること。
③	申請銀行の最近における業務、財産及び損益の状況が良好であること。
④	当該申請の時において申請銀行及びその子会社等の収支が良好であり、かつ、申請銀行若しくはその子会社が合算して当該認可に係る他業銀行業高度化等会社についてその基準議決権数を超える議決権を取得し、若しくは保有し、又は外国の銀行業高度化等会社を子会社とした後も良好に推移することが見込まれること。
⑤	当該認可に係る他業銀行業高度化等会社等がその業務を的確かつ公正に遂行することができること。
⑥	申請銀行若しくはその子会社が合算して当該認可に係る他業銀行業高度化等会社の議決権をその基準議決権数を超えて取得し、若しくは保有すること又は外国の銀行業高度化等会社を子会社とすることにより、申請銀行の営む銀行業の高度化若しくは申請銀行の利用者の利便の向上又は地域の活性化、産業の生産性の向上その他の持続可能な社会の構築に資すると見込まれること。
⑦	申請銀行の業務の状況に照らし、申請銀行若しくはその子会社が合算して当該認可に係る他業銀行業高度化等会社の議決権をその基準議決権数を超えて取得し、若しくは保有し、又は外国の銀行業高度化等会社を子会社とした後も、申請銀行の業務の健全かつ適切な運営に支障を来す著しいおそれがないと認められること。
⑧	申請銀行又は当該認可に係る他業銀行業高度化等会社等の顧客に対し、申請銀行の銀行としての取引上の優越的地位又は当該他業銀行業高度化等会

	社等の業務における取引上の優越的地位を不当に利用して、申請銀行の業務に係る取引の条件若しくは実施又は当該他業銀行業高度化等会社等の業務に係る取引の条件若しくは実施について不利益を与える行為が行われる著しいおそれがないと認められること。
⑨	申請銀行又は当該認可に係る他業銀行業高度化等会社等が行う取引に伴い、申請銀行又は当該他業銀行業高度化等会社等が行う業務に係る顧客の利益が不当に害される著しいおそれがないと認められること。

Q 9 ブロックチェーン上のデータの取扱いについて、個人情報保護法の観点からどのような点に注意する必要がありますか

1　トランザクションデータと「個人情報」「個人データ」

(1)　個人情報保護法上の「個人情報」「個人データ」

個人情報保護法上、「個人情報」とは、生存する個人に関する情報であって、当該情報に含まれる氏名、生年月日その他の記述等により、それ単体で特定の個人を識別することができるもののほか、当該情報のみでは特定の個人を識別できなくても、他の情報と容易に照合することができ、これにより特定の個人を識別することができることとなるものをいいます（同法２条１項。以下「個人情報」といいます）[1]。

また、個人情報保護法上、「個人データ」とは、個人情報データベース等を構成する情報をいい（同法16条３項。以下「個人データ」といいます）、「個人情報データベース等」とは、個人情報を含む情報の集合物であって、電子計算機を用いることなどにより特定の個人情報を容易に検索することができるように体系的に構成したものをいいます[2]（同法16条１項。以下「個人情報データベース等」といいます）。

(2)　トランザクションデータの「個人情報」該当性

Ｑ２の説明のとおり、ビットコインのブロックチェーンは、ブロックヘッダとトランザクションデータにより構成されるブロックの連なりであり、ブ

1　このほか、個人の権利利益を害するおそれが少ないものとして個人識別符号が含まれる情報も個人情報に該当します（個人情報保護法２条１項２号）。
2　ただし、個人の権利利益を害するおそれが少ないものとして個人情報の保護に関する法律施行令４条１項に定めるもの（不特定かつ多数の者により随時に購入することができ、又はできたものや、生存する個人に関する他の情報を加えることなくその本来の用途に供しているもの等）は除かれます。

ロックヘッダには直前のブロックのハッシュ値やナンスと呼ばれる値が含まれています。このうち、ブロックヘッダのデータ（ナンスや前ブロックのハッシュ値）は、生存する個人に関する情報には該当せず、個人情報ではないと考えられます。一方、トランザクションデータについては、例えば、トークンの移転を行う個人のアドレス等の情報が含まれている場合には、生存する個人に関する情報といえ、事業者において当該アドレス等の情報を他の情報と容易に照合することができ、これにより特定の個人を識別できる場合には、個人情報に該当すると考えられます。これは、イーサリアムのブロックチェーンにおけるトランザクションデータについても、基本的に同様と考えられます。

⑶　トランザクションデータの「個人データ」該当性

トランザクションデータを含むブロックチェーンは、個人情報を含む情報の集合物であって、個人のアドレス等の情報を検索キーとして特定の個人情報を容易に検索することができるような場合には、「個人情報データベース等」に該当し、これを構成するトランザクションデータは「個人データ」に該当すると考えられます。

ビットコインやイーサリアムのブロックチェーンでは、個人のアドレスを検索キーとして当該アドレスの残高情報等を表示することができるため（イーサリアムのERC20トークンの機能についてＱ４参照）、「個人情報データベース等」に該当し、これを構成するトランザクションデータは「個人データ」に該当すると考えられます。

2　ブロックチェーンネットワークの参加者によるブロックチェーン上のトランザクションデータの取扱い

⑴　サービス提供者

Ｑ５の説明のとおり、トークンの管理には、一般に、利用者個人のアドレスで管理する方法（プライベートウォレット）と取引所やサービス運営者のアドレスで管理する方法（カストディアルウォレット）があります。

取引所やNFTマーケットプレイス運営者等（以下「サービス提供者」といいます）がサービスの提供に伴いカストディアルウォレットを提供する場合において、当該事業者はブロックチェーン上のトランザクションデータを取り扱いますが、当該トランザクションデータは当該事業者（法人）のアドレスに関する情報であり、生存する個人に関する情報ではないため、原則として、個人情報に該当しないと考えられます。

これに対し、サービス提供者がサービスの提供に伴い自らプライベートウォレットを提供し、当該プライベートウォレットのトランザクションデータを取り扱うような場合には、当該事業者が取り扱うトランザクションデータには、当該サービスの利用者である個人のブロックチェーン上のアドレス等の情報を含み、これは生存する個人の情報であるため、当該アドレス等の情報を他の情報と容易に照合することができ、これにより特定の個人を識別できる場合には、原則として、個人情報に該当すると考えられます。また、当該トランザクションデータは、個人のアドレス等の情報を検索キーとして特定の個人情報を容易に検索することができるなどして個人情報データベース等に該当するブロックチェーンを構成している場合には、個人データに該当すると考えられます。

なお、当該事業者がサービスの提供に伴いそれ自体で又は複数の情報を組み合わせることで個人識別性又は個人特定性を有する情報等を有しない場合もあります。この場合には、当該トランザクションデータは、当該アドレス等に関する情報と容易に照合できる他の情報と照合しても、特定の個人を識別できず、個人情報に該当しないと考えられます。

(2)　ウォレット提供者

プライベートウォレットを提供する事業者が取り扱うトランザクションデータについても、ブロックチェーン上の個人のアドレス等の情報であり、生存する個人の情報であるため、当該アドレス等の情報を他の情報と容易に照合することができ、これにより特定の個人を識別できる場合には、原則として、個人情報に該当すると考えられます。もっとも、当該事業者は、当該アドレス等のほかに、それ自体で又は複数の情報を組み合わせることで個人識別性又は個人特定性を有する情報等を有しないことも多いといえ、この場合には、当該アドレス等に関する情報と容易に照合できる他の情報と照合しても、特定の個人を識別できないため、個人情報に該当しないと考えられます。

(3) マイナー

マイナーは、ブロックチェーンデータを閲覧することはできますが、通常は、ブロックチェーン上の個人のアドレス等の情報を他の情報と容易に照合することができ、これにより特定の個人を識別できるという状態にはないため、マイナーがブロックチェーン上で取り扱う情報は、原則として、個人情報に該当しないと考えられます。

3 ブロックチェーンデータが「個人データ」に該当する場合の留意点

(1) 個人情報取扱事業者の義務

上記1のとおり、ブロックチェーン上のトランザクションデータは、主にサービス提供者において個人データに該当するケースの存在が否定できないと考えられますが、この場合のサービス提供者は、通常、少なくともブロックチェーン外においては個人情報データベース等を事業の用に供していることが多く、個人情報取扱事業者（個人情報保護法16条２項）に該当すると考えられます。当該サービス提供者が取り扱う当該トランザクションデータが個人情報及び個人データに該当する場合には、個人情報取扱事業者である当該サービス提供者は、当該トランザクションデータの取扱いについて、個人情報保護法上、主に下記(2)以降の点に留意が必要と考えられます。

⑵ 第三者提供規制

ブロックチェーンにおいては、各ノード保有者は過去のデータも含め、すべてのブロックチェーンデータにアクセスし、その内容を閲覧することができます。そのため、サービス事業者が個人データに該当するトランザクションデータをブロックチェーン上にブロードキャストした場合には、当該サービス事業者から他のノード保有者に対する個人データの「提供」があると考えられます[3]（ブロックチェーンの仕組みについてＱ２参照）。

個人情報取扱事業者が個人データを第三者に提供するには、原則として、あらかじめ本人の同意を得なければなりません（個人情報保護法27条１項）。ただし、個人データの取扱いを委託する場合（同条５項１号）、共同利用する場合（同項３号）等には、例外的に同意取得が不要となります[4]。そこで、以下では、トランザクションデータのブロードキャストについて、第三者提供規制との関係でどのような対応が必要か検討します。

ア　本人の同意

個人データの第三者提供に係る同意の取得にあたっては、本人が同意に係る判断を行うために必要と考えられる合理的かつ適切な範囲の内容を明確に示さなければならないところ[5]、ブロックチェーン上でのデータの共有は、ブロックチェーンの仕組みからして不可避的に生じるものであり、共有を受ける他のノード保有者は当該データを独自の事業目的ではなく、ブロックチェーンの仕組みの維持管理を目的で利用する場面が多いといえます。したがって、このような場合には、同意を取得するにあたり、ブロックチェーンの仕組みを説明した上で、ブロックチェーンを利用することに伴い、各ノード保有者に対して個人データが提供されることになる旨を説明すれば最低限

3　「提供」とは、個人データ等を自己以外の者が利用可能な状態に置くことをいい、物理的に提供されていない場合であっても、ネットワーク等を利用することにより、個人データ等を利用できる状態にあれば（利用する権限が与えられていれば）、これに該当します（個情法ガイドライン（通則編）２－17）。

4　このほか、個人情報保護法27条１項各号に該当する場合等も同意取得は不要です。

5　個情法ガイドライン（通則編）３－６－１。

足り、これに加えて、共有される個人データの項目や提供先となる各ノード保有者の属性等を示すことは望ましい対応と考えられます[6]、[7]。

イ 委 託

利用目的の達成に必要な範囲内において、個人データの取扱いに関する業務の全部又は一部を委託することに伴い、当該個人データが提供される場合は、提供先は第三者に該当せず、本人の同意取得が不要となります（個人情報保護法27条５項１号)。この場合には、委託元は委託先に対する監督義務を負い（同法25条)、委託する事業の規模及び性質、個人データの取扱状況（取り扱う個人データの性質及び量を含む）等に起因するリスクに応じて、①適切な委託先の選定、②委託契約の締結、③委託先における個人データ取扱状況の把握等の措置を講じなければならないとされています[8]。

もっとも、誰でも自由にネットワークに参加できるパブリック型での個人データの提供については、そもそも委託先となるノード保有者を特定し、把握して監督し続けることすら困難と思われます。

ウ 共同利用

個人データを共同利用しようとする場合、個人情報取扱事業者は、①共同利用をする旨、②共同して利用される個人データの項目、③共同して利用す

---

6 個人情報の保護に関する法律についてのガイドラインに関するQ&A（平成29年２月16日（令和４年５月26日更新）個人情報保護委員会）７－９。

7 ただし、個人情報取扱事業者が金融機関である場合には、金融分野ガイドライン（個人情報保護委員会＝金融庁「金融分野における個人情報保護に関するガイドライン」（令和４年４月)）の適用を受けることに留意が必要です。金融分野ガイドライン上、個人データの第三者提供に係る同意の取得にあたり、①提供先の第三者、②提供先の第三者における利用目的及び③第三者に提供される個人データの項目を本人に認識させることが要求されます（同ガイドライン12条１項)。パブリック型では､当該ブロックチェーンネットワークに自由に参加することができるため、①提供先の第三者を特定することが困難な場合が多いと想定されますが、金融分野ガイドライン上、①提供先の第三者が特定できない場合には、第三者の範囲や属性等のこれに代わる本人に参考になるべき情報を提供すれば足りることとされているため（同前)、当該ブロックチェーンの性質や目的に照らし、想定される提供先の範囲や属性等に関する情報を提供することが考えられます。また、②提供先の第三者における利用目的については、上記のとおり提供先のノード保有者としてはブロックチェーンの仕組みの維持管理目的で利用する場面が多いといえるため、このような場合にはその旨を記載することが考えられます。

8 個情法ガイドライン（通則編）３－４－４。

る者の範囲、④利用する者の利用目的及び⑤当該個人データの管理について責任を有する者の氏名又は名称及び住所並びに法人にあっては、その代表者の氏名について、あらかじめ本人に通知し、又は容易に知り得る状態に置く必要があるところ（個人情報保護法27条５項３号）、パブリック型での共同利用にあたっては、特に③共同して利用する者の範囲が問題となります。

③共同して利用する者の範囲については、必ずしも事業者の名称等を個別にすべて列挙する必要はないものの、本人がどの事業者まで将来利用されるか判断できる程度に明確にする必要があるとされています[9]。もっとも、パブリック型のブロックチェーンでは、誰もが自由に参加できるため、共同利用者を明確にすることは困難と考えられます。

⑶　越境移転規制

上記⑵では、個人データの提供先となるノード保有者が日本に所在することを念頭に置いてきましたが、特にパブリック型の場合には、全部又は一部のノード保有者が海外に所在することも考えられます。個人データの提供先が「外国にある第三者」である場合、当該個人データの提供に関して、個人情報保護法28条が定める越境移転規制に服することになり、個人データの第三者提供について、委託や共同利用と整理できた場合であっても、原則としてあらかじめ本人から同意を取得することが必要となります（同条１項）。

ただし、以下の場合には、例外的に同意を取得する必要はありません[10]。

①　提供先の第三者が、個人の権利利益を保護する上で我が国と同等の水準にあると認められる個人情報の保護に関する制度を有している外国として個人情報保護委員会規則で定める国に所在する場合

②　提供先の第三者が、個人情報取扱事業者が講ずべきこととされている措置に相当する措置を継続的に講ずるために必要なものとして個人情報保護委員会規則で定める基準に適合する体制を整備している場合

9　個情法ガイドライン（通則編）３－６－３⑶。

10　個人情報保護法28条１項。下記①及び②のほか、個人情報保護法27条１項各号に該当する場合等にも、同意を取得する必要はありません。

上記①に該当する国[11]に所在する第三者を提供先とする場合には、「外国」にある第三者への提供にはならず、あらかじめ同意を取得する必要はありません。

また、上記②については、提供先となるノード保有者がそれぞれ上記基準に適合する体制を整備していることを確認する必要がありますが、自由に参加できるパブリック型では、その確認は極めて困難と思われます。

そのため、パブリック型では、基本的には、本人から同意を取得することになりますが、この点に関しては、2020年の個人情報保護法の改正を踏まえた対応が必要となります。すなわち、個人情報保護法の改正により、外国にある第三者へ個人データを提供するときに同意を得ようとする場合には、あらかじめ本人に対し、①提供先の第三者の所在する外国の名称、②当該外国における個人情報の保護に関する制度及び③当該第三者が講ずる個人情報の保護のための措置に関する情報を提供しなければならないこととされました（個人情報保護法28条２項、同法施行規則17条２項）[12]。ただし、同意取得時に①提供先の第三者が所在する外国が特定できない場合には、特定できない旨及びその理由並びに当該第三者の所在する外国の名称に代わる本人に参考となるべき情報[13]がある場合には当該情報を提供することで足り（同規則17条３項）、③提供先の第三者が講ずる個人情報の保護のための措置に関する情報が提供できない場合には、その旨及びその理由について情報提供することで足りるとされています（同条４項）。

パブリック型では、当該ブロックチェーンネットワークに自由に参加することができるため、ノード保有者の中に外国に所在する者がいた場合でも、

11　2022年６月30日時点では、EU加盟国、ノルウェー、アイスランド、リヒテンシュタイン及び英国がこれに該当します。

12　金融機関においては、金融分野ガイドラインに基づき、以上の項目に加え、①提供先の第三者、②提供先の第三者における利用目的及び③第三者に提供される個人データの項目に係る情報を提供することが求められます。詳細は脚注７を参照してください。

13　例えば、移転先の外国の範囲が具体的に定まっている場合における当該範囲に関する情報がこれに該当するとされています（個人情報保護委員会「個人情報の保護に関する法律についてのガイドライン（外国にある第三者への提供編）」（平成28年11月（令和３年10月一部改正））５－３－１(2))。

その所在国を特定したり、当該ノード保有者の講じている個人情報保護のための措置を把握することが極めて困難な場合が多いといえます。

そのため、このような場合には、提供先の所在国名が特定できない旨及びその理由並びにその他の参考情報（もしあれば）に加え、提供先が講じている個人情報保護のための措置に関する情報が提供できない旨及びその理由を本人に提供することになるケースが多くなりますが、どのような内容の情報提供を要するかが問題となります。この点については、これらの情報を提供できない理由はブロックチェーンの仕組みに起因するものであることから、その仕組みを説明することが考えられ、どの程度具体的な記載を要するかについては、個別の事案に応じて判断することが必要になると考えられます[14]。

⑷　保有個人データの訂正・削除・追加、利用停止・消去、第三者提供の停止

個人情報取扱事業者は、利用する必要がなくなった個人データを遅滞なく消去する努力義務を負っています（個人情報保護法22条）。また、保有個人データ[15]の内容が事実でない場合には、本人の請求により、当該保有個人データの内容の訂正、追加又は削除をしなければならず（同法34条）、利用目的の範囲外で取り扱われた場合や偽りその他の不正な手段で保有個人データが取得されたなどの場合には、本人の請求により、当該保有個人データの利用の停止又は消去をしなければならないほか、第三者提供の制限に違反して提供されているなどの場合には第三者提供の停止（以下「利用停止等」と

14　また、以上に加え、金融機関においては、事後的に提供先の所在国名が特定できた場合には、本人の求めに応じて当該国の名称及び当該国における個人情報の保護に関する制度に関する情報を提供しなければならないほか、かかる求めが可能である旨を本人に認識させるとともにホームページ等で公表しなければならず（金融分野ガイドライン13条２項）、外国にある第三者に個人データを提供した場合には、当該第三者の所在国名（事後的に提供先の所在国名が特定できた場合の当該外国名を含む）をホームページへの掲載等により公表しなければならないことに留意が必要です（同条４項）。

15 「保有個人データ」とは、個人情報取扱事業者が、開示、内容の訂正、追加又は削除、利用の停止、消去及び第三者への提供の停止を行うことのできる権限を有する個人データであって、その存否が明らかになることにより公益その他の利益が害されるものとして政令で定めるもの以外のものをいいます（個人情報保護法16条４項）。

総称します）をしなければなりません（同法35条）[16]。しかしながら、ブロックチェーンデータは、その性質上、変更（改ざん）が非常に困難であるため、これらの義務の履行としてどのような措置が考えられるかは検討が必要です。

16　なお、令和２年（2020年）の個人情報保護法の改正により、利用停止等が認められる要件が緩和され、違法又は不当な行為を助長し、又は誘発するおそれがある方法により保有個人データが利用された場合、保有個人データを利用する必要がなくなった場合、同法26条１項に規定する重大な漏えい等事案が発生した場合及び本人の権利又は正当な利益が害されるおそれがある場合にも利用停止等の請求が認められることになりましたので（同法35条５項）、今後は利用停止等の請求への対応が必要となるケースが増える可能性がある点に留意が必要です。

第 2 章

NFT・NFTマーケット

Q10 NFTとはなんですか

1 NFTの定義

NFTとは、ノンファンジブルトークン（Non-Fungible Token）の略であり、法令上定義された用語ではありません。一般に、ブロックチェーン上で発行される「代替不可能な」トークンのことをいいます[1]（トークンの意味についてQ１参照）。イーサリアムでは、NFTのためのERC721トークン標準があります（トークン標準についてQ４参照）。

同じトークンの種類として、ファンジブルトークン（Fungible Token、略称はFT。以下「FT」といいます）というものもあります。イーサリアムでは、FTのためのERC20トークン標準があります（ERC20トークン標準についてQ１参照）。

NFTとFTはいずれも、ブロックチェーン上で発行されるトークンである点で共通しています。しかしながら、FTに用いられるERC20トークン標準では、トークンの様々な単位に互換性があり、固有の特性はありません。特定のアドレスが保有するトークンの残高を表示する機能により、トークンは数量表示され、かつ、数量ごとの分割が可能です。この特徴から、ERC20トークン標準を利用して作成された代表的なERC20トークンには、USDコイン（USDC）などがあり、決済手段としての機能を有するものもあります。

これに対し、NFTのためのERC721トークン標準では、トークンにユニークなIDが割り振られ、当該IDを保有するアドレスを追跡することができる一方、数量表示や分割はできません（ERC721トークン標準についてQ４参照）。この特徴から、ERC721トークン標準を利用して作成されるNFTは、ブロックチェーン上にコンテンツデータそのものを記録することでデジタル資産そのものとして、又はブロックチェーン上に設定されているURL先のメタデータにコンテンツや現物資産、権利等に関する情報を含めることで当

1 マスタリングイーサリアム用語集XXXVii。

該コンテンツ等と結びつく証明書として使用することが可能です。

本書では、上記のデジタルコンテンツについてNFTを発行することを当該コンテンツの「NFT化」と呼び、NFT化の対象となる当該コンテンツを「NFTコンテンツ」と呼ぶこととします。

	FT	NFT
数量表示の有無	数量表示あり	数量表示なし
分割の可否	分割可	分割不可
使用例	暗号資産、ステーブルコイン　etc.	デジタル資産そのもの、証明書　etc.
その取扱いが金融規制の対象となるか[2]	なるものが多い	ならないものが多い

2　NFTの特性

従来のデジタルデータは、容易にコピーや改ざんができるため、現物の宝石や絵画のような唯一無二の資産価値を持たせることができませんでした。

これに対し、NFTは、以下のような特性から、デジタルデータに唯一無二の価値を与え、デジタルデータに資産価値を持たせることができるようになったといわれています。

(1)　固 有 性

NFTには、固有のIDが割り振られユニークに識別が可能です。したがって、ブロックチェーン上に特定のサーバにアップロードした特定のコンテンツや現物資産、権利等に関する情報の参照先を記録することで参照先に記録された当該コンテンツ等のオリジナル性（固有性）について証明することができるといわれています。

2　FTであってもその取扱いが金融規制の対象とならないものもあり、反対に、NFTであってもその取扱いが金融規制の対象となるものもあります。このように、本来、FT・NFTの区別は金融規制の対象となるかどうかを決定付けるものではありません。トークンが金融規制の対象になるかについて、Q24をご参照ください。

⑵ 取引可能性

NFTは、ブロックチェーン上で第三者に移転することが可能です。

パブリック型ブロックチェーンには、管理者がいないため、不特定多数の者が参加することができます。パブリック型ブロックチェーンで発行されるNFTは、その仕組み上はユーザー自らプライベートウォレットを用いて第三者に移転することが可能であり、プライベートウォレット保有者間のみで取引を行うことができます（プライベートウォレットについてＱ６参照）。これに対し、プライベート型ブロックチェーンで発行されるNFTは、ブロックチェーンの運営者により管理されており、基本的に当該運営者の提供するサービスを利用して第三者との取引を行うことになります。

⑶ 相互運用性

発行されたNFTは、これと共通のトークン標準に対応したウォレットやマーケットプレイスで容易に取り扱うことができます。パブリック型ブロックチェーンは、管理者がいないため、誰でも参加が可能です。例えば、「マイクリプトヒーローズ」というRPGゲームで発行されるアイテムは同じトークン標準に対応した、OpenSeaなどの海外のNFTマーケットプレイスに出品することができ、OpenSeaの利用者と取引を行うことが可能です（ブロックチェーンゲームについてＱ25参照）。

これに対し、プライベート型ブロックチェーンの場合には、独自の規格であるため、基本的には、そのブロックチェーンの管理者又は提携事業者などが提供するウォレットやマーケットプレイスでのみ取引が可能です。

⑷ プログラマビリティ

NFTのためのERC721トークン標準では、スマートコントラクトで一定のプログラミングをすることができます。ただし、現時点では、一般的に有効なものといえるものはなく、どのようなコントラクトが有効かについて試行中といわれています。

Q 11　NFTの代表例を教えてください

1　2021年のNFT取引の動向

2021年は、NFTに注目が集まりました。動画のトレーディングカードをNFT化したNBA Top Shotは、2020年10月にサービスが提供されて以来取引を増やし、2021年２月にはその取引高がNFT市場の約半数を占める２億2,600万ドルに上りました[1]。NBAのレブロン・ジェームズ選手のスラムダンクの瞬間を撮った映像が21万ドルで落札されるなど高額取引も現れました。そのほか「Beeple」として知られるマイク・ウィンケルマン氏の作品「EVERYDAYS：THE FIRST 5000 DAYS」が約6,930万ドルで落札され、また、米Twitterの共同創業者ジャック・ドーシー氏が2006年３月21日に投稿した初ツイートが約291万ドルで落札されるなど、ピクセル画像、デジタルアート、ツイート、音楽のアルバムといった多様な作品のNFTが次々と高額で売買されています[2]。

同年８月のNFT取引高は、NFTの取引高を集計して公表しているTHE BLOCKによれば、前月７月の取引高約３億6,600万ドルから大きく増加して38億ドルを記録し[3]、その中でも海外のNFTマーケットプレイスの１つであるOpenSeaだけで31億ドルを超えました。その後の取引高はわずかに減り、同年９月の取引高は約31億ドル、10月の取引高は26億ドルとなりましたが、2021年の総取引額は230億ドル以上に上り[4]、2022年の１月の取引高はOpenSeaのみでも約50億ドルに達しています[5]。2022年に入ってからは、新

1　DappRadar HP（https://dappradar.com/blog/2021-dapp-industry-report）
2　日経電子版、2022年６月11日（https://www.nikkei.com/article/DGXZQOUB074S80X00C22A6000000/）。
3　THE BLOCK（https://www.theblock.co/data/nft-non-fungible-tokens/nft-overview）
4　DappRadar HP（https://dappradar.com/blog/2021-dapp-industry-report）
5　THE BLOCK（https://www.theblock.co/data/nft-non-fungible-tokens/marketplaces/nft-marketplace-monthly-volume）

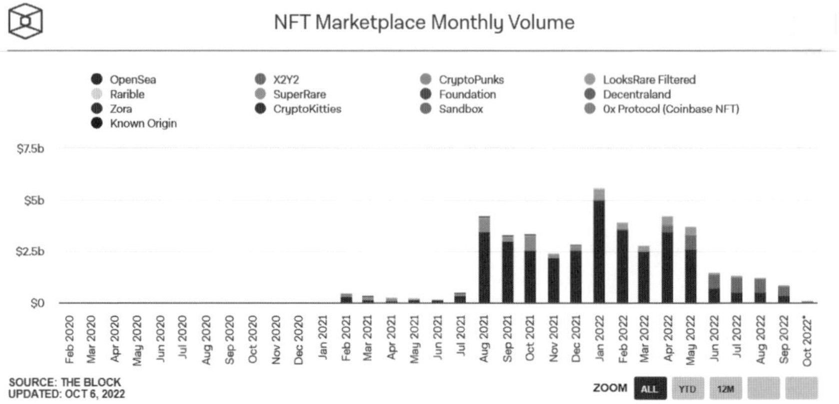

（https://www.theblock.co/date/nft-non-fungible-tokens/marketplaces/nft-marketplace-monthly-volume）

たにX2Y2というNFTマーケットプレイスも登場し、取引高を伸ばしています。

2　NFTの代表例

(1)　デジタルアート、コレクティブアート

NFTの代表的な使用例としては、まずデジタルアートが挙げられます。上記1記載のとおりデジタルアートであるBeepleの作品「EVERYDAYS：THE FIRST 5000 DAYS」が約6,930万ドルで売却されるほか、同年10月にピクセル画であるCryptoPunksが5億3,200万ドルで売却されるといった高額取引事例もありました[6]。

デジタルアートのNFTの大半は、データ容量の大きいデジタルデータそのものはブロックチェーン上に記録されておらず、ブロックチェーン外のストレージ（記憶領域）で管理・保存されていますが（コンテンツデータの保存場所についてQ14参照）、CryptoPunks[7]では、デジタルアートであるピクセ

6　「「NFT」熱狂、スタートアップ投資額60倍以上に」（日経電子版、2022年1月17日）2頁。

ル画の情報もブロックチェーン上に記録されている点に特徴があります。

近年は、ランダム型販売（デジタル・トレーディングカードのパッケージ販売やオンラインゲームの有償型アイテム提供のように、販売されるNFTがランダムに決定される販売方式）サービスにも注目が集まっています（ランダム型販売の賭博罪該当性についてＱ22参照）。

⑵　動　　画

動画のNFTとしては、冒頭に挙げたのNBA Top Shotが有名です。NBA Top Shotは、Dapper Labs社が米NBA（ナショナル・バスケットボール・アソシエーション）及びNBAの選手会であるNBPA（ナショナル・バスケットボール・プレイヤーズ・アソシエーション）と提携して手掛けた動画のデジタル・トレーディングカードのNFTであり[8]、NFTが注目されるきっかけとなった事例の１つです。

NBA Top Shotは、OpenSeaで取り扱われているパブリック型ブロックチェーンではなく、Dapper Labs社独自のブロックチェーンにより発行されており、二次流通は、Dapper Labs社が提供するNFTマーケットプレイスにおいて行われます[9]。当該ビジネスモデルにおける主要な収益源は、二次流通の手数料といわれています[10]。

⑶　ゲーム内アイテム

ゲームのNFTとしては、「Axie Infinity」や「The Sandbox」が有名です。

2021年、ブロックチェーンを基盤に作られたゲームである「Axie Infinity」がフィリピンで爆発的にヒットしました。「Axie Infinity」では、

7　CryptoPunks公式HP（https://cryptopunks.app/）。

8　NBA Top Shot公式HP（https://nbatopshot.com/）。

9　NBA Top Shot公式HP上のHelp「Marketplace」（https://support.nbatopshot.com/hc/en-us/articles/1500002783822-The-NBA-Top-Shot-Marketplace）。

10　経済産業省の調べによると、サービス開始後５カ月間におけるNBA Top Shotの取引額の95%は二次流通とのことです。経済産業省「スポーツ分野でのNFT/FTの可能性と課題」３頁（https://www.meti.go.jp/shingikai/mono_info_service/sports_content/pdf/003_02_00.pdf）。

ゲームをすることで独自の暗号資産を得られるほか、ゲーム内のキャラクターをNFTとして取引することができ、「Play to Earn」の分野が注目されるきっかけともなりました（Axie InfinityについてQ25、The sandboxについてQ36参照）。

(4) その他の活用方法

ア　現物資産の証明書としてのNFT

物理的な実体を有する現物資産とNFTを結びつけ、当該現物資産に係る所有権の証明や取引履歴、現物資産の発生日や状態を改ざん不可能な方法で記録するサービスが登場しています。

例えば、高級時計の証明書や保証書は、これまで物理的な紙やデータで管理されていましたが、ブロックチェーンの改ざん困難で、記録の内容を誰でもみられるという特性を活かして、証明書、保証書、所有していることの証明、修理履歴などをNFTとして記録し、時計の転売時にNFTを移転させることで、これらの情報を引き継げるものとされています[11]。現物とNFTの結びつけは、現物にシールやカード型のタグを添付したり、チップを内蔵したりといった方法などがとられています。なお、現物資産（動産）の所有権の移転は、民法上、当事者の意思表示のみによってその効力を有し（民法176条）、その第三者対抗要件は引渡しと定められていることから（民法178条）、サービス設計においては、ブロックチェーンのルールとは別に、これら民法の規定に配慮することが必要となります。

イ　権利のNFT化

広告を出す権利[12]や、蒸留酒の樽の持分[13]などの権利を表彰するものとしてNFTが発行されるケースもみられます。このような権利のNFT化においては、価値の移転に手間がかからず、権利者が明確になる点が期待されています。

---

11 BREITLING HP（https://www.breitling.com/us-en/blockchain/）
12 NounsDAO HP（https://nouns.wtf/）
13 Unicask HP（https://unicask.jp/）

これらのNFTで証される権利は、NFTの発行者に対して何らかの請求をすることのできる債権若しくは契約上の地位であり、具体的な権利の内容は、発行者の定める利用規約により定まると考えられます。なお、民法上、債権や契約上の地位は、譲渡人と譲受人間の口頭の合意により譲渡することができ（民法466条、539条の２）、債権譲渡の第三者対抗要件は、確定日付のある証書によって行う譲渡人から債務者に対する通知又は債務者による承諾と定められていることから（民法467条）、サービス設計においては、ブロックチェーンのルールとは別に、これら民法の規定に配慮することが必要となります。

なお、NFTの保有者（以下「NFT保有者」といいます）に何らかの経済的利益の分配を約している場合には、NFTは有価証券として、金商法の規制を受ける可能性があるため、留意が必要です（NFTの有価証券該当性についてQ24参照）。

Q12　NFTマーケットプレイスとはなんですか。提供される機能について教えてください

1　NFTマーケットプレイスの機能

NFTマーケットプレイスとは、一般に、NFTの取引の場を提供するサービスをいい、NFTマーケットプレイスの運営者は、主に、以下の４つの機能の全部又は一部を提供しています。

①　NFTを発行する場
②　発行したNFTを販売する場
③　販売されているNFTを購入する場
④　購入したNFTを販売する場（二次・N次流通）

【図12　NFTマーケットプレイス】

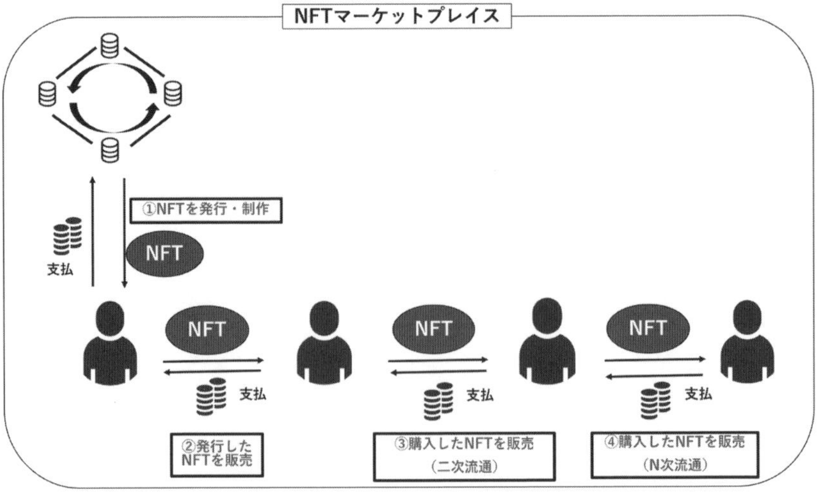

上記４つの機能の全部又は一部に関するサービスを提供する者については、NFTプラットフォーマーとの名称で呼ぶこともありますが、本書では

「NFTマーケットプレイス運営者」と統一して呼ぶこととします。

2　各機能の説明

(1)　NFTの発行

NFTは、ブロックチェーン上にデプロイしたNFT管理コントラクト（スマートコントラクトについてQ４参照）により発行されます。NFTの具体的な発行手順や発行の仕組みについては、Q14で解説します。

(2)　NFTの販売

①　出　　品

NFTをNFTマーケットプレイスにおいて販売に出す行為は、NFTの「出品」などと表現されます。出品可能なNFTは、NFTマーケットプレイスによって異なります。

まず、出品するNFTには、出品するNFTマーケットプレイスにおいて対応しているブロックチェーンによるものである必要があります。ERC721トークン標準を利用して発行されたNFTは、国内外で対応しているNFTマーケットプレイスが比較的多くあります（NFTマーケットプレイスの具体例についてQ13参照）。これに対し、プライベート型又はコンソーシアム型のブロックチェーンにより発行されたNFTは、基本的に、当該発行の機能を提供しているNFTマーケットプレイス運営者又はその提携者の提供するNFTマーケットプレイスに限り対応が可能です。また、NFTマーケットプレイスのアカウントからユーザーの指定するアカウントに移すこと（出庫）のできないNFTについては、当該発行の機能を提供しているNFTマーケットプレイス以外ではこれを出品することができません。

加えて、NFTの出品に審査が必要なNFTマーケットプレイスもあります[1]。

②　販売方式

販売方式は、その機能を提供するNFTマーケットプレイスにより異なります。NFTを販売する者が自由に価格を設定して出品する方法が一般的ですが、オークション（買い手が価格を競い、最も高い価格を提示した買い手が落札するイングリッシュオークションや、売り手が高めに設定した価格から順に値を下げていき、最初に買い手がついた値段で商品を売るダッチオークション）による方法を選択することができるものもあります。

③　決済手段

a　暗号資産

NFTマーケットプレイスにおける取引では、暗号資産による支払が一般的です。暗号資産の種類は、イーサ（ETH）、ラップドイーサ（WETH）のほか、ガバナンストークン[2]の利用が可能な場合もあります。

支払方法としては、(a)購入者から販売者に対して直接支払われ、NFTプラットフォーマーは関与しない場合と、(b)NFTマーケットプレイス運営者が取引安全のために暗号資産のエスクローサービスを提供する場合が考えられます。

上記(a)の場合には、スマートコントラクトなどによりNFTに係る移転の記録と、対価として支払うべき暗号資産に係る移転の記録の同時履行が確保されていない限り、いずれかが先履行となり、NFTを移転させたにもかかわらず対価である暗号資産の移転がなされないといった、取引当事者は相手方がその義務を果たさないリスク（以下「カウンターパーティリスク」といいます）を負うことになります。

これに対し、上記(b)の場合については、現在においてもフリマアプリなどにより取引当事者同士の決済により生じるカウンターパーティリスクを回避するため採用されている方法であり、①金銭債権を生じさせる原因取引が、

1　SuperRare HP（terms）（https://www.notion.so/SuperRare-Terms-of-Service-075a82773af34aab99dde323f5aa044e）
nanakusaでは出品者が公認アーティストかパートナー事業者に限られています（SBI NFT（https://note.com/nanakusa_io/n/n76376651841e））。

2　NFTマーケットプレイスの１つであるRaribleでは、オリジナルのガバナンストークンRARIを発行しており、決済にも使用することができるとされています（https://rarible.com/how-it-works/using-rarible/what-is-a-rari-token）。

物品の販売若しくは貸付け又は役務の提供であること、②債務者に対する物品の給付又は役務の提供に先立ち、債権者に対して、当該債務者から資金を収受した旨の通知がなされること、③債務者に対する物品の給付又は役務の提供後、債権者に資金が移転されることを主な特性とするものです[3]。NFTマーケットプレイスにおける暗号資産による支払について、このようなエスクローサービスを提供する場合において、NFTマーケットプレイス運営者は、購入者から暗号資産を受け取り、販売者に引き渡すまでの間、暗号資産を管理することになることから、当該運営者の行為が「暗号資産の管理」であるとして、暗号資産交換業の登録が求められるかが問題となります（暗号資産交換業の規制についてQ６参照）。この点、金銭のエスクローサービスについては、プラットフォーム運営者は販売者からの委託に基づき金銭を受領し、当該回収金の引渡義務の履行として販売者に金銭を支払うものであって、単純な資金の移動を請け負うものではなく、利用者保護のための重要な役割を果たしているエコシステムであるとして、基本的には為替取引の規制を及ぼさないものとされています[4]。これに対して暗号資産のエスクローサービスの可否についてはいまだ明確な整理はなされていませんが、金銭のエスクローサービスと同様、上記①から③までの特性を満たす場合においては、暗号資産交換業に該当する暗号資産の管理ではないと整理すべき旨の提言がなされています[5]。

b　クレジットカード

また、クレジットカード決済に対応しているNFTマーケットプレイスもあります[6]。取引の債権者である販売者が法人又は個人事業主である場合には、当該販売者はクレジットカードの加盟店として、基本的にはクレジットカードのアクワイアラとの間で加盟店契約を締結する必要があります。

c　その他の決済手段

3　金融審議会「決裁法制及び金融サービス仲介法制に関するワーキング・グループ　報告」17頁。

4　金融審議会「決裁法制及び金融サービス仲介法制に関するワーキング・グループ　報告」17頁。

国内のNFTマーケットプレイスにおいては、既存のマーケットプレイスと同様に、銀行振込み、コンビニ決済（収納代行）、前払式支払手段、ポイントなどの決済方法が考えられます。

また、将来的にはステーブルコインが決済方法となることも想定されます（ステーブルコインについてQ７参照）。

⑶ NFTの二次流通（N次流通）

NFTマーケットプレイスでは、NFTが売買される度にその売買代金（としての暗号資産等）の一部をNFT発行者や著作権者等のあらかじめ指定した者に支払われる仕組みが設けられることがあります。当該支払われる売買代金の一部は、一般的にロイヤリティ（以下「ロイヤリティ」といいます）と呼ばれています（ロイヤリティについてQ14参照）。

もっとも、現在のロイヤリティは、技術上、スマートコントラクトによりNFT発行者や著作権者に直接ロイヤリティ（としての暗号資産）が移転する仕組みを実現できているとはいえず、基本的に、NFTマーケットプレイス運営者がNFTの購入者又は販売者からロイヤリティ相当額を収受した上で、NFT発行者や著作権者に支払われる仕組みとなっています[7]。かかるNFTマーケットプレイス運営者によるロイヤリティ（としての暗号資産）の受領

5　自民党NFTホワイトペーパー（案）において、「NFT売買等の決済が金銭で行われる場合には、エスクローサービスを提供するNFTプラットフォーマーがNFT売買等の決済に伴い一時的に金銭を管理する行為は、売主に金銭を引き渡すという自らの債務を履行するための準備行為として自らのために管理するものであって、他人（売主）のために金銭を管理する行為ではないと実務上整理し得るため、預かり金に該当しないと考えられる。こうした金銭のエスクローサービスと暗号資産等のエスクローサービスとで平仄を取るべきとの観点から、マネーロンダリング及びテロ資金供与（以下「ML/TF」という）の防止（以下「AML/CFT」という）の要請に留意しつつ、NFT売買等の決済が暗号資産等で行われる際に暗号資産等を管理する行為についても、一定の条件を満たす場合には、他人（売主）のために暗号資産等を管理する行為ではないと整理すべきである。但し、エスクローサービスに必要な期間を超えて暗号資産を管理し続ける場合は、売主のために暗号資産を管理している側面が強くなること、暗号資産の保管においては金銭の場合よりも流出リスクが高いこと等も踏まえる必要がある。以上の点を、金融庁においてガイドライン等に明記するなどの方法で解釈指針を示すべきである」との提言がなされています。

6　SBINFT、Adam by GMOなど。

行為については、上記(2)と同様、暗号資産交換業に該当するかどうかの問題があります。

7　なお、イーサリアムでは、「ERC2981」の規格の採用が解決策として模索されています。

Q13 NFTマーケットプレイスにはどのようなものがありますか。海外及び国内についてそれぞれ教えてください

1 海外のNFTマーケットプレイス

海外のNFTマーケットプレイスとしては、以下のものが有名です。

これらはいずれもパブリック型ブロックチェーンに対応しています。

(1) OpenSea[1]

圧倒的な取引量を誇り、2021年8月はOpenSeaだけで31億ドルを超え、2022年5月時点においてはNFTマーケットにおける取引高の約65％をOpenSeaが占めています[2]。取扱いコンテンツは、写真、動画、アート、ゲーム、トレーディングカード、音楽など、多岐にわたります。

決済手段としては、イーサ（ETH)、ラップドイーサ（WETH)、USDコイン（USDC)、ダイ（DAI）等に対応しています[3]。

(2) Rarible[4]

Raribleは、Erhereum、Polygon、Solanaなど複数のブロックチェーンに対応しているNFTマーケットプレイスです。ユーザーは、NFTの購入、発行及び販売において、どのブロックチェーンを使用するかを選択することができます[5]。取引するとオリジナルのガバナンストークンであるRarible（RARI）が付与される、コントラクトベースでのロイヤリティ設定が可能で

1 OpenSea HP（https://opensea.io/）

2 THE BLOCK（https://www.theblock.co/data/nft-non-fungible-tokens/marketplaces）

3 OpeanSea Help Center "What currencies can I use on OpenSea?"（https://support.opensea.io/hc/en-us/articles/1500003082521-What-currencies-can-I-use-on-OpenSea-）

4 Rarible HP（https://rarible.com/）

5 Rarible HP "Which blockchains does Rarible support?"（https://rarible.com/how-it-works/using-rarible/which-blockchains-does-rarible-support）

ある点もRaribleの特徴といえます[6]。ロイヤリティとは、二次流通されたときに制作者に支払われる報酬をいいます。Raribleでは、この報酬額を制作者が設定し、ブロックチェーン上に記録して誰でもみられる状態にできる仕組みを採用しています。

取扱いコンテンツは、アート、ゲーム、音楽、写真があります。

決済手段としては、イーサ（ETH）、ラップドイーサ（WETH）のほか、上記のRarible（RARI）に対応しています[7]。

(3) SuperRare[8]

SuperRareは、イーサリアムのブロックチェーン上で作動する分散型アプリケーションにより提供されている、デジタルアートのNFTを取り扱うマーケットプレイスです。プライベートウォレットであるMetaMaskを用いる必要があり、NFTマーケットプレイスの運営者であるSuperRare Labs社やスマートコントラクトは、ユーザーが保有するアイテムを管理していません。アートに特化しており、SuperRareが招待し承認したアーティストのみがNFTを発行及び販売できる点も特徴といえます[9]。また、ガバナンストークンである$RAREが発行されており、海外のNFTマーケットプレイスにて上場されています[10]。

(4) Nifty Gateway[11]

Nifty Gatewayは、トップアーティストやブランドと提携し、当該プラットフォームでしか手に入らない高品質なNFTの限定コレクションを取り扱

6　Rarible Frequently Asked Questions（https://rariblecom.zendesk.com/hc/en-us/articles/360059917072-Royalties-on-Rarible）

7　Rarible “Meet $RARI − Rarible Protocol DAO Governance Token”（https://rarible.com/rari）

8　SuperRare HP（https://superrare.com/）

9　SuperRare Terms of Service（https://www.notion.so/SuperRare-Terms-of-Service-075a82773af34aab99dde323f5aa044e）

10　Binance公式HP（https://www.binance.com/en/markets）

11　Nifty Gateway HP（https://niftygateway.com/）

うものして提供されているNFTマーケットプレイスです。NFTはカストディアルウォレットにより管理されており、ユーザーがガス料金のコストや手間をかけずにプラットフォーム上でNFTを移動（購入、売却、贈与）することができることが特徴とされています。また、決済手段も、デビットカード、クレジットカード、現金など様々な選択肢が設けられています[12]。

(5) LooksRare[13]

LooksRareは、分散型の開発者チームによって維持されているNFTマーケットプレイスであり、NFTを購入し、参加することで報酬を得られるコミュニティ初のNFTマーケットプレイスであるとうたわれています。2022年1月及び2月において、一時的にOpenSeaの取引高を超えましたが、2022年5月時点におけるNFTマーケットでの取引高は全体の約26％となっています[14]。

(6) X2Y2[15]

X2Y2は、2022年にサービスが開始されたNFTプラットフォームであり、近時はOpenSeaに並ぶ取引量となっています。英語だけではなく、日本語や中国語、韓国語にも対応しているほか、一度の取引で複数のNFTを出品することができる「Bulk listing」、一度に大量のNFTを購入することができる「Batch Purchasing」、出品したアイテムのアクティビティ通知やメールを送信する「Real-time notification」、拡張機能をインストールすることなく、NFTのレアリティを閲覧することができる「Rarity integration」といった機能を特徴としています[16]。

---

12 Nifty Gateway公式HP（https://www.niftygateway.com/about）
13 LooksRare HP（https://looksrare.org/）
14 THE BLOCK “NFT Marketplace Monthly Volume”（https://www.theblockcrypto.com/data/nft-non-fungible-tokens/marketplaces/nft-marketplace-monthly-volume）
15 https://docs.x2y2.io/
16 https://docs.x2y2.io/guides/about-x2y2

2　国内NFTマーケットプレイス

国内のNFTマーケットプレイスは増加傾向にあり[17]、プライベート型ブロックチェーンにより独自のプラットフォームを築くものや、パブリック型ブロックチェーンによりOpenSeaとの連携が可能であるもの、また、デザイン画やゲーム、音楽など特定の分野に特化したものまで様々なものが登場しています。上記の海外NFTマーケットプレイスとは異なり、国内のNFTマーケットプレイスごとの取引量の単純な比較はできませんが、具体的なサービスとしては、以下のものが挙げられます。

(1)　SBI NFT Market（nanakusa）

SBI NFT Marketは、個人アーティストがNFTの発行・販売可能な国内初のNFTマーケットプレイスであるnanakusaをSBINFT株式会社によるリブランディングによって新たにリリースされたものです[18]。パブリック型ブロックチェーンに対応しています。出品者は公認アーティスト及び提携事業者に限られており、専用のクリエイトページでNFTを発行の上、固定価格による通常販売方式又はオークション方式により出品することができる点に特徴があります。一般ユーザーは、出品された作品を購入したり、再出品することができます。決済方法は、暗号資産（イーサ（ETH）又はポリゴン（Polygon））のほかクレジットカードにも対応しています[19]。

(2)　CoincheckNFT（β版）

CoincheckNFT（β版）は、暗号資産交換業者であるコインチェック株式

17　2022年９月時点で50件以上に及ぶとされています（「NFTの電子取引市場、国内で続々誕生　楽天やSBI系」（日経電子版、2022年７月20日）。

18　SBIホールディングスの公式HP「SBINFT株式会社、３月17日に『nanakusa』からリブランディングする新たなサービス『SBINFT Market』の新ロゴとスローガンを発表！～共創・共走でシナジーを発揮し、新しいクリエイティブの居場所へ～」（https://www.sbigroup.co.jp/news/2022/0315_12925.html）。

19　SBI NFTの公式HP（https://sbinft.market/）。

会社の運営するサービスであり、パブリック型に対応しています。

取扱いコンテンツは、『CryptoSpells』『The Sandbox』『NFTトレカ』『Sorare』等であり、一般ユーザーによるNFTの発行の機能は提供されていません。MetaMask等のプライベートウォレットを通じてNFTを外部アドレスから同社が管理するアドレスに送信し、同社がその送信を認識し、NFTアカウント（同社のアドレス）に反映（入庫）することにより出品することが可能であり、CoincheckNFT（β版）において購入されたNFTはNFTアカウントから差し引き、同社が管理するアドレスから利用者が指定するアドレスに送信すること（出庫）が可能です。なお、CoincheckNFT（β版）は、同社に預けている暗号資産をNFTの取引における決済に利用することができる点に特徴があります。

Q14 NFTはどのように発行するのですか。その発行手順や発行の仕組み、コンテンツホルダーが留意すべき点について教えてください

1 NFTの発行

NFTは、ブロックチェーン上にデプロイしたNFT管理コントラクト（スマートコントラクトについてQ４参照）により発行されます。

2 NFT発行手順の一例

NFTの取引量の多くを占める海外のNFTマーケットプレイス「OpenSea」（OpenSeaについてQ13参照）においてユーザーがNFTを発行するケースを例に、基本的な発行手順をご紹介します[1]。

① OpenSeaにログインするため、プライベートウォレットを接続させます（プライベートウォレットについてQ６参照）。これによりOpenSeaのアカウントが作成されます。

② NFT化したいデジタルアートを、NFT発行プラットフォームにおいて指定されたストレージ（記憶領域）にアップロードします。OpenSeaでは後記３⑷のサーバ型とIPFS型のいずれも選択可能です。

③ NFTの発行手数料が必要な場合には、指定の暗号資産等によりOpenSeaに手数料を払います。

④ NFTが発行され、登録ウォレットにNFTの情報（スマートコントラクトアドレス、トークンID、コンテンツストレージのURI）が記録されます。

---

1 OpenSea公式HP Help Center（https://support.opensea.io/hc/en-us/sections/360011539774-Getting-Started）。

3　NFT発行の仕組み

⑴　NFT発行サービス提供者

Q12の説明のとおり、NFTの発行は、NFTの発行機能を提供するNFTマーケットプレイスにおいて行うことができます。

⑵　ブロックチェーンの種類

ブロックチェーンには大別して、パブリック型、コンソーシアム型及びプライベート型があります（ブロックチェーンの種類についてQ５参照）。

現時点では、NFTの発行機能は、海外のNFTマーケットプレイスではパブリック型のブロックチェーンに対応したものが多く、国内のNFTマーケットプレイスではパブリック型のブロックチェーンによるもののほか、プライベート型のブロックチェーンによるものがみられます（海外・国内NFTマーケットプレイスについてQ13参照）。

⑶　発行審査

デジタルコンテンツ等をNFT化する場合には、当該NFT化について著作権者の許諾が必要と考えられ、これを得ずに発行された場合は著作権侵害が問題となる可能性があります（NFTの発行による著作権侵害についてQ15参照）。

海外のNFTマーケットプレイスについては、これを代表するOpenSeaにおいては、デジタルコンテンツ等のNFT化について、著作権者の許諾の有無等の審査を実施していません[2]。審査が行われるものには、SuperRareがあります。

また、国内のNFTマーケットプレイスにおいては、NFT化できるコンテンツ等の内容を限定し、又はNFTの発行ないし出品をし得るクリエイターを登録制としてクリエイターの事前の審査を行っているものがみられます[3]。

2　OpenSeaの公式HP上利用規約（https://opensea.io/tos）。

⑷ コンテンツデータの保存場所

NFTコンテンツのコンテンツデータの保存方法としては、大きくコンテンツデータそのものをブロックチェーン上に記録する方法（以下「オンチェーン」といいます）とコンテンツデータを特定の管理者のサーバにおいて保存するなどブロックチェーン外に保存する方法（以下「オフチェーン」といいます）があります。

NFTコンテンツの保存がオフチェーンの場合には、NFTコンテンツのデータは、NFT発行プラットフォームの指定するストレージにアップロードされ、外部のストレージにおいて保存されます。CryptoPunksなどデータの容量が限定的なコンテンツデータであればオンチェーンで保存することも可能ですが、一定以上のデータ容量を持つコンテンツデータは、ブロックチェーンの技術の制約やコストの観点から、オフチェーンでの保存となるのが一般です。オフチェーンでの保存では、ブロックチェーン上のメタデータにコンテンツデータが記録されているストレージにアクセスするためのURIが含まれます。

NFTコンテンツの保存がオフチェーンの場合、NFTコンテンツが保存されているストレージの類型は、大きく分けて、特定の企業の管理するサーバである場合（以下「サーバ型」といいます）と、IPFS（Inter Planetary File System）である場合（以下「IPFS型」といいます）があります[4]。

サーバ型では、NFTコンテンツが特定の企業により中央集権的に管理されているサーバに保存されます。そのため、サーバのシステムや維持は当該サーバの管理者に依存しており、コンテンツデータそれ自体は、当該サーバの管理者によって改ざんや消去が可能です。これに対し、IPFSとは、P2P

---

3 NFT Studioの公式HP（https://nft-studio.com/ja）、HEXAの公式HP（https://hexanft.com/）。

4 OpenSeaでは、メタデータ上の表示が“Centralized”の場合はサーバー保管、“Frozen”の場合、IPFSでの保存を意味しています（OpenSea HP（https://support.opensea.io/hc/en-us/articles/1500012270982-What-is-Freezing-Metadata））。ただし、表記がない場合もあります。

【図13　コンテンツデータの保存方法】

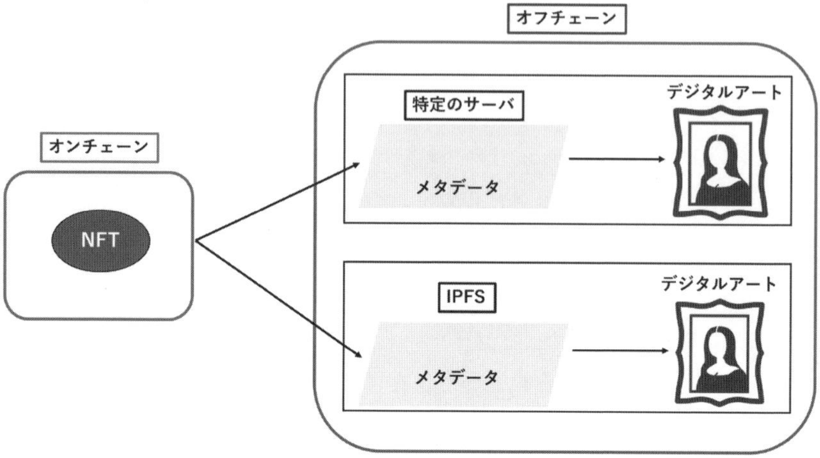

ネットワーク内のピア間で保存されているオブジェクトを配信する非中央集権型のコンテントアドレッサブルストレージシステムをいいます[5]。IPFS型では分散ファイルシステムとしてデータを保存及び共有するように設計されており、コンテンツデータは基本的に非中央集権的に管理されます（ただし、IPFS型はデータストレージとしての永続性に課題があるといわれています）。

4　コンテンツホルダーの留意すべき点

(1)　ライセンスの内容

NFTの発行手順の一例は、上記２のとおりですが、NFT保有者に付与されるライセンスの内容は、現在の取引実務上は、NFTマーケットプレイス運営者が定める利用規約等を通じて設定されることが通常であり、その内容は当該運営者やNFT、コンテンツの内容ごとに様々です。

そのため、NFTの発行等を許諾するコンテンツホルダーは、当該NFTの内容やマーケットプレイスの構造、NFTマーケットプレイス運営者が定め

5　マスタリングイーサリアム284頁。

る利用規約等を検討の上、自ら付与するライセンスの内容について理解することが重要です[6]。例えば、コンテンツホルダーがNFTマーケットプレイス運営者との間でライセンス契約を締結し、当該契約においてNFTマーケットプレイス運営者に対し、コンテンツホルダーが保有する権利を侵害した利用者に対する適切な措置を講じることを義務付けたとしても、NFTマーケットプレイス運営者が定める利用規約等に当該措置を講じることができる旨が規定されていなければ、法令に基づきそれらの措置を講じることができる場合を除き、NFTマーケットプレイス運営者に当該義務の履行を求めることが事実上困難となる可能性があります。

(2) ロイヤリティ[7]

Q12の説明のとおり、NFTマーケットプレイスでは、NFTが売買される度にその売買代金（としての暗号資産）の一部を発行者や著作権者等のあらかじめ指定した者に支払われる仕組みを実現することができ、当該支払われ

---

6 自民党NFTホワイトペーパー（案）15頁では、「コンテンツホルダーの権利保護に必要な施策」の１つとして「コンテンツホルダーの理解促進（コンテンツライセンスのモデル条項の作成等）」を挙げ、「コンテンツを表章するNFTを発行・流通することにより、当該コンテンツの著作権その他の知的財産権に関してNFT保有者に付与される権利の内容等について、コンテンツホルダーの正確な理解を促進する必要がある」とするとともに、「コンテンツに関してNFT保有者に付与されるライセンスの内容や当事者間の権利関係・責任関係を定めたモデル条項を作成し、併せてNFT取引の特性を踏まえた各条項の留意点を示すことで、コンテンツホルダーの理解を促進し、さらにライセンス条件の検討・交渉を促進・支援すべきである」との提言がなされています。

7 自民党NFTホワイトペーパー（案）14頁では、「コンテンツホルダーの権利保護に必要な施策」の１つとして、「二次流通時のロイヤリティに関するルールの明確化」を挙げ、「ロイヤリティ収受の権利は法定の権利ではない。そのため目下の対応としては、二次流通時のロイヤリティ率の設定や収受・支払を実行するマーケットプレイスにおける好事例を官民で積極的に共有する一方で、プラットフォーム横断的なロイヤリティ収受には一定の限界があることについて、NFTの発行・販売を考えるコンテンツホルダー等の理解を促進することが望ましく、業界団体と連携するなどして、注意喚起その他の説明の在り方を検討するべきである。また、これより進んで、横断的なロイヤリティ収受の実現に向けた取組を行う場合には、業界団体と連携し、マーケットプレイス間でのロイヤリティ設定に関する情報の連携を促すほか、こうした情報の設定が可能な規格提案（例えば、EIP-2571: Creators' Royalty Token standardやERC-2981: NFT Royalty Standardが知られている。）の採用に向けた一定の働きかけを行うべきである」との提言を行っています。

る売買代金の一部は一般にロイヤリティと呼ばれています。

このロイヤリティは、日本の著作権法には規定がないものの、EUを中心に立法例のある追及権[8]に準じた機能を技術と契約で実現しようとするものであり、NFTがコンテンツホルダーから注目を集める理由の1つとされています。

もっとも、現在のロイヤリティの仕組みとして、スマートコントラクトにより、NFT発行者や著作権者に直接ロイヤリティ（としての暗号資産）が移転する仕組みを実現できていることは多いとはいえず、基本的に、NFTマーケットプレイス運営者が購入者又は販売者からロイヤリティ相当額を収受した上で、コンテンツホルダー等に支払われる仕組みとなっています。

したがって、Q10の説明のとおり、相互運用性のあるパブリック型ブロックチェーンにより発行されたNFTは、これと共通のトークン標準に対応した他のマーケットプレイスで容易に取り扱うことができるものの、他のマーケットプレイスでなされた取引に係るロイヤリティについては支払を受けることができなくなるのが通常であるため、留意が必要です[9]。

8　追及権とは、主に美術の著作物たる作品が転売された際に、その売買価格の一部について著作者が支払いを受けることができる権利です。1920年にフランスで生まれたDroit de Suiteが起源といわれており、欧州では2001年にいわゆる追及権指令が出され、これに基づきEU加盟国を中心に導入されています。特に絵画等は、画家の死後に評価されオークションなどで転売される際に高値で取引されることが多く、画家本人や遺族が適切な対価を得られなかったことから導入された制度であるといわれています。

9　自民党NFTホワイトペーパー（案）14頁では、問題の所在として、「NFTの特徴として、発行者はNFTが二次的に流通した時にも一定のロイヤリティを受け取ることができるとの説明がなされることがあるが、こうした二次流通時のロイヤリティ率の設定や収受・支払を実行する機能は、現在のところマーケットプレイスごとに設けられた独自の仕組みに過ぎない。パブリックチェーンを利用して発行されたNFTについて、プラットフォーム横断的にロイヤリティを収受するためには、ロイヤリティに関する情報を設定可能な規格のもとでNFTを発行し、かつ各プラットフォームが当該規格に準拠したNFTの取引に対応していることを要するが、現在多くのマーケットプレイスが対応するERC-721やERC-1155といった標準的な規格に、ロイヤリティに関する情報を設定できるものは見当たらない」としています。

Q15 NFTの発行や譲渡は、著作権の侵害になりますか

1 著作権法の基礎知識

NFTの価値は、NFTの対象となるコンテンツの価値に大きく依存します。特にデジタルアート、コレクティブルアート又はゲーム内アイテムにおいては、そのコンテンツに適用される法律、特に著作権法の理解が必要です。以下では、NFTの発行や譲渡と著作権の関係を述べる前に、NFTを著作権法の観点から理解するために必要な限度で同法を概説します。

(1) 著作権法上の権利の発生及び分類

ア 著作権法の保護の客体

著作権法上の保護の客体は、著作物に限られます。著作物とは、「思想又は感情を創作的に表現したものであって、文芸、学術、美術又は音楽の範囲に属するもの」(著作権法2条1項1号)を意味します。「思想又は感情」という人間の何らかの精神的活動があればよく、事実それ自体は含まれず、「創作的に」表現されている必要があるものの、その「個性」が現れていれば足り、独創性までは要求されません(もっとも、ありふれている表現については創作性が否定される場合もあります)。また、「文芸、学術、美術又は音楽の範囲に属する」という点からは、視覚又は聴覚による表現のみが保護されると考えられており、「小説、脚本、論文、講演その他の言語の著作物」「音楽の著作物」「絵画、版画、彫刻その他の美術の著作物」「写真の著作物」「プログラムの著作物」などがこれに当たります(著作権法10条1項)。

なお、著作権法は、著作物を伝達・媒介等する者のうち、実演家、レコード製作者、放送事業者、有線放送事業者が、自己の著作物に関する実演、レコード、放送又は有線放送について著作隣接権[1]を享有することを定めてい

1 実演家のみ、著作隣接権に加えて、実演家人格権を享有します。

ます（著作権法89条１項～４項）。もっとも、本書での検討は、著作権に限定して行います。

イ　著作権の享有主体

著作権は、大きく分けて、著作者の人格的利益を保護する著作者人格権と財産的利益を保護する著作（財産）権に分類されます。

著作権法は、創作者主義を採用しており、著作物を創作した自然人（著作者）に、当該著作物についての著作権及び著作者人格権が原始的に帰属することが原則です（著作権法17条１項）[2]。

著作権は、著作権法において権利が及ぶ範囲の行為ごとに限定列挙する形で分類されており、その一覧は下表のとおりです。言い換えれば、下表のいずれの権利も及ばない著作物についての行為は、原則として、誰でも自由に行うことができます[3]。

著作権は、特許権や商標権とは異なり、行政庁への登録等の手続を履行しなくとも、創作と同時に自動的に発生します（著作権法17条２項）。

※条文番号はすべて著作権法[4]

著作権	著作者人格権	公表権（18条１項） 氏名表示権（19条１項） 同一性保持権（20条１項）
	著作（財産）権	複製権（21条） 上演権、演奏権（22条） 上映権（22条の２） 公衆送信権、送信可能化権（23条１項） 公衆伝達権（23条２項） 口述権（24条） 展示権（25条） 頒布権（26条）

2　創作者主義の例外として、職務著作が成立する場合には実際に創作していない法人等が著作者とされ（著作権法15条１項）、映画の著作物の場合には一定の要件のもとに映画製作者に著作権が帰属することになります（同法16条、29条１項）。

3　ただし、著作権侵害とみなされる行為が別途定められています（著作権法113条各項）。

4　金銭の請求権に過ぎない報酬請求権及び二次使用料請求権は省略しています。以下、著作権法上の権利という場合、当該図に列挙した権利のみを指すものとします。

		譲渡権（26条の２第１項） 貸与権（26条の３） 翻訳権、翻案権等（27条） 二次的著作物の利用に関する原著作者の権利（28条）

(2)　著作権の内容

上記(1)の表のとおり、著作権は多岐にわたりますが、NFTに関して問題となることが多い重要な権利は、主として複製権、公衆送信権及び送信可能化権であると考えられます。以下、各権利を概説します。

ア　複製権

複製権とは、著作物等[5]を複製する権利をいい、複製とは、印刷、写真、複写、録音、録画その他の方法により有形的に再製することと定義されています（著作権法２条１項15号）。「有形的に再製」とありますが、無体物である電子データであっても、当該著作物が何らかの記録媒体において新たに保存される場合には、著作物が有形的に再製されていると理解されています。

イ　公衆送信権

公衆送信権とは、著作物を公衆送信する権利をいい、公衆送信とは、公衆[6]によって直接受信されることを目的として無線通信又は有線電気通信の送信[7]を行うことと定義されています。

また、著作権法23条１項に定められた公衆送信権には、送信可能化権が含まれます（以下、特に断らない限り、「公衆送信権」は送信可能化権を含むものとします）。送信可能化権とは、著作物を送信可能化する権利をいいます。送

5　著作隣接権のうちの複製権にあっては、レコード、放送又は有線放送をいいます。以下、特に断らない限り、著作物と表記する場合であっても、著作隣接権にも妥当する範囲においては、実演、レコード、放送、有線放送を含むものとします。

6　著作権法における「公衆」とは、不特定又は多数の者をいいます（著作権法２条５項）。

7　プログラムの著作物以外の著作物については、電気通信設備で、その一の部分の設置の場所が他の部分の設置の場所と同一の構内（その構内が二以上の者の占有に属している場合には、同一の者の占有に属する区域内）にあるものによる送信がここでいう「送信」から除かれます。

信可能化とは、公衆送信の準備行為をいい、その定義は複雑ですが、簡略化すれば、(イ)インターネット等に接続された、公衆によってアクセス可能なサーバに著作物を保存する行為（例えば、著作物をインターネット上にアップロードする行為）、又は(ロ)著作物が保存されたサーバをインターネット等に接続して公衆によってアクセス可能な状態にする行為（例えば、著作物が保存されているサーバをインターネットに接続する行為）のいずれかによって、著作物を公衆からの求めに応じて自動的に公衆送信し得る状態に置くことと理解できます。

なお、既に送信可能化されている著作物にアクセスするためのリンク（インラインリンクも含みます）を公衆送信又は送信可能化する行為は、上記(イ)・(ロ)のいずれにも当たらないため、原則として、当該著作物の送信可能化には当たりません。

(3) 著作権侵害の要件

著作権法は、著作権者に対し、著作物に対して著作権が及ぶ範囲の行為（複製権であれば複製行為、公衆送信権であれば公衆送信行為など。以下「法定利用行為」といいます）を独占できる権利を与えており、第三者が法的根拠なく法定利用行為を行うことは、当該独占性を侵すものとして、著作権を侵害することになります。ただし、ここでいう著作物とは、権利者の著作物と全く同一のものである必要はなく、当該著作物との間に類似性・依拠性が認められる表現であれば足ります[8]。

著作権侵害の要件

① 権利者のコンテンツが著作物に当たること

② 権利の取得原因事実（創作行為又は権利の承継）

③ 法定利用行為

④ 権利者の著作物と法定利用行為の対象となるコンテンツとの間の類

8　最判昭和53年９月７日民集32巻６号1145頁［ワン・レイニー・ナイト・イン・トーキョー事件］、最判平成13年６月28日民集55巻４号837頁［江差追分事件］等。

似性

⑤　権利者の著作物と法定利用行為となるコンテンツとの間の依拠性

⑷　著作権を侵害された者の救済

著作権が侵害された場合には、民法709条に基づく損害賠償請求（著作権法114条に基づく損害額の推定規定の適用があります）と、著作権法に基づく侵害の差止請求（著作権法112条１項）や侵害物品の廃棄など必要な措置に係る請求（同条２項）などが考えられます。

2　NFTの発行及び譲渡と著作権法の関係

⑴　NFTの発行

NFTは、ブロックチェーン上にデプロイしたNFT管理コントラクト（スマートコントラクトについてＱ４参照）により発行され、これによりNFTコンテンツが取引できる状態になります。NFTの発行は、OpenSea等のNFTマーケットプレイスを通じて行うことが簡便な方法の１つです。NFTコンテンツの保存先がブロックチェーン上でない場合（オフチェーンの場合）には[9]、NFTの対象となるコンテンツは、NFTマーケットプレイス上のアプリケーションを用いてその運営者が管理等を行うサーバ又はIPFS上に保存され、そのNFTコンテンツの所在識別情報等が記載されているメタデータにアクセス可能なURI等の情報がブロックチェーン上に記録されることになります（NFTの発行手順や仕組みについてＱ14参照）[10]。

このようにNFTの発行の際には、NFTコンテンツのデータが、サーバやIPFS上の公衆によってアクセス可能な状態の公衆送信用記録媒体に保存さ

9　このほか、CryptoPunksのようにコンテンツ自体がブロックチェーン上に記録されるものもあります（オンチェーン）（NFT発行の仕組みについてＱ14参照）。

10　他方で、NFTコンテンツの保存がオンチェーンによる場合、NFTコンテンツは、サーバ又はIPFS上ではなく、ブロックチェーン上に記録保存されることになります。

れることになるため、これが著作権法上の「複製」及び「送信可能化」に該当すると考えられます[11]。したがって、NFTコンテンツの権利者の許諾を得ずに、NFTを発行する行為は、原則として複製権及び公衆送信権の侵害に当たると考えられます。

(2) NFTの譲渡

NFTの「譲渡」は、事実行為としては、NFTに係る情報が記録されているブロックチェーンに当該譲渡についてのトランザクションデータが書き込まれることを意味します。しかしながら、これを法的にどのように考えるかは明確ではなく、これに関する法律関係は、基本的にNFTマーケットプレイス運営者が設定する規約により規律されることになります。

著作権法の観点からは、NFTの譲渡において、著作権の法定利用行為（ここでは複製、公衆送信又は送信可能化）が生ずるかどうかが問題になります。上記(1)のとおり、少なくともNFTコンテンツの保存がオフチェーンの場合には、NFT自体には、NFTコンテンツを出力可能なデータが記録されておらず、NFTコンテンツにアクセス可能な所在識別情報が記述されているに過ぎないため、NFTコンテンツは新たに複製されるものではないといえます。また、NFTが「譲渡」される過程において、サーバ又はIPFS上にアップロードされたNFTコンテンツ自体が別のサーバ等に移転し、又はそのコピーが別のサーバ等において新たに保存されることもないといえます。そのため、NFTの譲渡は、NFTコンテンツの「複製」や「送信可能化」に当たらない場合が多いと考えられます（NFTコンテンツという著作物自体には一切の手を加えず、そのアクセスに必要な情報だけを譲渡の対象としているという点でいえば、NFTの譲渡とは、インターネット上に蔵置された著作物にアクセス可能なハイパーリンクの送受信と類似しているともいえます）[12]。

---

11 NFTコンテンツの保存がオンチェーンの場合も同様に、ブロックチェーン上の公衆によってアクセス可能な状態の公衆送信用記録媒体に記録保存されることになるため、NFTの発行は著作権法上の「複製」及び「送信可能化」に該当すると考えられます。

12 ただし、NFTコンテンツの保存がオンチェーンの場合には、NFTの譲渡が著作権の侵害に当たる可能性が否定できません。

したがって、少なくともNFTコンテンツの保存がオフチェーンのNFTの譲渡には、著作権法の観点からの規律は及ばず、NFTマーケットプレイスの規約に従うと考えられます。

Q16 著作権者から許諾を受けて著作物であるコンテンツについてNFTを発行・販売する場合には、著作権者との間でどのような契約を締結すればよいですか

1 許諾条件に関する留意事項

Q15で説明したとおり、一般に、著作権者に無断で著作物と紐づくNFTを発行することは、当該著作物の複製及び公衆送信（送信可能化）を伴うため、著作権を侵害する行為となると考えられます。したがって、例えば、絵画やアニメといったコンテンツの商品化事業を行う会社のように、著作権者ではない第三者が当該コンテンツのNFTを発行する場合には、当該コンテンツの著作権者から許諾を受ける必要があると考えられます（以下、当該許諾を受ける者を「発行者」といいます）。

著作権者と発行者との間で締結する許諾契約においては、以下のとおり、許諾の範囲、特に、許諾の地理的範囲及び期間的範囲に関してインターネットにおけるコンテンツ利用に類似する問題やNFT固有の問題が生じる可能性があります。

2 許諾の地理的範囲

著作権法の適用範囲は日本国民の著作物や最初に日本国内において発行された著作物等に限定されていますが（著作権法6条）、国ごとに権利が区々になる特許権や商標権等と異なり、著作権はベルヌ条約[1]に加盟している国においても、同様に保護されるところに特徴があります。そのため、発行者が著作権者からNFTの発行等について許諾を受ける場合において、著作権者から許諾の地理的範囲を限定することが求められる可能性があります。

1　文学的及び美術的著作物の保護に関するベルヌ条約。2021年時点で、179カ国が加盟しています（公益社団法人著作権情報センターHP（https://www.cric.or.jp/db/treaty/status.html））。

発行者が著作権者から許諾を受ける意義は、著作権侵害を回避するためであり、発行者は、発行者が計画する著作物の法定利用行為が行われる国や地域を地理的範囲に含める必要があります。したがって、発行者が著作物を用いてNFTを発行する計画である場合には（NFTコンテンツの保存がオフチェーンの場合にはNFTの譲渡がNFTコンテンツの法定利用行為に当たらない可能性が高いと考えられる点についてQ15参照）、NFTを発行する予定の地域がNFTコンテンツの複製及び公衆送信（送信可能化）を行う地域になるため、当該地域が許諾の地理的範囲に含まれる必要があると考えられます。

もっとも、NFTの発行はデジタル上で行われるため、NFTコンテンツの複製及び公衆送信（送信可能化）が行われた地域の確定が難しいという問題があります。例えば、発行者、発行者がNFTを発行する際に利用するNFTマーケットプレイス運営者、そのNFTマーケットプレイス運営者に対してNFTコンテンツの保存先サーバをホスティングする事業者がすべて異なる国に所在するという場合には、NFTの発行がどの国で行われたといえるのかは一義的に明確とはいえません。また、いわゆる「インターネット・スピルオーバー」と同種の問題、すなわち、NFTコンテンツを日本向けにNFT化することを許諾した場合でも、NFTコンテンツが全世界から閲覧することができれば、当該NFT化に係る複製や送信可能化が「日本向け」といえるのかの問題が生じ得ます。

したがって、発行者は、著作権者との利用許諾契約に関する契約交渉の際、自らが計画するビジネスにおけるNFTコンテンツの取扱いを具体化・明確化した上で、想定されるNFTコンテンツの法定利用行為がいかなる解釈においても許諾の地理的範囲に包摂されるよう、契約文言を確認、修正していく必要があると考えられます。

なお、Q10の説明のとおり、相互運用性のあるパブリック型ブロックチェーンにより発行されたNFTは、これと共通のトークン標準に対応したウォレットやマーケットプレイスで容易に取り扱うことができ、NFTの購入者（多くの場合はNFTコンテンツを閲覧しようとする者です）を限定することができないため、NFTコンテンツの送信可能化の地理的範囲の限定を付ける場合には、権利侵害を生じさせないよう一層留意した文言の確認が必要であると考えられます。

3　許諾の期間的範囲

NFTは、ブロックチェーン技術を用いている性質上、原則として、一度発行されたら削除できません[2]。また、NFT自体ではなくNFTコンテンツもIPFS等の分散型ストレージに保存されている場合には、削除することは困難です。一方で、NFTコンテンツが、管理者の存在するサーバにおいて保存されているに過ぎない場合には、削除も技術的には可能です。しかし、NFTがNFTとして経済的価値を保持するためには、NFTコンテンツも保持されること、すなわちNFTコンテンツ保存先から削除されないことが必要不可欠です。一旦は許諾を受けてNFTコンテンツを適法に送信可能化できたとしても、その後に許諾期間が満了するなどして許諾が失効した場合には、失効した時から権利者の送信可能化権を侵害することになります。そのため、著作権者から許諾を受けてNFTを発行するにあたっては、期間制限のない（すなわち著作権保護期間満了までの）許諾を得る必要性が高いと考えられます。

それにもかかわらず、NFTコンテンツの著作権者が期間制限のない許諾を行わない場合には、許諾期間終了とともにNFTコンテンツを保存先等から削除しなければならないことを前提とする必要があります。NFTを購入するユーザーとしては、NFTの保有によりNFTコンテンツを永久的に保有することができるとの認識を持っていることも十分に考えられるため、留意が必要です。具体的には、利用規約等において、NFTコンテンツが一定期間経過後にサーバ等から削除され、閲覧できなくなる場合があることについて、ユーザーに対してあらかじめ十分に周知し、ユーザーに対する返金には

2　ブロックチェーン上のトークンには、発行の時点で一定のイベント発生時に削除可能なものとしてプログラムすることで、当該イベントの発生時にトークンを削除することができる場合があります（当該削除を「バーン」ということがあります）。ただし、この機能がNFTに実装されている事例は多くないようです。

応じられないなどの手当てを（消費者契約法等の強行法規に違反しない範囲で）規定しておくことが考えられます。特にNFTコンテンツの削除の可能性の十分な周知は、消費者とのトラブルのリスクを減少させると考えられます。

Q 17　NFTはどのように管理しますか

1　NFTの管理方法

NFTはウォレットで管理します。ウォレットとは、本来的には、秘密鍵を管理するためのソフトウェアをいい、ウォレットにはNFTそのものは入っていません（秘密鍵についてQ２参照）。他方、ウォレットという用語は、多義的であり、トークンの管理方法を指す言葉としても一般に用いられています。

【図14　NFTの管理】

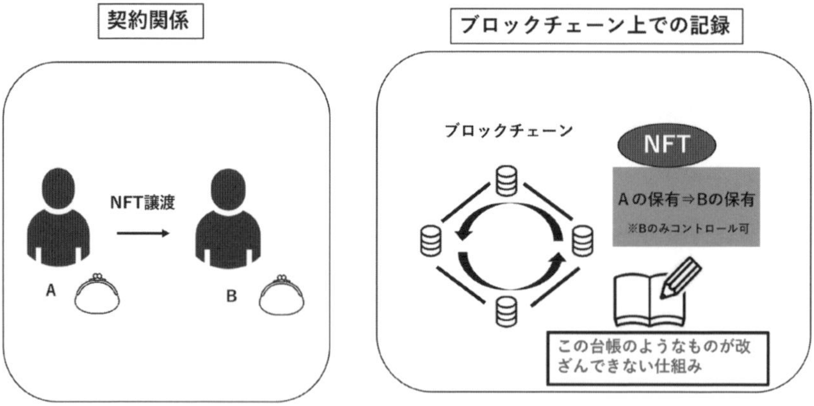

2　（トークンの管理方法としての）ウォレットの種類

ウォレットは、一般に、トークンを利用者個人のアドレスで管理する方法（プライベートウォレット）と取引所やサービス運営者のアドレスで管理する方法（カストディアルウォレット）に分類することができます（ウォレットの種類についてQ６参照）。

NFTマーケットプレイスによっても、対応するウォレットが異なります。

OpenSeaでは、サードパーティの提供するMetaMaskなどのプライベートウォレットを接続して利用する必要があります。OpenSeaというNFTマーケットプレイス自体は、ウォレットの提供をしていません。

一方、国内のNFTマーケットプレイスでは、当該NFTマーケットプレイス運営者が提供するカストディアルウォレットが用いられるサービスがみられます。例えば、コインチェック株式会社の提供するCoincheck NFT（β版）では、一次的には同社のウォレットによりNFTが保有されており、各ユーザーに付与されたアカウントにより管理されています[1]。もっとも、Coincheckアカウントは、MetaMaskなどERC721トークン標準に対応する任意のウォレット（外部ウォレット）と接続が可能であり、「入庫」や「出庫」といった機能により、外部ウォレットとアカウント間でNFTの情報を移転させることができます[2]。

1　Coincheck公式HP上Column「Coincheck（コインチェック）の口座開設方法を解説」（https://coincheck.com/ja/article/267）。

2　Conichek公式HP上HelpCenter「MetaMask（メタマスク）とCoincheckサービスは、どうやって連携させればよいですか？」（https://faq.coincheck.com/s/article/112?language=ja）。

Q 18 「NFTの保有」とはどのような権利を有していることになりますか

1　NFTの所有権

Q10の説明のとおり、NFTは、ブロックチェーン上で発行される「代替不可能」なトークンであり、これを移転するトランザクションをブロックチェーン上に記録するには秘密鍵が必要です（ブロックチェーンの基本的な仕組みについてQ 2参照）。このように、NFTについては、固有性を有し秘密鍵を知っている者だけが移転することが可能であることから、特に、NFTを利用者個人のアドレスで管理するプライベートウォレットの場合が利用されるには、不動産等と同様、「NFTの所有（権）」といった表現がなされることがあります。

しかしながら、民法では、「所有者は、法令の制限内において、自由にその所有物の使用、収益及び処分をする権利を有する」（民法206条）とされているところ、「所有物」とは、所有権の客体である「物」であり[1]、「物」とは、有体物をいうとされていることから（民法85条）、所有権の客体は、有体物に限定されています[2]。そのため有体物ではないNFTは「所有物」とはいえず、所有権の対象にはならないと考えられます。

2　「NFTの保有」

上記1のとおり、NFTは所有権の対象とならないことから、「NFTの保有」と表現される場合も多くみられます。もっとも、この「NFTの保有」というのも、法的に一義的な意味のある概念ではなく、その意味する権利内容については、NFTの管理コントラクトの内容や発行したNFTマーケット

1　『我妻・有泉コンメンタール民法〔第7版〕』448頁。

2　同じくブロックチェーン上により発行される暗号資産の所有権を否定したものとして、東京地判平成27年8月5日（LLI DB判例秘書（L07030964））参照。

プレイス運営者の定める利用規約、トークンの管理の方法等に照らして個別に検討する必要があります。

なお、NFTをプライベートウォレットで管理する場合には、少なくとも事実状態としてはこれを自ら移転することが可能であるのに対し、NFTをNFTマーケットプレイス運営者のアドレスで管理するカストディアルウォレットの場合には、利用者個人は、これを自ら移転することはできず、NFTマーケットプレイス運営者の定める利用規約に基づき、NFTマーケットプレイス運営者に対して移転を請求できる権利を有するにとどまります。

3 「NFTの保有」と著作権の保有の関係

Q14の説明のとおり、NFTはブロックチェーン上にデプロイしたNFT管理コントラクトにより発行されます。当該NFT化には、当該デジタルコンテンツの著作権者の許諾が必要であり、これを得ずにNFTが発行された場合は著作権侵害となる可能性があります（NFTの発行と著作権法の関係についてQ15参照）。他方、デジタルコンテンツ等をNFT化したとしても、そのデジタルコンテンツに係る著作権の権利関係に変動はありません（NFTの発行と著作権の帰属についてQ20参照）。

また、NFTが譲渡されたとしても、NFTマーケットプレイス運営者の定める利用規約等を介するなどしてNFTコンテンツの著作権者により別途著作権の譲渡を受けない限り、NFTコンテンツの著作権は、NFTコンテンツの著作権者に帰属したままです。そのため、NFT保有者であっても、NFTマーケットプレイス運営者の定める利用規約等を介するなどしてNFTコンテンツの著作権者による許諾がない限り、自由に複製又は公衆送信できない点に留意が必要です。

Q 19 NFT保有者は、NFTコンテンツをＴシャツやキーホルダー等に商品化することができますか

1 コンテンツの商品化

アニメのキャラクターなどのコンテンツを商品化する場合には、著作権法との関係では複製権（著作物を改変する場合には翻案権）や譲渡権等に抵触するため、これを行うには、著作権者の許諾が必要です。一般に、著作権者が著作物の商品化を許諾する場合においては、商品化の範囲やその条件に関する定めが必要であり、著作権者と商品化を行う者との間での契約の締結が必要となります。

したがって、著作権者が自己が著作権を有するコンテンツをNFT化し、そのNFT保有者に当該NFT化したコンテンツの商品化を許諾する場合には、両者間においてその範囲や条件について定めが必要である一方、NFTは転々流通すること、NFT保有者が匿名である場合があることなどのNFT取引の特性を踏まえると、NFTコンテンツの著作権者と当該NFTの保有者が直接契約を締結する場合は多くないと思われます。そのため、NFTマーケットプレイスの利用規約や販売条件に定められるNFTコンテンツの著作権者による許諾の範囲や条件が、両者間の法律関係を規律することになる場合が多いと考えられます。ただし、利用規約等による規律も、その性質上、次のような制約があります。

2 利用規約の効力の範囲

NFTマーケットプレイス運営者の定める利用規約は、当該運営者（以下「NFTマーケットプレイス運営者A」といいます）と利用者の間の法律関係を定めるものであり、NFTマーケットプレイス運営者Ａの定める利用規約は、NFTマーケットプレイス運営者Aとその利用者の間にのみ適用されます。したがって、これらの者以外の第三者との関係では何らの効力も持ちません。

例えば、Q10の説明のとおり、パブリック型ブロックチェーンには、相互運用性があります。そのため、これにより発行されたNFTは、これと共通のトークン標準に対応している異なるNFTマーケットプレイスでは容易に取り扱うことができるため、NFTマーケットプレイス運営者Aが運営するNFTマーケットプレイス（以下「NFTマーケットプレイスＡ」といいます）で出品されたNFTが他の運営者が運営するNFTマーケットプレイス（以下「NFTマーケットプレイスＢ」といいます）に出品されることもあります。その場合には、NFTマーケットプレイスＢの運営者、当該出品者及びNFTマーケットプレイスＢにおける購入者との間にはNFTマーケットプレイスＢの利用規約が適用されることになり、NFTマーケットプレイスＢでの当該NFTの購入者には、NFTマーケットプレイスＡの利用規約は適用されません。

そのため、上記１のとおり、NFTマーケットプレイスＡの利用規約において当該著作権者による商品化の許諾の範囲や条件が規定され、NFTマーケットプレイスＡで購入したNFT保有者が当該利用規約に基づきNFTコンテンツの商品化ができる場合であっても、その後、NFTマーケットプレイスＢで当該NFTを購入した利用者は、当該著作権者によるNFTマーケットプレイスＡの利用規約に基づく商品化の許諾がなく、これを商品化することは複製権や譲渡権といった著作権侵害となると考えられます[1]。

1　なお、著作権者が当該NFTの取得者一般に対して商品化の許諾をしている場合はこの限りではありません。

Q20 著作権者が、NFTマーケットプレイスの利用規約等を通じて、NFT保有者に対してNFTコンテンツの商品化を許諾している場合において、当該著作権者が当該コンテンツの著作権を第三者に譲渡したときは、NFT保有者は、引き続き当該NFTコンテンツの商品化を行うことができますか。また、著作権者が、同一のコンテンツについて、当初のNFTとは別個独立に再度NFT化することは認められますか

1　著作権者の行為によるNFTの取引に対する影響

NFTの発行や販売を行うことによって、著作権者からNFT保有者に対するNFTコンテンツの著作権の移転が生ずるものではなく、当該著作権は引き続き著作権者に帰属し続けます。

そこで、著作権者は、NFT保有者に対して商品化を許諾したコンテンツについてNFTの発行がなされた後、当該NFTコンテンツの著作権を第三者に譲渡することや、当該商品化を許諾した同一のNFTコンテンツについて再度別個独立にNFT化することが考えられます。

2　NFTコンテンツの著作権を第三者に譲渡する場合

著作権者がNFTコンテンツの商品化を許諾した後、当該NFTコンテンツの著作権の全部を第三者に譲渡すると、当該第三者が著作権者として、当該NFTコンテンツに関して著作権に基づく権利行使が可能になります。そこで、当該第三者がNFT保有者によるNFTコンテンツの利用に関し著作権に基づく権利行使を行った場合、当該譲渡の前に正当にNFTコンテンツ等の商品化に係る許諾を受けたNFTの保有者は、当該権利行使に対して、従前の著作権者から受けた許諾に基づく利用権を根拠に、対抗できるかが問題となります。

この点に関し、著作権法は、「利用権は、当該利用権に係る著作物の著作権を取得した者その他の第三者に対抗することができる」と規定しています

（著作権法63条の２）。これによりNFT保有者は、利用許諾を受けた事後に著作権の譲渡がなされたNFTコンテンツの新たな著作権者から別途許諾を得ることなく、従前の著作権者からの許諾をもって、NFTコンテンツの商品化を継続することができます。この点について、特段の対抗要件の具備は不要です。

これに対し、上記の著作権法63条の２は、著作権の譲渡の前に生じた利用権の保護をその目的とするため、NFT保有者がNFTコンテンツの譲渡の後に、当該商品化の利用権が付帯しているNFTを第三者に譲渡した場合には、同条は適用されません。そのため当該NFTの譲受人がNFTコンテンツを商品化するためには、その時点のNFTコンテンツの著作権者から別途許諾を得る必要があります。

3　同一コンテンツの再度のNFTの発行

NFTの発行には著作権法上の「複製」及び「公衆送信」を伴うため、NFTコンテンツの著作権者又はその許諾を受けた者により、NFTは発行される必要があります（NFTの発行と著作権の関係についてQ15参照）。NFTコンテンツの著作権者は、NFTを発行したとしても当該コンテンツの著作権を喪失しないため、NFTコンテンツと同一のコンテンツを用いたNFTを複数発行することは、著作権法上可能です。ただし、利用規約等で同一コンテンツのNFT化をNFTマーケットプレイス運営者が禁止している場合もあります。特に、販売方式がオークションによる高額のNFTの場合（NFTの販売方式についてQ12参照）には、NFTコンテンツの価値に加え、唯一無二であることや数量限定であることを前提に価格形成がなされる場合があり、その場合には、同一コンテンツのNFTが発行されてしまえば、その希少性が損なわれ、取引が不安定になる可能性があるためです。しかしながら、例えば色のみが異なるコンテンツを「同一コンテンツ」と判断するかどうかは必ずしも明確ではなく、その判断及び適用には困難が伴う場合もあります。

また、同一コンテンツのNFTの発行が禁止されていたとしても、これをもって直ちに同一コンテンツのNFTの発行以外の利用（例えば商品化など）

が禁じられているものではありません。さらに、当該コンテンツの著作権の譲渡を受けた者などのNFTマーケットプレイスの利用規約等の拘束を受けない者による同一コンテンツのNFTの発行は法的に禁止されません。このように、NFTの希少性の維持のためには、別途著作権者が同一コンテンツについて再度のNFTの発行を含めたNFTの価値を毀損する行為をしないという社会的な評価・信用又は仕組みが必要となる点に留意が必要です。

Q21 著作権を有するコンテンツが第三者により無断でNFTとして発行され、取引されている場合において、当該NFTを削除することは可能ですか

1 無断でのコンテンツの利用と著作権

著作権者は、自己が有する著作権を侵害された場合、著作権を侵害した者に対し、その侵害の差止めを請求することができます（著作権法112条1項）[1]。

そこで、ブロックチェーン上に発行・流通したNFTに係るNFTコンテンツの削除を請求することができるかが問題となります。

2 削除請求の対象

NFT自体はブロックチェーンに記録されている情報であるため、削除することは困難です。しかし、Q14の説明のとおり、NFTコンテンツの保存がオフチェーンの場合には、NFTコンテンツは、NFT自体にデータが記録されているわけではなく、NFTに記録されたURIから辿ることのできるサーバやIPFSに保存されています。そのため、NFTそのものの削除は困難であっても、NFTに紐づいているNFTコンテンツさえ削除すれば、権利者の著作物がインターネット上に無断で利用されている状態を解消することができます。

したがって、権利者に無断でNFTがオフチェーンで発行された場合には、その削除の対象は、ブロックチェーン上に記録されたNFTではなく、どこかのサーバ等に保存されているNFTコンテンツになります。

一方で、NFTコンテンツの保存がオンチェーンの場合には、NFTコンテンツもNFT自体と同じくブロックチェーンに記録されているため、NFTコンテンツを削除することは困難な場合が多いと思われます。

---

1 差止請求としての削除請求は、著作権侵害の場合だけでなく、例えば名誉毀損やプライバシー侵害などの人格権侵害の場合にも請求可能な場合があります。

3　削除請求の根拠となる著作権侵害行為

上記１のとおり、NFTコンテンツの削除請求を行うためには、NFTコンテンツの著作権が侵害されていると認められる必要がありますが、Q15のとおり、NFTコンテンツの保存がオフチェーンの場合のNFTの譲渡は、基本的には著作権侵害に当たりません。そのため、NFTコンテンツの削除のために、NFTの発行によるNFTコンテンツの著作権侵害（その中でも、一般的には送信可能化権侵害を根拠にすることになります）に基づく差止請求の可否を検討することになります。

4　誰に対して削除請求を行うことができるか

⑴　著作権法上の差止請求の相手方

著作権侵害に基づく差止請求の相手方は、「著作権……を侵害する者」[2]に限られます（著作権法112条１項）ので、削除請求の相手方は、NFTの発行によってNFTコンテンツの著作権を侵害した者となります。

本設問では、NFTマーケットプレイスの利用者が、NFTマーケットプレイスが提供するサービスを利用してNFTを発行する場合に、利用者とNFTマーケットプレイス運営者が、それぞれNFTの発行によってNFTコンテンツに係る著作権の侵害主体といえるのか、順に検討します。

⑵　NFTマーケットプレイスの利用者による著作権侵害

NFTマーケットプレイスが提供するサービスを利用して、NFTコンテンツの保存がオフチェーンになされるNFTを発行する場合には、NFTコンテンツは、NFTマーケットプレイス運営者が用意するサーバやIPFS等に保存されます。しかし、この場合であっても、NFTマーケットプレイス運営者

2　著作権法112条１項は、「侵害する者」だけでなく、「侵害するおそれがある者」も差止請求の対象になると規定していますが、以下、モデルケースにおける帰結を示す観点から、「侵害する者」について検討します。

のサーバ等にNFTコンテンツをアップロードするよう操作・指示を行ったのは、NFTマーケットプレイスの利用者であるため、NFTコンテンツの複製及び送信可能化の主体は、直接的には当該利用者であると考えられます[3]。

したがって、著作権を侵害するNFTコンテンツのNFTが発行される場合には、利用者が、NFTコンテンツの著作権の侵害主体であると考えられ、権利者は、この利用者に対して著作権に基づく差止請求を行うことになります。

もっとも、実際に当該利用者に対して著作権侵害に基づく差止請求としてのNFTコンテンツの削除請求を行うためには、当該利用者の氏名、居住国を含めた住所等を特定する必要がありますが、NFTコンテンツの権利者にとって、その特定は困難な場合が多いように思われます[4]。

(3) NFTマーケットプレイス運営者に対する差止請求

次に、直接の侵害主体に加えて、NFTマーケットプレイス運営者に対しても差止請求ができないかが問題になります。差止請求の相手方である「著作権……を侵害する者」は、一義的には直接的な侵害行為をした者であり、NFTマーケットプレイス運営者はこれに該当しないと考えられます。しか

3　NFTコンテンツの保存がオンチェーンのNFTであっても、多くの場合、オフチェーンとの違いはNFTコンテンツの保存先だけであり、NFTコンテンツの送信可能化を操作・指示したのがNFTマーケットプレイスの利用者であるとすれば、NFTコンテンツの複製及び送信可能化の第一義的な主体は、オフチェーンの場合と同じく当該利用者であると考えられます。

4　一般に、プラットフォームにおいて自己の権利を侵害された者が侵害者を特定する手段としては、プラットフォーマーに対し、（日本法を前提とすれば）特定電気通信役務提供者の損害賠償責任の制限及び発信者情報の開示に関する法律に基づく発信者情報開示請求を行うことが考えられます。しかし、①現状すべてのNFTマーケットプレイス上において本人確認がなされているものではないこと、また②NFTの発行に関する指令を出した端末に割り当てられたIPアドレス等を特定するに足る情報が収集できない可能性があること等の事情から、権利者がその手段によって侵害者を特定することは、困難であると思われます。例えば、①に関していえば、MetaMaskを利用してウォレットアドレスを作成し、そのアドレスとOpenSeaを接続してNFTを発行するという場合には、MetaMask・OpenSeaのいずれにおいても本人確認は行われていないため、MetaMask・OpenSeaのいずれも当該アドレスの利用者を特定するための情報を保有していないことになります。

し、判例では、直接的な侵害行為をした者でなくとも、規範的にみて著作権侵害の主体と評価されれば「著作権……を侵害する者」に当たるとされています[5、6]。そこで、NFTの発行が、NFTマーケットプレイスを通じて行わ

5　最判平成23年１月20日民集65巻１号399頁［ロクラクⅡ事件］は、放送事業者（Ｘ）が、インターネット通信機器を有するロクラクⅡとの名称のハードディスクレコーダーを貸与してテレビ番組の転送サービスを提供していた事業者に対し、テレビ番組の複製権侵害を理由に放送番組の複製の差止めを求めた事件です。

　この転送サービスの利用者は、Ｙから貸与されたロクラクⅡの子機を操作することによって、ロクラクⅡの親機に対して特定のテレビ番組のデジタルデータ化（複製）と子機への送信を指示することができました。そのため、デジタルデータ化という複製の物理的行為を行っているのは、子機を操作した個々の利用者でしたが、サービス提供者であるＹが規範的にみて当該複製の主体として差止請求の相手方にならないかが争われました。

　最高裁は、「複製の主体の判断に当たっては、複製の対象、方法、複製への関与の内容、程度等の諸要素を考慮して、誰が当該著作物の複製をしているといえるかを判断するのが相当であるところ、上記の場合、サービス提供者は、単に複製を容易にするための環境等を整備しているにとどまらず、その管理、支配下において、放送を受信して複製機器に対して放送番組等に係る情報を入力するという、複製機器を用いた放送番組等の複製の実現における枢要な行為をしており、複製時におけるサービス提供者の上記各行為がなければ、当該サービスの利用者が録画の指示をしても、放送番組等の複製をすることはおよそ不可能なのであり、サービス提供者を複製の主体というに十分である」と判示し、Ｙが規範的に評価して複製の主体となり得ると判示しました（その後、差戻控訴審においてＹを侵害主体とする複製権侵害が認められ、差戻上告審で当該判断が確定しました）。

6　東京高判平成17年３月３日判時1893号126頁［２ちゃんねる小学館事件］は、インターネットの電子掲示板上に書籍の対談記事が著作者に無断で転載された事案につき、出版社の編集長から著作権侵害の通知を受けたにもかかわらず、速やかに電子掲示板の書き込みを削除しなかった電子掲示板運営者に対する、著作権侵害に基づく損害賠償請求及び差止請求としての書き込みの送信防止措置請求が認められたという事件です。

　東京高裁は、「インターネット上においてだれもが匿名で書き込みが可能な掲示板を開設し運営する者は、……著作権侵害となる書き込みがあった際には、これに対し適切な是正措置を速やかに取る態勢で臨むべき義務がある。掲示板運営者は、少なくとも、著作権者等から著作権侵害の事実の指摘を受けた場合には、可能ならば発言者に対してその点に関する照会をし、更には、著作権侵害であることが極めて明白なときには当該発言を直ちに削除するなど、速やかにこれに対処すべきものである」として、著作権侵害となる書き込みに対する適切な対応義務を認定した上で、掲示板運営者について「編集長Ａからの通知を受けた際には、直ちに本件著作権侵害行為に当たる発言が本件掲示板上で書き込まれていることを認識することができ、発言者に照会するまでもなく速やかにこれを削除すべきであったというべきである。にもかかわらず、被控訴人は、上記通知に対し、発言者に対する照会すらせず、何らの是正措置を取らなかったのであるから、故意又は過失により著作権侵害に加担していたものといわざるを得ない」と判示し、掲示板運営者に対する損害賠償請求及び差止請求としての書き込みの送信防止措置請求が認められました。

れる場合には、直接的な侵害行為を行った利用者のみならず、当該著作権侵害を可能にしたNFTマーケットプレイス運営者が規範的に著作権侵害の主体とならないかが問題となり得ます。

過去の判例を前提とすると、実際にNFTマーケットプレイス運営者を規範的な主体とする著作権侵害が認められるかは、当該NFTマーケットプレイス運営者が提供するサービスを通じたNFTコンテンツの侵害に至る実態に照らして個別具体的に判断されます。一般論としては、(i)技術的なハードルが高いNFTの発行をNFTマーケットプレイス運営者が容易にしていること、(ii)NFTコンテンツがNFTマーケットプレイス上で取引されることにより、その提供者が取引手数料等の一定の利益を得ること、(iii)NFTコンテンツの保存先のサーバ又はIPFSなどはNFTマーケットプレイス運営者が指定していること（NFTマーケットプレイス運営者が管理するサーバに保存されている場合には、NFTマーケットプレイス運営者による当該NFTコンテンツの削除が技術的に可能であること）等に鑑みれば、NFTマーケットプレイス運営者が規範的にみて著作権侵害の主体と認められる余地はあると考えられます。

ただし、当該NFTマーケットプレイス運営者が海外事業者である場合には、別途の考慮が必要であり、侵害コンテンツがIPFSに保存されている場合には事実上削除できない可能性がある点にも留意が必要です。この点の解釈については具体的な実務が確立していないため、今後の事例の集積が待たれます。

5　現実的な解決策

以上のとおり、自己が著作権を有する著作物が無断でNFTとして発行された場合にこれを削除しようとするのであれば、NFTを発行した者が特定できる場合には当該発行者に対して、NFTの発行に係るサービスを利用してNFTが発行されている場合には、当該サービスを提供したNFTマーケットプレイス運営者に対して、著作権侵害に基づく差止請求としての削除請求をするのが１つの現実的な対応策ではないかと考えられます。

なお、オフチェーンでNFTが発行された場合に差止請求としての削除の対象となるのは、サーバ又はIPFS上において保存されている著作物のデータであって、NFTというトークンをブロックチェーン上から削除することを請求できるわけではない点に留意が必要です[7]。

7　東京地判平成15年12月17日判時1845号36頁［ファイルローグ事件第1審判決］は、P2P方式による電子ファイル交換サービスの提供者に対するファイルの送受信の差止めを請求する事案において、「被告……は、……「ファイルローグ」（File Rogue）という名称で運営する電子ファイル交換サービスにおいて、……ファイル名及びフォルダ名のいずれかに別紙楽曲リストの「原題名」欄記載の文字……及び「アーティスト」欄記載の文字……の双方が表記されたファイル情報に係る、……MP3……形式によって複製された電子ファイルを送受信の対象としてはならない」との主文の限度で差止請求を認めました（東京高判平成17年3月31日により、送受信禁止の範囲が一部縮減の上で確定）。すなわち、この裁判例は、差止請求の対象を、原告が著作権を有する著作物を含むファイルの送受信に限定し、ファイル交換サービス全体を停止することまでは認めませんでした。
　この裁判例からも明らかなとおり、著作権侵害に基づく差止請求において差止めの対象となり得る行為は、著作権侵害状態を排除するために必要な範囲に限られます。そのため、無許諾での著作物のNFTの発行による著作権侵害の状態は、サーバ又はIPFS上に保存された著作物のデータさえ削除することができれば解消可能であることから、加えてNFTというトークン自体の削除を請求することは認められない可能性が高いと考えられます（また、そもそもNFTをブロックチェーン上から削除することが技術的に可能なのかという問題があります）。

Q22 購入するまで取得し得る商品が分からない、いわゆるガチャによりNFTを販売することは、賭博罪に該当する行為として禁止されていますか

1 賭博罪の構成要件

賭博罪は、「賭博」をすることを構成要件とする犯罪です。そして、賭博とは、①偶然の勝敗により、②財物の、③得喪を争うこと、をいいます。

まず、①の偶然の勝敗によりという要件は、勝敗結果が客観的には確定していたとしても、賭博行為の当事者の主観的に不確定であれば足りるとされています[1]。そのため、NFTの販売において、そのコンテンツの内容が客観的にランダムで決定しているか否かにかかわらず、購入者の主観において購入するまで内容が不明なNFTであるのであれば、NFTの対象となるコンテンツの中身という勝敗は偶然によって決まるといえ、①の要件を充足すると考えられます（以下、そのようなNFTの販売を「ガチャ販売」といいます）。

次に、②の財物は、有体物又は管理可能物に限らず、広く財産上の利益をいいます[2]。ガチャ販売によって取得するNFTも財産上の権利といえますので、財物に当たると考えられます。

以上のとおり、NFTのガチャ販売については①・②の要件を充足すると考えられますが、③の要件を充足するかはスキームに応じた詳細な検討が必要となります。

2 NFTのガチャ販売によって財物の得喪を争う関係にある者

③財物の得喪を争うとは、勝者が財産を得て、敗者がこれを失うことを意味します[3]。すなわち、当事者の一方が財物を失うことがない場合は財物の

---

1 大判大正３年10月７日刑録20輯1816頁。
2 大塚＝河上＝中山＝古田編『大コンメンタール刑法〔第三版〕』127頁。
3 大塚＝河上＝中山＝古田編『大コンメンタール刑法〔第三版〕』128頁。

得喪を争うとはいえません[4]。

また、③の要件を検討するにあたっては、まず、誰と誰との間で財物の得喪が争われているといえるのかを確定させる必要があります。

(1) 購入者相互間について

ガチャの確率の設計には様々な仕様が考えられますが、少なくとも一のガチャ販売の結果が他のガチャ販売における確率に影響を及ぼさない場合には、購入者相互間においては財物の得喪を争っているといえないと考えられます。

例えば、AとBの２人がいて、○と×がそれぞれ記載された２つの札を箱の中からA、Bの順番で１つずつ引くというガチャを実施し、○を引いた場合には第三者Cから１万円をもらうことができ、×を引いた場合にはCに対して１万円を支払わなければならないとします（この状態から最初に○と×を引く確率は、同様に確からしいとします）。このとき、Bがガチャを引く前に、Aが引いた札を箱の中に戻して、BによるガチャをAと同一条件に戻す場合を、以下「独立試行」といい、Aが引いた札を箱の中に戻さずBによるガチャの確率をAのガチャ結果によって変化させる場合を、以下「従属試行」といいます。

後者の従属試行の場合には、Aが×を引けばBは100％の確率で○を引くことができますが、逆に、Aが○を引いてしまうとBが○を引ける確率は０％になります。このような場合において、AとBとの間で、一方に１万円の利得が発生すれば、他方に１万円の損失が発生するという関係にあるため、あくまで１万円の支払元・支払先がCという第三者であったとしても、ＡＢ間で１万円という財物を争っている関係にあるといえます。

他方で、前者の独立試行の場合には、Aが○と×のいずれを引いたとしても、Bは○と×を50％ずつの確率で引くことができるため、Aによるガチャ結果はBによるガチャ結果と全くの無関係です。したがって、この場合は、

4　大判大正６年４月30日刑録23輯436頁。

（ＡＣ間・ＢＣ間でそれぞれ財物の得喪を争っているとはいえても）ＡＢ間で財物の得喪を争っているとはいえないと考えられます。

上記の例のうち、少なくともＡＢ間の関係は、NFTの購入者相互の関係にも妥当するのではないかと考えられます。すなわち、一のNFTの購入が他のNFTの購入結果・確率に影響を与えることはない独立試行である場合[5]は、１人のNFT購入者が購入金額に比して高価値のNFTを取得したとしても、別のNFT購入者が購入金額に比して低価値のNFTを取得することが確定し、又は取得する確率が高くなることはないため、NFT購入者間で財物としてのNFT（又はNFTの価額と購入金額の差額）の得喪を争っているとはいえないと考えられます。一方で、NFTの総量が限定されており、購入者間において奪い合うような従属試行の仕様とする場合、NFT購入者間における得喪の争いがあるといえ、③の要件を充足し得ると考えられます。

したがって、従属試行で行われるNFTのガチャ販売の場合は、③の要件を充足する可能性がありますが、独立試行の場合は、少なくとも購入者相互間では、③の要件を充足することはないと考えます。

⑵　購入者とNFTの販売者との間について

一方で、NFTがガチャ販売における購入者と販売者との関係はどうでしょうか。

確かに、NFTガチャの購入者からみると、理論上、NFTにはレア度等に応じて「市場価額」が観念し得ることもあり、NFTのガチャの購入金額に比して高額のNFTを取得した場合には、NFTガチャにより得られたNFTの「市場価額」から当該NFTガチャの購入金額を差し引いた額を得る一方でNFTガチャの購入金額に比して低い「市場価額」のNFTを取得した場合、NFTガチャの購入金額からNFTガチャにより得られたNFTの「市場価額」を差し引いた額を失う結果になるともいえそうです。

しかし、NFTガチャの販売者にとっては、NFTガチャの購入者がNFTガ

5　日本における一般的なスマホゲームのガチャに関していえば、このような独立試行である場合が多いと思われます。

チャの結果手にするNFTの「市場価額」の高低にかかわらず、NFTガチャの対価として一定額の支払を受けるのみです。すなわち、NFTガチャの結果にかかわらず、NFTガチャの販売者の利益状況に差はないため、NFTガチャにより損失を被ることはなく、したがってNFTガチャの販売者と購入者は、財物の得喪を争う関係にないと評価される可能性は十分にあると考えられます。

ただし、NFTガチャの販売者が、自ら販売したNFTの二次流通に参加するなど、販売したNFTの換金に関与する場合には、別途の考慮が必要となる可能性もあるため、留意が必要です[6]。

3　まとめ

以上より、NFTのガチャ販売は、その設計次第では原則として賭博に当たらないと整理できる可能性も十分にあると考えられますが、販売者が、購入者からNFTの買取りを受け付けるなど換金に関与する場合には、販売者及び購入者に賭博罪が成立する可能性があるため、ガチャ販売した後のNFTとの関わり合いについて留意する必要があります。

なお、自民党NFTホワイトペーパー（案）7頁において、「ランダム型販売や二次流通市場を利用してNFTを購入する消費者を保護する観点からのルール整備は別途検討を進めるべきであり、関係省庁の見解を踏まえた事業者におけるガイドラインの策定等が行われることが期待される」と提言されており、今後、事業者等によりNFTのガチャ販売について自主規制が制定されていく可能性があります。

6　松本恒雄監修・福島直央＝澤柴臣編著『NFTゲーム・ブロックチェーンゲームの法制』143頁〔亀井源太郎〕。

Q23 NFT取引に本人確認は必要ですか

1 法令上の義務としての取引時確認

(1) 犯罪収益移転防止法

日本では、マネー・ローンダリング及びテロ資金供与の防止を目的として、犯罪収益移転防止法が制定されています。

犯罪収益移転防止法では、同法2条2項に列挙される金融機関等の特定事業者（以下「特定事業者」といいます）を名宛人として、その顧客等との間の取引について取引時確認や、確認記録の作成、疑わしい取引の届出、体制整備に関する義務などについて定めています（同法4条、6条から8条まで、11条）。

一般に、「マネー・ローンダリング」とは、犯罪によって得た収益（犯罪により取得した財産を転売するなどして得た収益も含みますが、これに限られません）を、その出所や真の所有者を分からないようにして、捜査機関による収益の発見や検挙を逃れようとする行為をいい、また、「テロ資金供与」とは、テロ行為の実行資金やテロ組織の活動資金等のために、資金等を調達・移動・保管・使用することをいいます[1]。このマネー・ローンダリング対策（AML）及びテロ資金供与対策（CFT）は、各国が国内において進めるだけではなく、国際協調が不可欠であり、FATFが当該国際協調を図る上で最も重要な役割を担っています。FATFは、AML/CFTに関する国際基準となるFATF勧告を策定し、随時見直しを行っており、かかる国際的行動を受けて、日本においても順次犯罪収益移転防止法の改正が行われています。

1 金融庁「マネロン・テロ資金供与対策ガイドラインに関するよくあるご質問（FAQ）」。

(2) 取引時確認の内容

取引時確認とは、顧客等について、①本人特定事項（自然人にあっては氏名、住居及び生年月日をいい、法人にあっては名称及び本店又は主たる事務所の所在地）、②取引を行う目的、③職業（法人にあっては事業の内容）及び④法人の場合はその事業経営を実質的に支配することが可能となる者の本人特定事項を確認することをいいます（犯罪収益移転防止法4条1項各号）。

取引時確認の方法についても、犯罪収益移転防止法上定められており、例えば、非対面取引において、オンラインで当該取引時確認を完結させる場合には、①写真付き本人確認書類の画像・容貌の画像を受信する方法、②写真付き本人確認書類のICチップ情報・容貌の画像を受信する方法、③本人確認書類の画像又はICチップ情報を受信するとともに銀行等に顧客情報を照会する方法又は④本人確認書類の画像又はICチップ情報を受信するとともに顧客名義口座に振込等をする方法により確認を行う必要があります（犯罪収益移転防止法施行規則6条1項1号ホからトまで）。

(3) 取引時確認義務の名宛人

上記(1)のとおり、犯罪収益移転防止法上の取引時確認義務の名宛人は、特定事業者であり、特定事業者に該当しない者は、法令上、取引時確認義務を負うことはありません。

特定事業者に該当する例としては、銀行といった金融機関のほか、金融商品取引業者や資金移動業者、暗号資産交換業者もこれに該当します（犯罪収益移転防止法2条2項1号、21号、31号、32号）[2]。

2　前払式支払手段発行業者は、原則として該当しませんが、令和4年（2022年）改正法の施行により「高額電子移転可能型前払式支払手段」の発行に係る届出をした者は取引時確認が必要となる予定です（同法による改正後の犯罪収益移転防止法2条2項30の2）。

⑷　NFT取引の取引時確認の要否

Q24の説明のとおり、NFTの法的性質は実体に即して個別具体的に判断する必要がありますが、NFTマーケットプレイス運営者は、その取り扱うNFTが金融規制の対象（暗号資産、有価証券、為替取引等）に該当しない場合であって、各関係法令上の登録等を受けていないときは、特定事業者に該当せず、犯罪収益移転防止法上の取引時確認義務は負わないと考えられます。

2　NFT取引における本人確認の必要性

⑴　AML/CFTの観点

上記１のとおり、NFTマーケットプレイス運営者は、現時点では犯罪収益移転防止法上の取引時確認義務の名宛人ではないことが多いと思われますが、NFTには高額なものが存在すること、ブロックチェーンを通じて容易に移転できること、各国においても法的枠組みが定まっていないことから、NFTがAML/CFTに用いられる可能性は否定できないとされています[3]。

また、FATFが2021年10月28日に改定した「暗号資産及び暗号資産交換業者に対するリスクベース・アプローチに関するガイダンス」（原題「Updated Guidance for a risk-based approach to Virtual Assets and Virtual Asset Service Providers」）では、非代替性トークンとしてのNFTは対象に含まれなかったものの、FATFにおいては今後とも、いわゆるステーブルコイン、P2P取引、NFT、分散型金融（DeFi）などを含め、暗号資産に関するモニタリングを継続していくとされています[4]。

この点に関し、一般社団法人日本暗号資産ビジネス協会「NFTビジネスに関するガイドライン」（令和４年３月31日改訂）（以下「NFTガイドライン」

3　自民党NFTホワイトペーパー（案）26頁。

4　金融庁HP「金融活動作業部会（FATF）による「暗号資産及び暗号資産交換業者に対するリスクベース・アプローチに関するガイダンス」改訂版の公表について」（https://www.fsa.go.jp/inter/etc/20211101/20211101.html）。

といいます）では、取り扱おうとするNFTの性質・仕組み・用途に鑑み、「マネー・ローンダリング及びテロ資金供与に利用されている又は利用されるおそれが高いNFT」については、当該NFTの発行や取扱いについて慎重に判断する必要があるとされています[5]。

(2) 著作権侵害や利用規約違反が生じた場合の責任追及の観点

Q15の説明のとおり、一般に、著作物である絵画やアニメ等のコンテンツについてNFTを発行することは、当該コンテンツの複製及び送信可能化を伴うため、これを当該コンテンツの著作権者から許諾を得ずに行うことは、著作権を侵害すると考えられます。

また、Q21の説明のとおり、NFTマーケットプレイスが提供するサービスを利用してNFTコンテンツの保存がオフチェーンのNFTが発行される場合には、利用者（出品者）が、NFTコンテンツの著作権の侵害主体であるところ、当該利用者に対して著作権侵害に基づく差止請求としてのNFTコンテンツの削除請求を行うためには、当該利用者の氏名、居住国や住所等を特定する必要があります。

したがって、OpenSeaなど身元確認（本人確認）が行われないNFTマーケットプレイスでは、NFTマーケットプレイスから情報開示を受けることで利用者（出品者）の氏名等を特定することができない場合が多いため、事実上、著作権侵害を理由に責任追及をすることは困難であると考えられます。

これに対し、NFTマーケットプレイス運営者において、NFTの発行等について本人確認・法人実在性や許諾の確認等の審査を行う場合には、利用者に著作権侵害があったときにおいて、その本人情報等をもって当該利用者に対して著作権侵害を理由に責任追及することも考えられます[6]。そのため当該本人確認等をしない場合に比して、コンテンツホルダーに許諾を得ずに行

5　NFTガイドライン「9．新規NFTの取扱い」。
6　ただし、実際の責任追及の可能性は、本人確認の方法・程度（身分証、クレジットカード認証、携帯番号認証等）によると考えられます。

うNFTの販売の抑止や、マーケットプレイスへの信頼の確保につながると考えられます。

(3) なりすましの防止

主要な暗号資産交換所では、基本的には2段階認証が必須とされており、暗号資産の出金指示や送付を行う場合には、ログインパスワードによる認証（第1認証）に加えて、Google Authenticatorなどの専用アプリが発行するワンタイム認証コードの入力や、メール若しくはSNS認証（認証の画面でメールアドレスを入力するとそのメールアドレスにURLが送られ、一定時間内にURLにアクセスするもの）など（第2認証）を行うことで、なりすましを防止する対策が講じられています。

特にNFTの預託を受ける場合（カストディアルウォレットの場合）においては、暗号資産同様になりすましを防止する必要性が高いことから、NFTマーケットプレイス運営者は、なりすまし防止対策の1つとして2段階認証の導入を検討することが考えられます。

Q 24　NFTは金融規制の対象になりますか

1　対象となり得る金融規制

Q10の説明のとおり、NFTとは、一般に、ブロックチェーン上で発行される「代替不可能な」トークンのことをいい、法令上定義された用語ではありません。そのため、NFTの法的性質については、実体に即して個別具体的に判断する必要があります[1]。

トークンが該当する可能性のある金融規制の対象としては、主に、暗号資産、前払式支払手段、為替取引、デジタルマネー類似型のステーブルコイン[2]（電子決済手段等。ステーブルコインについてＱ７参照）及び有価証券が考えられます。

2　暗号資産

(1)　暗号資産に関する規制

トークンが暗号資産に該当する場合において（暗号資産の定義についてＱ１参照）、次に掲げる行為のいずれかを業として行うときは、「暗号資産交換業」に該当し（資金決済法２条７項）、資金決済法に基づく登録が必要です

1　なお、デジタル社会の実現に向けた重点計画（2022/6/7閣議決定）（https://www.digital.go.jp/assets/contents/node/basic_page/field_ref_resources/5ecac8cc-50f1-4168-b989-2bcaabffe870/fedb5d96/20220607_policies_priority_outline_15.pdf）７(1)②では、「いわゆるデジタル資産のうち、NFTやガバナンストークンの法的位置付けは、必ずしも明確ではない。調査研究を通じて各国におけるデジタル資産の法的位置付けについて整理するとともに、デジタル資産を扱う事業者及び開発者から意見を聴取し、市中で流通するデジタル資産の実需や具体的な使途、利活用に係る課題を把握する。課題の把握に当たっては、利用者保護の観点から問題ないか整理することとし、所管省庁と法的位置付けについて整理を行う。その他の課題も定期的に棚卸しを行い、課題解決へ向けた進捗状況について確認する」とされています。

2　法定通貨の価値と連動した価格（例：１コイン＝１円）で発行され、発行価格と同額で償還を約するもの（及びこれに準ずるもの）。

（資金決済法63条の２）（暗号資産に関する規制についてＱ６参照）。

① 暗号資産の売買又は他の暗号資産との交換

② 前号に掲げる行為の媒介、取次ぎ又は代理

③ その行う前二号に掲げる行為に関して、利用者の金銭の管理をすること

④ 他人のために暗号資産の管理をすること（当該管理を業として行うことにつき他の法律に特別の規定のある場合を除く）

⑵ NFTの暗号資産該当性

NFTの暗号資産該当性については、Ｑ１の説明のとおり、イーサリアムのようなパブリック型のブロックチェーン等で発行されるトークンであり、イーサ（ETH）やその他の暗号資産と交換できる場合には、１号暗号資産又は２号暗号資産に該当するかどうかが問題となります。もっとも、それ自体に決済（交換）手段性がなく、かつ１号暗号資産のような決済手段等の経済的機能を有していない場合には、これらに該当しないと考えられます。

したがって、NFTが暗号資産に該当するかどうかの主な判断要素は、それ自体に決済（交換）手段性がなく、かつ１号暗号資産のような決済手段等の経済的機能を有していないかどうかといえます。

⑶ 問題となり得るケース（同一・類似コンテンツの多数のNFT化）

Ｑ10の説明のとおり、NFTに用いられるERC721トークン標準では、トークンにユニークなIDが割り振られ、当該IDを保有するアドレスを追跡することができます。もっとも、Ｑ20のとおり、著作権者が同一コンテンツや類似コンテンツについて多数NFT化することも可能であり、その場合、NFTにユニークなIDが割り振られていたとしても、利用者からみれば実質的に同一であって、それ自体に決済（交換）手段性が認められ、又は１号暗号資産のような決済手段等の経済的機能を有するものとして、１号暗号資産又は２号暗号資産に該当する可能性があると考えられます[3]。

もっとも、この１号暗号資産のような決済手段等の経済的機能がないかど

うかの判断は容易ではありません。この問題意識を受け、自民党NFTホワイトペーパー（案）８頁では、「イノベーションを委縮させないために法的不確実性を極小化するためには、発行個数や利用形態等に鑑みて暗号資産としての決済手段等の経済的機能を有しないと考えられる場合については例示やセーフハーバーを設けるなどして、金融庁において解釈指針を示すことが重要である」との提言がなされています[4]。

3　前払式支払手段

⑴　前払式支払手段の規制

前払式支払手段とは、次の３つの要件をすべて満たすものをいいます（資金決済法３条１項）。

①　金額又は物品・サービスの数量が、証票等に記載され、又は電磁的な方法で記録されていること（価値の保存）

②　証票等に記載され、又は電磁的な方法で記録されている金額又は物品・サービスの数量に応ずる対価が支払われ、金額又は物品・サービスの数量が記載され、又は電磁的な方法で記録されている証票等や、これらの財産的価値と結びついた番号、記号その他の符号が発行されること（対価発行）

③　物品を購入するとき、サービスの提供を受けるとき等に、証票等や番

3　自民党NFTホワイトペーパー（案）８頁では、「技術的観点からすれば別のトークンであるものの、一般利用者から見て他と区別のつかないNFTが多数発行されている場合」における２号暗号資産該当性が問題点として挙げられ、「類似するNFTの同一性については、トークンのみに着目するのではなく、トークン及びそれと紐付くデジタルコンテンツを一体として捉えた上で、一般利用者の目から見て実質的に同一と判断されるかを基準とし、その上で、実質的に同一であると判断される場合には、当該NFTが暗号資産としての決済手段等の経済的機能を有するか否かを基準に暗号資産該当性を判断すべきである」とされています。

4　2022事務年度金融行政方針３⑴においても、「ブロックチェーン上で発行されるアイテムやコンテンツ等の暗号資産該当性に関する解釈の明確化を進める」と言及されており、今後金融規制との関係におけるNFTの法的位置付けについて整理が進むことが見込まれています。

号、記号その他の符号が、提示、交付、通知その他の方法により使用できるものであること（権利行使）

トークンが前払式支払手段に該当する場合には、NFTの発行者は、その権利行使できる相手が発行者に限られるか否かに応じて資金決済法に基づく届出や（同法５条）、登録が必要となる可能性があります[5]（同法７条）。

⑵　NFTの前払式支払手段該当性

前払式支払手段は、上記⑴の各要件を満たすものであるところ、そのうち①価値の保存及び②対価発行は、NFTについてもこれを満たすことが多いため、NFTが前払式支払手段に該当するかどうかの主な判断要素は、物品の購入やサービスの提供を受けるとき等に使用できるものであるかどうか（③権利行使）であると考えられます。

4　為替取引

⑴　為替取引に関する規制

「為替取引」について法令上定義はありませんが、「為替取引を行うこと」は、顧客から、隔地者間で直接現金を輸送せずに資金を移動する仕組みを利用して資金を移動することを内容とする依頼を受けて、これを引き受けること、又はこれを引き受けて遂行することをいうとされています[6]。

トークンを発行して当該資金の移動を業として行う場合には、為替取引に該当し、銀行法に基づく免許又は資金決済法に基づく登録が必要です（銀行法４条１項、資金決済法37条）。

⑵　NFT発行等の為替取引該当性

上記⑴のとおり、為替取引の定義は広範であるため、NFTを発行して「隔

5　発行の日から６月内に限って使用できるもの等、法の適用除外になるものもあります（同法４条各号・資金決済に関する法律施行令４条）。

6　最決平成13年３月12日刑集55巻２号97頁。

地者間で直接現金を輸送せずに資金を移動する仕組みを利用して資金を移動」しているかどうかについては、主な判断要素はなく、個別に判断するほかありません。

例えば、NFTの購入者から受け取った現金と同額の現金を当該NFTの転得者が受け取るような仕組みは為替取引に該当すると考えられます[7]。

また、デジタルマネー類似型のステーブルコインを日本において発行・償還する行為は、為替取引に該当すると解されています[8]。

5　デジタルマネー類似型のステーブルコイン

(1)　デジタルマネー類似型のステーブルコインに関する規制

デジタルマネー類似型のステーブルコインとは、法定通貨の価値と連動した価格（例：１コイン＝１円）で発行され、発行価格と同額で償還を約するもの（及びこれに準ずるもの）をいい、トークンがこれに該当する場合には、その仲介行為について銀行法に基づく登録又は資金決済法に基づく登録が必要になる予定です（改正銀行法52条の60の３、改正資金決済法62条の３）なお、ステーブルコインやこれに関する規制については、Ｑ７をご参照ください。

(2)　NFTのデジタルマネー類似型のステーブルコイン該当性

上記のとおり、デジタルマネー類似型のステーブルコインは、償還が約束されているものを予定していることから、その主な判断要素は、NFTの発行価格と同額の償還が約束されているかどうかであると考えられます。

なお、ステーブルコインの仲介者に関する規制を含む令和４年（2022年）改正法は、未施行の段階であり、規制対象となる電子決済手段等への該当性は、今後公表される内閣府令や法令の解釈に照らして判断する必要がある点

7　暗号資産ガイドラインⅠ－１－２－２④は、暗号資産に関して、「暗号資産の交換等を行う者が、金銭の移動を行うことを内容とする依頼を受けて、これを引き受けること、又はこれを引き受けて遂行する場合には、為替取引を行っているとして、法第37条に基づく資金移動業者の登録が必要となり得る」としています。

8　資金決済WG報告第２章１(2)（16頁）。

に留意が必要です。

6　有価証券

(1)　有価証券に関する規制

有価証券は、金商法2条1項及び2項において定義されています。

このうち、いわゆる集団投資スキーム持分とは、民法上の組合契約、商法上の匿名組合契約、投資事業有限責任組合契約又は有限責任事業組合契約に基づく権利、社団法人の社員権その他の権利のうち、当該権利を有する者が出資又は拠出をした金銭、これに類するものとして政令で定めるもの[9]又は金商法2条の2により金銭とみなされる暗号資産（以下「金銭等」と総称します）を充てて行う事業から生ずる収益の配当又は当該出資対象事業に係る財産の分配を受けることができる権利であって同法2条2項5号イからニまでのいずれにも該当しないものをいいます（同法2条2項5号）。利用者保護ルールの徹底を図るための規制の「すき間」を埋める観点から、いわゆる「みなし有価証券」に該当する権利として、新たな包括的な定義が設けられたものであり[10]、集団投資スキーム持分に該当するかどうかについては、法形式のいかんを問わないとされているため[11]、NFTに係る取引の法形式のいかんを問わず、当該契約に基づくNFT保有者の権利がこれに該当する可能性があります。

有価証券については、その売買等の一定の行為が金商法の業規制の対象となり、原則として、金融商品取引業の登録を受けた者でなければ当該行為を業として行うことができません（同法29条）。また、有価証券については、原則として、金商法の開示規制が適用されます（同法第2章）。なお、ブロックチェーンにより自由に移転することができる集団投資スキーム持分は、

9　有価証券、為替手形、約束手形及び競走用馬をいいます（金融商品取引法施行令1条の3及び金融商品取引法第2条に規定する定義に関する内閣府令第5条）。

10　三井秀範＝池田唯一監修『一問一答　金融商品取引法〔改訂版〕』104頁（商事法務、2008）。

11　三井ほか・前掲注10・104頁。

「電子記録移転権利」に該当する場合があり、その発行にあたっては一項有価証券として開示義務が及び[12]、その売買等を媒介するにあたっては第一種金融商品取引業の登録が必要となります（金商法28条１項）。

⑵ NFTの有価証券該当性

NFTの有価証券該当性のうち集団投資スキーム持分への該当性については、NFTが金銭等により購入されることが多いことからすれば、金銭等を充てて行う事業から生ずる収益の配当又は当該出資対象事業に係る財産の分配を受けることができる権利であるかが主な判断要素になると考えられます。

なお、集団投資スキーム持分は、事業者に対する「権利」である必要があるため、発行者等がNFT保有者に対して、義務の履行としてではなく任意にクーポンや特典等を付与するような場合には、当該持分に該当するものではないと考えられます[13]。

また、NFTの二次流通において、NFT発行者等にロイヤリティが支払われる場合がありますが（ロイヤリティについてQ12参照）、当該NFT発行者等のロイヤリティの支払を受ける権利は、実態としてはNFT発行者等が金銭等を出資又は拠出したことにより発生するものではないといえる場合には、当該持分に該当するものではないと考えられます。

⑶ 問題となり得るケース（フラクショナルNFT）

海外では、米国証券取引委員会（以下「SEC」といいます）が売買しやすいようにNFTを細分化するフラクショナルNFTについて、証券に該当するかどうか調査しているとの報道もあり[14]、日本においても、その実態では有価証券に該当する可能性もあると考えられます。

12　発行者は、有価証券届出書を提出し（金商法４条１項、５条１項）、目論見書を作成し（金商法13条１項）、トークンを取得する者に交付する（金商法15条２項）などの義務を負います。

13　景品表示法上の「景品類」（景品類についてQ45参照）に該当しないかは別途検討が必要となります。

14 Bloomberg記事（https://www.bloomberg.co.jp/news/articles/2022-03-03/R858COD
WLU6C01）。

第 3 章

Play to Earn

Q 25 Play to Earnとはなんですか

1 Play to Earnとは

Play to Earnには、確立した定義はありませんが、2021年にフィリピンで爆発的にヒットした「アクシー・インフィニティ（Axie Infinity）」（以下「Axie Infinity」といいます）というブロックチェーンゲームをきっかけに生まれた「遊んで稼ぐ」というブロックチェーンゲームのジャンル又は当該ゲームやスカラーシップ制度、ギルドその他これに関連する仕組み（スカラーシップ制度及びギルドについて下記３参照）を指すのが一般です。

ブロックチェーンゲームとは、ゲーム内におけるアイテム等のデジタルデータにブロックチェーン技術を用いるとともに、そのデジタルデータ（その多くがNFT）が交換可能なゲームを指し、ゲーム内コンテンツを他のユーザーと現金やイーサ（ETH）等の暗号資産と交換することができる機能や、１つのゲームだけではなく複数のゲームでアイテムを管理するためのトークンを共用する機能など、従来のオンラインゲームとは大きく機能が異なり、新たな遊び方の可能性を有しているとされています[1]。

Axie Infinity以前にも、2017年に「クリプトキティーズ（CryptoKitties）」という子猫のトレーディングゲームが、2018年には「マイクリプトヒーローズ」というRPGゲームがヒットしましたが、いずれもゲームアイテムを暗号資産と交換できる（売却できる）等のブロックチェーンゲームの機能を持つにとどまるものでした。

Play to Earnでは、このようなブロックチェーンゲームの機能に加え、主に、以下のような特徴が挙げられています。

1　一般社団法人コンピュータエンターテインメント協会、一般社団法人日本オンラインゲーム協会、一般社団法人モバイル・コンテンツ・フォーラム「ブロックチェーンゲームに関するガイドライン」１頁（https://www.cesa.or.jp/uploads/guideline/guideline20210622.pdf）。

①　ゲーム内の通貨として暗号資産が流通している。 ②　ゲーム内で暗号資産を手に入れることができる。 ③　暗号資産は取引所に上場していて、換金できる。 ④　ガバナンストークンがあるのが一般的である。

Play to Earnでは、ゲーム内の通貨として暗号資産が流通しており、ゲームに勝ったりゲーム内の土地を持つことなどによりゲーム内で暗号資産を手に入れることができますが、その暗号資産は取引所に上場されているため（日本国内の暗号資産取引所への上場についてQ31参照）、ゲーム内で手に入れた暗号資産を取引所において法定通貨に交換することができます。このように、ゲームで遊んで暗号資産を得られる点から、Play to Earn（遊んで稼ぐ）と呼ばれています。

2　Axie Infinityの概要

Axie Infinityは、2018年にベトナムのSky Mavisによりリリースされ、運営されるブロックチェーンゲームです。

Axie Infinityを始めるためには、ゲーム内で使用するキャラクターであるアクシーを３体、Axie Infinityの公式マーケットにおいて購入する必要があります[2]。アクシーの購入のためには、MetaMask等のプライベートウォレット（プライベートウォレットについてQ６参照）にイーサ（ETH）を用意の上、Axie Infinityのブロックチェーンに接続するためのウォレット（Ronin Wallet）をインストールし、MetaMask内のイーサ（ETH）をラップドイーサ（WETH）に交換して、その支払に使用します。

ゲーム形式として、アリーナモード及びアドベンチャーモードがあり、プレイヤーは、各モードに定められた条件をクリアすることにより報酬を獲得できます。各モードの共通点は、１対１のバトルが行われることです。アク

2　Axie Infinity公式ブログ（https://axie.substack.com/p/axie-community-alpha-getting-started）2020年１月８日公開記事。

シー３体で１チームが構成されるところ、先に対面している３体のアクシーをすべて倒したプレイヤーが勝利します。

獲得できる報酬は、トークンスムーズ・ラブ・ポーション（SLP）とアクシー・インフィニティ・シャード（AXS）であり、いずれもAxie Infinity内で流通している暗号資産です[3]。このうち、AXSは、ERC20トークン標準によるガバナンストークンであり（ガバナンストークンについてQ31参照）、ガバナンストークンの保有者には、将来的にAxie Infinityにより生じた収益等が配当されることが示唆されています[4]。

また、Axie Infinityには、以下のゲームが含まれています。

① アクシーの故郷ルナシアというランド（土地）内に、一定の区画を設け、アクシーの住居を建設することができます。ランドを保有するプレイヤーは、ランドに出現したモンスターがドロップしたアイテム等を収集し、アクシーの強化・住居の材料として使用することができます[5]。ランドは、アクシーと同様にNFTとして取引することができます。

② プレイヤーは、アクシー２体をブリードして、新しいアクシー１体を作成することができます。なお、ブリードにはAXSやSLPが必要です[6]。

3　スカラーシップ制度の登場及びギルドの存在

Axie Infinityは、上記１のとおり、2021年にフィリピンで爆発的にヒットしましたが、この背景には、新型コロナウイルスの感染拡大で職を失った若い世代の収入源のニーズが高まっていた中、スカラーシップ制度が登場したこと、これを促進したギルドの存在があるといわれています[7]。

3　ただし、SLPはインフレーションの問題から、アドベンチャーモード及びデイリークエストでは獲得できない仕組みに変更されています（Axie Infinity公式ブログ（https://axie.substack.com/）２月４日更新記事）。

4　Axie Infinity White paper Axie Infinity Shards-$ AXS（https://whitepaper.axieinfinity.com/axs）

5　Axie Infinity White paper Land（https://whitepaper.axieinfinity.com/gameplay/land）

6　Axie Infinity White paper Breeding and $SLP（https://whitepaper.axieinfinity.com/gameplay/breeding）

上記２のとおり、Axie Infinityを始めるためには、ゲーム内で使用するキャラクターのアクシーの購入代金などの初期費用として数万円相当以上が必要となるため、ゲームを始めるのは容易ではありませんでした。他方、ゲームプレイには時間と労力がかかるため、自らゲームプレイを望まないものの、ゲームアイテム（NFT）に投資したいというニーズがありました。

スカラーシップ制度は、この両者のニーズをマッチするものであり、ゲームアイテムのオーナーがゲームのプレイヤーに対してその保有するゲームアイテムを貸し出し、プレイヤーがゲームプレイで得た暗号資産をオーナーとプレイヤーとの間で分け合う仕組みをいいます（スカラーシップ制度についてQ27参照）。

また、ギルドは、一般に、ゲームのプレイヤー同士のコミュティを指しますが、Play to Earnにおいては、オーナーとしてギルドに所属するスカラーにゲームアイテムを貸し出したり[8]、オーナーとスカラーの仲介・マッチングサービスを提供する等、スカラーシップを促進する役割を果たしているとされています（ギルドについてQ28参照）[9]。

このように、Play to Earnという言葉が生まれるきっかけとなったAxie Infinityがヒットしたフィリピンと日本とでは大きく社会的背景が異なります。また、稼ぐ対象が暗号資産であるがゆえの、価値の下落・無価値化の問題があります。そのため、日本において今後Play to Eranが浸透していくか、またどのような形で浸透していくかについては不透明なのが現状ですが、本章では、ゲーム内の通貨として暗号資産が流通する、ゲームに勝って暗号資産を手に入れることができるという特殊性から、日本法の観点から新たに生じている法的論点を取り上げることとします。

7　日本経済新聞「ゲーム×金融が育むメタバース」（https://www.nikkei.com/article/DGXZQOFL00010_S1A121C2000000/）。

8　日本経済新聞「「ゲーム」と「ギルド」 仮想空間誘うGameFiメタバースin ASIA」（https://www.nikkei.com/article/DGXZQOFL00018_T10C22A5000000/?unlock=1）。

9　ギルド大手として、Yield Guild Games（YGG）があります。日本経済新聞「ゲーム用NFTを貸し出し　世界大手「YGG」が日本進出」（https://www.nikkei.com/article/DGXZQOUC2588O0V20C22A3000000/）。

Q 26 Play to Earnのブロックチェーンゲームを日本において提供する際に留意すべき法規制を教えてください

1 Play to Earnのブロックチェーンゲームの概要

Play to Earnといっても、様々であり一概にいうことはできませんが、その概要をまとめると、以下のとおりです。

① プレイヤーは、ゲームプレイに必要なゲームアイテムをゲームの運営会社が別途運営するマーケットプレイスで購入する。ゲームプレイ自体は無償である。

② 上記①のゲームアイテムは、ブロックチェーン上のトークンであり、プレイヤーは、これをウォレットで管理する。

③ プレイヤーは、ゲームアイテムをゲーム運営会社が別途運営するマーケットプレイスやOpenSea（OpenSeaについてQ13参照）等の外部マーケットプレイスで暗号資産と交換することができる。

④ プレイヤーは、ゲームアイテムを使用してゲームに勝つとゲームの運営会社から暗号資産を得ることができる。

⑤ 上記④の暗号資産は、ブロックチェーン上のトークンであり、プレイヤーはこれをウォレットで管理する。

⑥ プレイヤーは、上記④の暗号資産を取引所で法定通貨と交換できる。

2 暗号資産に関する規制

Q6の説明のとおり、暗号資産に該当するトークンについて、次に掲げる行為のいずれかを業として行う場合は、「暗号資産交換業」に該当し（資金決済法2条7項）、資金決済法に基づく登録が必要です（資金決済法63条の2）。

① 暗号資産の売買又は他の暗号資産との交換

② 前号に掲げる行為の媒介、取次ぎ又は代理

③ その行う前二号に掲げる行為に関して、利用者の金銭の管理をするこ

と

④　他人のために暗号資産の管理をすること

また、ゲーム内アイテムと暗号資産の区別については、Ｑ１の説明のとおりです。

上記１①において、ゲーム運営会社がプレイヤーに販売するゲームアイテムが暗号資産に該当しない場合には、ゲーム運営会社の行為は「暗号資産の売買」には該当しませんが、これが暗号資産に該当する場合には、「暗号資産の売買」に該当し、ゲーム運営会社がこれを業として行う場合には、資金決済法に基づく登録が必要です。また、ゲームアイテムが暗号資産に該当する場合であって、上記１②において、ゲーム運営会社がプレイヤーにゲームアイテムについてカストディアルウォレット（ウォレットの種類についてＱ６参照）を提供するときは、「他人のために暗号資産の管理をすること」に該当し、また、上記１③において、ゲーム運営会社が暗号資産とゲームアイテムを交換する行為は、「他の暗号資産との交換」に該当し、資金決済法に基づく登録が必要です。なお、上記１③において、ゲーム運営会社がプレイヤーに暗号資産についてカストディアルウォレットを提供する場合には、同様に、「他人のために暗号資産の管理をすること」に該当し、資金決済法に基づく登録が必要です。

3　賭博罪

上記１①において、ゲーム運営会社がゲームアイテムの販売にいわゆるガチャの仕組みを設ける場合には、賭博罪（刑法185条）に該当しないかが問題となります。この問題については、Ｑ22をご参照ください。

4　景品表示法の景品類の提供に関する制限

上記１④において、ゲームの運営会社から得た暗号資産が景品表示法２条３項に定義する「景品類」（以下「景品類」といいます）に該当し、景品規制を受けないかが問題となります。

景品類とは、顧客を誘引する手段として、事業者が、自己の供給する物品又は役務の取引に付随して提供する、物品その他経済上の利益をいいます。暗号資産は「経済上の利益」であるため、新たなゲームアイテムの購入を誘引するものといえる場合が多いと思われます（景品類該当性の詳細や景品類に該当した場合の景品規制の概要についてQ45参照）。そこで、ここでは、主に、報酬としての暗号資産がマーケットプレイスにおけるゲームアイテムの購入という「取引に付随して提供」されるもの（以下「取引付随性」といいます）といえるかについて検討します。

取引付随性は、①取引を条件として他の経済上の利益を提供する場合のほか、②取引を条件としない場合であっても、商品又は役務を購入することにより経済上の利益の提供を受けることが可能又は容易になる場合等、経済上の利益の提供が取引の相手方を主たる対象として行われる場合には肯定されます。他方で、宝くじの当せん金やパチンコの景品等、正常な商慣習に照らして取引の本来の内容をなすと認められる経済上の利益の提供といえる場合には否定されます[1]。

Play to Earnにおけるゲーム報酬については、ゲームやゲーム報酬の付与条件や仕様等を踏まえた個別の検討を要しますが、当該報酬の獲得がゲームの本来的な目的とされ、ゲームアイテムの購入は当該報酬の獲得のために行われることから、報酬としての暗号資産の付与は取引の本来の内容をなすものとして取引付随性が否定され、景品類に該当しないといえる場合もあると考えられます。また、ゲームの開始前ではなくゲームの途中で新たにゲームアイテムを購入するような場合であっても、当該ゲームアイテムの購入が報酬としての暗号資産の獲得のために行われる場合には、当該報酬の付与は取引の本来の内容をなし、「景品類」には該当しないといえる場合もあると考えられます。

1　消費者庁「景品類等の指定の告示の運用基準について」（昭和52年４月１日事務局長通達第７号）４。

Q27 スカラーシップ制度において留意すべき法規制を教えてください

1 スカラーシップ契約の契約構成

Q25で説明したとおり、スカラーシップ制度とは、ゲームアイテムのオーナーがゲームのプレイヤーに対してその保有するゲームアイテムを貸し出し、プレイヤーがゲームプレイで得た暗号資産をオーナーとプレイヤーとの間で分け合う仕組みをいいます。スカラーシップ契約とは、オーナーとプレイヤーとの間のゲームアイテムの利用、暗号資産の分配等に関する契約をいいます。なお、スカラーシップでは、オーナーをマネージャーと、プレイヤーをスカラーということが多いため、以下では、この用語例に倣います。

スカラーシップ契約では、マネージャーがスカラーのプレイ時間を指定したり、随時報告を求めたり、それにとどまらず、バトル方針に関する具体的指示を出すなど、様々な内容が考えられ、その内容によって様々な契約構成が考えられますが、大別すると、以下の２つの類型が考えられます。

(1) 賃貸借類似型

まず、マネージャーがスカラーに対してゲームアイテムを使用及び収益させるとともに、その使用料として一定の金額を支払い、契約終了後にゲームアイテムを返還することを約束するものとして、ゲームアイテムを目的物とする賃貸借契約（民法601条）類似の無名契約[1]と構成することが考えられます。

なお、マネージャーのスカラーに対するゲームアイテムの貸付けが貸金業法の規制する貸金業（以下「貸金業」といいます）に該当する場合には、マ

---

1 民法上、賃貸借の目的物は「物」、すなわち有体物とされているところ（同法601条、85条）、スカラーシップ契約の対象となるゲームアイテムは無体物であることから、同契約は正確には「賃貸借契約」ではありません。

ネージャーは貸金業の登録（同法３条１項）を受ける必要があります。もっとも、貸金業とは、「金銭の貸付又は金銭の貸付の媒介（手形の割引、売渡担保その他これらに類する方法によってする金銭の交付又は当該方法によってする金銭の授受の媒介を含む。）」をいうところ（同法２条１項）、ゲームアイテムは金銭に該当しないため、これを業として行ったとしても貸金業には該当しないと考えられます。なお、ゲームアイテムが暗号資産に該当する場合（ゲーム内アイテムと暗号資産の区別についてＱ１参照）であっても、暗号資産は金銭ではないため、暗号資産の貸付けは、貸金業に該当しないと考えられており（2020年４月３日パブコメ回答No.36）、暗号資産に該当するゲームアイテムの貸付けも、原則として貸金業に該当しないと考えられます。

⑵　役務提供型

他方、賃貸借類似型のようにゲームアイテムを使用及び収益させるにとどまらず、例えばマネージャーがスカラーに対して、ブロックチェーンゲームの１カ月の最低プレイ時間を指定したり、日々のプレイ内容（デイリークエストの遂行やイベントへの参加等）を指示するなどして、ブロックチェーンゲーム上で特定の業務の履行を求める内容のものも考えられます。この場合には、スカラーシップ契約は、スカラーによる特定の役務又は労務の提供若しくは仕事の完成を目的とする契約であり、契約の名称にかかわらずその実態に応じて、請負契約（民法632条）若しくは準委任契約（同法656条）又は雇用契約（同法623条）のいずれかを主として構成することが考えられます。仮に、スカラーが「労働者」（労働契約法２条１項、労働基準法９条）ではない場合、スカラーシップ契約は、スカラーに一定の仕事の完成（ブロックチェーンゲーム上でのイベントでの優勝等）が求められ、当該仕事の完成によって対価が発生することとなっている場合には請負契約と、スカラーに一定の役務の提供が求められている場合には準委任契約と評価されることになると考えられます。他方、スカラーが「労働者」である場合には、スカラーシップ契約は雇用契約と評価され、民法上の雇用契約に関する規律のほか、労働基準法等の労働関連法令に基づき労働時間や賃金に関するルールの適用を受けることになります[2]。

2　集団投資スキーム持分への該当可能性

スカラーシップ制度は、ゲームアイテムのマネージャーがスカラーに対してその保有するゲームアイテムを貸し出し、スカラーがゲームプレイで得た暗号資産をマネージャーとスカラーとの間で分け合う仕組みであることから、スカラーシップ契約に基づきマネージャーの有する権利が、金商法上の有価証券である集団投資スキーム持分に該当しないかが問題となります。

いわゆる集団投資スキーム持分とは、民法上の組合契約、金商法上の匿名組合契約、投資事業有限責任組合契約又は有限責任事業組合契約に基づく権利、社団法人の社員権その他の権利のうち、当該権利を有する者が出資又は拠出をした金銭、これに類するものとして政令で定めるもの[3]又は同法２条の２により金銭とみなされる暗号資産（以下「金銭等」といいます）を充てて行う事業から生ずる収益の配当又は当該出資対象事業に係る財産の分配を受けることができる権利であって同法２条２項５号イからニのいずれにも該当

2　労働基準法上の「労働者」は、形式的な契約形式にかかわらず、契約の内容、役務提供の形態、報酬その他の要素から、使用従属性、すなわち①他人の指揮監督下における労働であるかどうかと②報酬が「指揮監督下における労働」の対価として支払われているかどうかという２つの基準に基づき判断され、労働契約法上の「労働者」も労働基準法上の「労働者」と基本的に同義であるとされています。①他人の指揮監督下の労働であるか否かは、(a)仕事の依頼、業務従事の指示等に対する諾否の自由の有無、(b)業務遂行上の指揮監督の有無、(c)拘束性の有無及び(d)代替性の有無といった要素を考慮して判断され、(e)事業者性の有無や(f)専属性の程度に関する事情についても労働者性を補強する事情と考えられています（労働基準法研究会報告（労働基準法の「労働者」の判断基準について）（昭和60年12月19日））。スカラーの労働者性も上記の判断基準に従って判断されることになり、例えばオーナーがスカラーに対し、ブロックチェーンゲームを行う場所や時間のみならず、ゲーム内で行うべき役務の内容やその方法等について具体的に指示し、当該指示に対するスカラーの諾否の自由が基本的に認められていないような場合には、スカラーの労働者が認められる可能性が高くなります。他方、スカラーに対してブロックチェーンゲーム上で一定の役務を行うことを指示しているものの、これを実施する方法や態様等がスカラーの裁量に委ねられており、当該役務について諾否の自由が認められており、当該役務の対価の単価が役務の実績やスカラーの能力によって定められているような場合には、労働者性が否定される方向で検討されることになります。

3　有価証券、為替手形、約束手形及び競走用馬をいいます（金融商品取引法施行令１条の３及び金融商品取引法第２条に規定する定義に関する内閣府令第５条）。

しないものをいいます（金商法2条2項5号）。利用者保護ルールの徹底を図るための規制の「すき間」を埋める観点から、いわゆる「みなし有価証券」に該当する権利として、新たな包括的な定義が設けられたものであり[4]、その持分の募集又は私募や出資を受けた金銭等の運用[5]を業として行う者は、金融商品取引業の登録を受ける必要があります（同法29条）。集団投資スキーム持分に該当するかどうかについては、法形式のいかんを問わないとされているため[6]、スカラーシップ契約の法形式のいかんを問わず、当該契約に基づくマネージャーのスカラーに対する権利がこれに該当する可能性があります。

もっとも、スカラーシップ制度においては、マネージャーが出捐するものは金銭等ではなくゲームアイテムであるため、原則として、スカラーシップ契約に基づくマネージャーの権利は、集団投資スキーム持分には該当しないと考えられます（ギルドによるゲームアイテムの借入れについてQ28参照）。なお、これに対し、マネージャーが出捐するゲームアイテムが暗号資産に該当する場合には（NFT・ゲーム内アイテムと暗号資産の区別についてQ１参照）、ゲームアイテムは金銭等に該当するため、個別具体的な事情によってはスカラーシップ契約に基づくマネージャーの権利が集団投資スキーム持分に該当する可能性があります。

4　三井秀範＝池田唯一監修『一問一答　金融商品取引法〔改訂版〕』104頁（商事法務、2008）。

5　金融商品の価値等の分析に基づく投資判断に基づいて、主として有価証券又はデリバティブ取引に係る権利に対する投資として運用するものに限られます。

6　三井ほか・前掲注４・104頁。

Q28 ギルドによるゲームアイテムの借入れ、スカラーシップの仲介やマッチングサービスにおいて留意すべき法規制を教えてください

1　ギルドによるゲームアイテムの借入れ

(1)　預 託 法

Q25で説明したとおり、Play to Earnでは、ギルドは、マネージャーとしてギルドに所属するスカラーにゲームアイテムの貸出しを行うことがあります。この場合において、ギルドは、自ら保有するゲームアイテムをスカラーに貸し出すほか、第三者からゲームアイテムを借り入れ、さらにスカラーに貸し出すことも考えられます。そこで、後者の場合において、ギルドが、消費者である第三者（以下「貸出人」といいます）に対し、ゲームアイテムを貸してもらえれば、利益を支払うという約束をして、貸出人から当該ゲームアイテムを借り入れる行為が、預託等取引に関する法律（以下「預託法」といいます）の規制する預託等取引（同法２条１項の定義する預託等取引をいい、以下「預託等取引」といいます）に該当するかどうかが問題となります[1]。その中でも、ギルドが自ら貸出人に販売しようとするゲームアイテムを借り入れる行為は、預託法で原則として禁止される[2]自己又はその密接関係者が販売しようとする物品等を対象とする預託等取引（以下「販売預託」といいます）に該当するかどうかが問題となります。

1　預託等取引に基づき物品の預託を受けること又は特定権利を管理することを業として行う者（預託等取引業者、同条２項）は、不当な勧誘等及び不当な行為等が禁止され（同法４条、５条）、書面交付義務（同法３条）、書類の備付け等の義務（同法６条）を負うことになります。

2　販売預託の「原則禁止」とは、取引の進捗状況に応じた２段階（第１段階は勧誘等、第２段階は契約の締結等）で、個別に、内閣総理大臣により、顧客の財産上の利益が不当に侵害されるおそれがないことなどの確認を受けなければならず（同法９条１項及び14条２項）、そのいずれの確認をも受けた例外的な場合でない限り、販売預託に係る契約の締結又は更新が禁止されるということを意味します。

(2) 預託法の規制対象

預託法は、旧名称を「特定商品等の預託等取引契約に関する法律」といい、2022年6月1日、「消費者被害の防止及びその回復の促進を図るための特定商取引に関する法律等の一部を改正する法律」の施行により、大幅に改正され、その名称も、同改正による適用対象の拡大に伴い改められました。

預託等取引とは、当事者の一方が相手方に対し、①3カ月以上の期間にわたり、物品の預託[3]を受けること又は特定権利の管理をすること[4]を約し、かつ②その預託等を受けた者が相手方に対し、当該預託若しくは管理に関し財産上の利益を供与すること、又は、3カ月以上の期間経過後に一定の価格で買い取ることを約束して、相手方から物品の預託又は特定権利の管理の委託を受ける取引をいいます。例えば、事業者が消費者に対して、ある貴金属を預けてもらえば、1年後には5％の利息相当額の利益を支払うといったり、3年後に高額で買取りをするなどといったりして、その消費者から当該貴金属を預ける約束をさせるといった取引をいいます。預託等取引に該当するかどうかについては、民法における位置付け、すなわち典型契約（消費貸借、賃貸借、寄託等）であるか、無名契約であるかは問題とならず、上記に該当するものは預託等取引に該当すると解されています[5]。

改正前の預託法では、対象となる物品は政令で定める物品（特定商品）と規定され、政令で指定されたもの（貴金属等）だけが対象でしたが、政令指定制が廃止され、すべての物品が対象とされました（同法2条1項1号）。ただし、現行の預託法においても、物品は、あくまで有体物である動産であり、有体物を介さずに抽象的な財産的価値として取引がなされた場合には、物品の預託に当たらず、預託法の規制の対象にはならないと解されています[6]。

3　預託を受けた物品の返還に代えて金銭その他これに代替する物品を給付する場合も含まれます。

4　当該期間の経過後当該特定権利に代えて金銭その他これに代替する物品を給付する場合も含まれます。

5　落合英紀著『預託等取引に関する法律の解説』11頁（金融財政事情研究会、2022）。

また、権利については、対象が特定権利とされ、一定の限定は残っていますが、改正前に比べてその対象の範囲が拡大され、「施設の利用に関する権利であって政令で定めるもの」と「物品の利用に関する権利、引渡請求権その他これに類する権利」が対象とされています（同項2号）。

(3) ゲームアイテムの借入れ

上記(2)のとおり、預託等取引に該当するかどうかについては、法形式は問われないため、ギルドによるゲームアイテムの借入れについても、その形式を問わずこれに該当する可能性があります。もっとも、ゲームアイテムは預託法の対象である有体物である動産（物品）と特定権利のいずれにも該当しないため、預託等取引に該当しないと考えられます。また、ゲームアイテムの借入れは、預託等取引に該当しない以上、販売預託にも該当しないと考えられます。

2 集団投資スキーム持分への該当可能性

いわゆる集団投資スキーム持分とは、Q27で説明したものをいい、これに該当するかどうかについては、法形式のいかんを問わないため、ギルドによるゲームアイテムの借入れにおいても、ギルドと貸出人との間の契約の法形式のいかんを問わず、当該契約に基づく貸出人のギルドに対する権利が集団投資スキーム持分に該当する可能性があります。その中でも、ギルドが自ら貸出人に販売したゲームアイテムを借り入れる場合、すなわち上記1の預託販売に類似の場合には、貸出人は法定通貨又は法定通貨で購入した暗号資産によりギルドからゲームアイテムを購入の上これを貸し出すことになるため、実質的に金銭等を出捐しているとして、集団投資スキームに該当すると評価されるかどうかが問題となります。

この点については、Q27と同様、貸出人が出捐するものは金銭等ではなくゲームアイテムであるため、原則として、貸出人のギルドに対する権利は集

---

6 落合・前掲注5・14頁。

団投資スキーム持分には該当しないと考えられますが、預託販売類似の場合など個別具体的な事情によっては、集団投資スキーム持分の利用者保護ルールの徹底を図るための規制の「すき間」を埋めるという趣旨を踏まえた慎重な検討が必要と考えられます[7]。

3　スカラーシップ契約の仲介やマッチングサービスにおける留意点

Q25で説明したとおり、Play to Earnでは、マネージャーとスカラーの仲介やマッチングサービスを提供するギルドが登場しています。

スカラーシップ契約の契約構成が役務提供型（スカラーシップ契約の契約構成についてQ27参照）である場合において、スカラーが労働者であり、スカラーシップ契約が雇用契約と評価されるような場合には、その仲介・マッチングサービスは、求職者であるスカラーと求人者であるマネージャーを結びつけるサービスとして職業安定法の適用を受け、いわゆる職安指針[8]の遵守が必要となります。

また、仲介やマッチングサービスは、そのサービスの態様に応じて次のとおり区分され、それぞれにつき、職安指針に加えて厚生労働省が公表している業務要領に従った事業運営を行う必要があります[9]。

7　集団投資スキーム持分該当性の実質的認定の詳細は、大越有人=岩井宏樹著「集団投資スキーム持分該当性の実質的認定」金融法務事情2182号45頁以下を参照。

8　「職業紹介事業者、求人者、労働者の募集を行う者、募集受託者、募集情報等提供事業を行う者、労働者供給事業者、労働者供給を受けようとする者等が均等待遇、労働条件等の明示、求職者等の個人情報の取扱い、職業紹介事業者の責務、募集内容の的確な表示、労働者の募集を行う者等の責務、労働者供給事業者の責務等に関して適切に対処するための指針」（平成11年労働省告示第141号。最終改正令和４年厚生労働省告示第143号）。

9　なお、仮に仲介・マッチングサービスの事業者とスカラーとの間に雇用契約関係やそれに準ずる指揮命令関係がある場合、当該マッチングサービスは労働者供給に該当するとして、労働者派遣業許可（労働者派遣事業の適正な運営の確保及び派遣労働者の保護等に関する法律５条）を取得する形態でなければ原則として違法となりますが（職業安定法44条、45条）、ここでは仲介・マッチングサービス事業者とスカラーとの間にこのような関係がないことを前提とします。

サービス形態	法律上の区分	許認可	業務要領
報酬を得て求職者・求人者双方に対し、雇用契約の成立をあっせん[10]	有料職業紹介事業[11]	許可制（職業安定法30条１項）	厚生労働省職業安定局「職業紹介事業の業務運営要領」（令和４年10月）
求人者の委託を受け、報酬を得て求人者に代わって求職者を募集	委託募集事業（有償）[12]	許可制（同法36条１項）	厚生労働省職業安定局「募集・求人業務取扱要領」（令和４年10月）
求職者・求人者双方に対する情報提供のみ	募集情報等提供事業[13]	なし	厚生労働省職業安定局「募集情報等提供事業の業務運営要領」（令和４年10月）

10　判例上「あっせん」とは「求人者と求職者との間における雇用関係成立のための便宜を図り、その成立を容易にさせる行為一般を指称するもの」とされ（最判平成６年４月22日民集48巻３号944頁）、比較的緩やかな要件のもとで認められており、比較的広範に職業紹介事業に該当する可能性があることに留意が必要です。

11　いかなる名義でも手数料又は報酬を受けないで雇用契約の成立のあっせんが行われる場合には、無料職業紹介事業に該当することになりますが、スカラーシップのマッチングサービスにおいては、何らかの手数料や報酬が発生することが想定されますので、通常は有料職業紹介事業に該当するか否かが問題になる場合が多いと考えられます。

12　無報酬で行われる委託募集は、中間搾取等の弊害が生じる余地が少ないなどの理由から届出制とされていますが（職業安定法36条３項）、スカラーシップのマッチングサービスにおいては、何らかの手数料や報酬が発生することが想定されるため、通常は有償の委託募集事業に該当するか否かが問題になる場合が多いと考えられます。

13　令和４年10月に施行された職業安定法では、求職者に関する情報を収集して募集情報等提供事業を行う者は「特定募集情報等提供事業者」として届出制が採用されています。

第 4 章

DeFi

Q29 DeFiとはなんですか

1 DeFiの定義

(1) DeFiとは

DeFiとは、「Decentralized Finance」の略称であり、日本語では「分散型金融」と訳されることが一般的です。このDeFiには、確立した定義はありません。

もっともこれまで海外及び国内の様々な機関の報告書等においてDeFiの定義や機能については盛んに議論が行われており、以下のような言及がなされています。

(2) 海外の報告書における言及

① FSBの2019年報告書

FSBが2019年に公表した報告書[1]（以下「FSB報告書（2019）」といいます）においては、DeFiに関して、以下のような言及がなされています。

- DeFiそのものの定義はなし。
- 「分散型金融技術」（Decentralized Finance Technology）について、「金融サービスの提供にあたり、1つ、あるいは複数の中間者あるいは集中的プロセスの必要性を軽減、あるいは取り除く可能性をもった技術」である。
- 「分散型金融システム」（Decentralized Finance System）について、「伝統的な中央管理者がいる金融システムとは対照的に、分散型金融技術がもたらす新しい金融システム全般」である。

---

1 FSB「Decentralised financial technologies: Report on financial stability, regulatory and governance implications（分散型金融技術：金融の安定性、規制、ガバナンスへの影響に関する報告書）」（2019）（https://www.fsb.org/wpcontent/uploads/P060619.pdf）

② FSBの2022年報告書

FSBが2022年に公表した報告書[2]（以下「FSB報告書（2022）」といいます）においては、DeFiに関して以下のような言及がなされています。

・DeFiは「分散型台帳技術（典型的にはパブリックかつパーミッションレスなブロックチェーン）に基づき、仲介者を介さずに金融サービスや商品を提供するもの」である。

・DeFiは「分散台帳技術又は同様の技術を用いて構築された暗号資産及び「スマートコントラクト」（ソフトウェア）を用いて運営される一連の代替的な金融市場、商品及びシステム」である。

・DeFiは「通常スマートコントラクトを使用し、分散型台帳をベースとするソフトウェアによって、peer to peer又はPeer to contractベースで、あらかじめ決められた条件とルールに従って、日常的な人間による監視が全く又はほとんどなく、取引を実行することができるもの」である。

・DeFiプロジェクトは分散型であるとうたっているものの、DeFiアプリケーションや製品には中央集権型の部分がしばしば存在する。

③ IOSCOの報告書

証券監督者国際機構（IOSCO）は、2022年３月に公表した、DeFiが有し得るリスクを分析した報告書[3]内で、DeFiに関して、以下のような言及がなされています。

・DeFiについて、現状において「DeFi」ないしは何が製品、サービス、アレンジメント又は活動を「分散化」させるものであるのか、といった点について、一般に受け入れられている定義はない。

・DeFiの製品、サービス、アレンジメント又は活動は、イーサリアムブロックチェーンなど、パブリックかつパーミッションレスなスマートコ

2　FSB「Assessment of Risks to Financial Stability from Crypto-assets（暗号資産の金融安定に対するリスク評価）」（2022）（https://www.fsb.org/wp-content/uploads/P160222.pdf）

3　証券監督者国際機構「IOSCO Decentralized Finance Report（分散型金融に関する報告書）」（2022）（https://www.iosco.org/library/pubdocs/pdf/IOSCOPD699.pdf）。

ントラクトプラットフォームに構築されるシステム上に存在する。

(3) 国内の報告書等における言及

① 日銀レビュー

日本銀行が公表する日銀レビュー[4]（以下「日銀レビュー」といいます）においては、DeFiに関し、以下のような言及がなされています。

・分散型金融（Decentralized Finance、DeFi）は、暗号資産市場において、様々な金融サービスをプログラムにより自律的に提供する仕組みである
・確立した定義は存在しないが、特定の管理主体を必要としないパブリック型ブロックチェーン上でスマートコントラクトを活用して構築・運用される暗号資産の金融サービスを指す[5]

② 金融庁開催の「デジタル・分散型金融への対応の在り方等に関する研究会」の参考人資料

金融庁が開催した「デジタル・分散型金融への対応の在り方等に関する研究会」（以下「本研究会」といいます）の参考人資料[6]においては、DeFiに関し、以下のような言及がなされています。

・「DeFi」はいわゆる「マーケティングワード」であり、「分散型金融システムを構成しうる特定のアプリケーション[7]」である。

③ 本研究会の「中間論点整理」

本研究会の「中間論点整理」においては、DeFiに関し、以下のような言及がなされています。

・分散型の金融システムでは、典型的には、権限、責任等が異なる参加者

4　北條真史=鳩貝淳一郎『暗号資産における分散型金融―自律的な金融サービスの登場とガバナンスの模索―』（2021年４月）（https://www.boj.or.jp/research/wps_rev/rev_2021/data/rev21j03.pdf）。
5　日銀レビュー１頁。
6　デジタル・分散型金融への対応のあり方等に関する研究会第２回会合（松尾メンバー資料）。（https://www.fsa.go.jp/singi/digital/siryou/20210915/sankou1.pdf）
7　松尾委員は、DeFiの定義はないとしつつ、「（So-called）DeFi」としてこの文言を用いている（「デジタル・分散型金融への対応のあり方等に関する研究会」（第２回）議事録（松尾委員発言）（https://www.fsa.go.jp/singi/digital/gijiroku/20210915.html））。

が共通の台帳を保有し、プロセスがいつ実行されたかという情報が、特定又は不特定の者の間での合意のもとで、その台帳に記録される分散台帳（Distributed Ledger）が活用されている。台帳によっては、その上に、スマートコントラクトを搭載し、一定の条件を満たした場合にプロセスが自動的に実行される仕組みとすることも可能である。

・特に「パーミッションレス型の分散台帳やそれを利用したシステム」に関して以下のようなメリット・デメリットがある[8]。

メリット	デメリット
・単一障害点（Single Point of Failure）を除去することが可能 ・参加者がスマートコントラクトによって、複雑な条件を付す等オーダーメイド化された取引を、自律的に成立・執行させることが可能である ・誰もが自由にサービスの提供・利用が可能であり、イノベーションの源泉となる	・システム全体に責任を負う者が不明確 ・社会的に不適切であることが明らかとなった取引についても、自動的に執行され、事後的な取消し等が困難である可能性 ・現金のような持ち運びの物理的制約が存在しない暗号資産等では（当局の監督下にある金融機関等による本人確認を経ない）P2P取引によるマネー・ローンダリング／テロ資金供与対策（AML/CFT）上の課題が存在 ・アカデミア等による十分な検証が行われないまま、利用実態が先行

④　金融庁ウェブサイトにおいて公表される研究結果報告書

金融庁の「ブロックチェーン国際共同研究」の一環として公表された研究結果報告書[9]（以下「本研究結果報告書」といいます）においては、DeFiに関し、参考文献[10]も勘案しつつ、以下のような言及がなされています。

・DeFiについて様々な文献や記事などで論じられているが明確な定義は

8　デジタル・分散型金融への対応のあり方等に関する研究会『中間論点整理』（2021年11月17日）４頁（https://www.fsa.go.jp/news/r3/singi/20211117/seiri.pdf）。

9　株式会社クニエ『分散型金融システムのトラストチェーンにおける技術リスクに関する研究　研究結果報告書』７頁（2022年６月）（https://www.fsa.go.jp/policy/bgin/ResearchPaper_qunie_ja.pdf）。

されていない。

・DeFiは「分散型金融システムの一部を構築する金融アプリケーション」である。

(4) 本書におけるDeFiの意義

上記(2)及び(3)のとおり、DeFiの定義や機能について、海外及び国内において関連する議論はあるものの、現時点においてDeFiの定義には、確立したものはありません。

そこで、本書においては、「DeFi」について、FSB報告書（2022）の定義に倣うこととし、分散型台帳技術（典型的にはパブリックかつパーミッションレスなブロックチェーン）に基づき、仲介者を介さずに金融サービスや商品を提供するものという意義において用いることとします。

また、上記(2)及び(3)の議論では、「DeFi」ないし「分散型金融」について、以下の特徴があることについては概ね共通しているため、本書においても、DeFiにはこれらの特徴があることを念頭に置きます。なお、スマートコントラクトについては、Q4をご参照ください。

① パブリック型のブロックチェーンに基づくものであること
② 特定の管理主体・仲介者を要しないこと
③ 主にスマートコントラクトを利用して金融サービスや商品を提供すること
④ 「分散型」という言及がなされているとしても、完全な分散は行われておらず、一部に中央集権的な部分が存在するケースがあること

10 Ryosuke Ushida and James Angel: Regulatory Considerations on Centralized Aspects of DeFi Managed by DAOs（2021）（https://link.springer.com/chapter/10.1007/978-3-662-63958-0_2）

2 分散型金融における「分散」の対象

上記１のとおり、「分散型金融」においては、既存の金融機関[11]や金融サービスと比較して、「分散[12]」がなされているとされますが、この「分散」の対象について、FSB報告書（2019）においては、①意思決定の分散化、②リスクテイクの分散化、③記録保持の分散化があるものとされています。これを敷衍して、金融庁の資料等においては、以下のような整理がなされています。

分散の類型	意　義
①意思決定の分散化	意思決定の主体が、単一の信頼できる仲介金融機関から、広範な利用者へ変化
②リスクテイクの分散化	信用リスク等を引き受ける主体が、仲介金融機関から利用者や金融サービス提供者へ変化
③記録保持の分散化	記録管理が中央集中型から分散型へ変化

（本研究会事務局説明資料[13]により筆者作成）

その上で、DeFiの特徴の１つである、上記１(4)の囲み内④の「『分散型』という言及がなされているとしても、完全な分散は行われておらず、一部に中央集権的な部分が存在するケースがあること」とも関連しますが、分散型金融ないしDeFiと呼ばれるプロジェクトであっても、これらの３つの要素において分散していないケースが存在し、例えば、新たな集中リスクとし

11　既存の金融機関は、「分散型金融」との対比において、「伝統的金融」（Traditional Finance：TradFi）や「中央集権型金融」（Centralized Finance：CeFi）と呼ばれることがあります。

12　本研究結果報告書においては、「分散型金融システムは、既存の金融システムなどに見られる中央集権型（centralized）に対して非中央集権型（decentralized）のシステムの構築を目指しているとされています。一方、分散型システムの記述においては、分散型（distributed）とは計算機を分散配置することを意味しており、中央集権型のシステムも分散型システムの一形態と整理される。分散型金融システムに焦点を当てる本報告書においては、「分散」は非中央化の意味を含んでいるとして用いることとする」との言及がなされています。

13　本研究会第２回会合事務局説明資料７頁（https://www.fsa.go.jp/singi/digital/siryou/20210915/jimukyoku.pdf）。

て、コード開発者、管理者権限保有者、ガバナンストークン大口保有者、ノードオペレーター、オラクル提供者など、比較的少数の個人または事業体に集中する傾向が生じているとされています[14、15]。

3　既存金融機関との比較及び今後の規制の方向

(1)「中央集権型」の金融機関との対比

既存の金融機関については、DeFiとの対比において、「伝統的な」金融機関又は「中央集権的」な金融機関といわれます。このような「伝統的」又は「中央集権的」な金融機関の利用にあたっては、金融サービスの利用者は、例えば送金や借入というサービスにおいては銀行等の、金融商品の購入といったサービスにおいては証券会社等の中央集権的な仕組みを有する金融機関等を介してこれを行うこととなります。この場合において、例えば銀行が利用者に対し融資する際、銀行は利用者の返済能力や反社会的勢力への該当性など、融資先の属性等を調査し、与信の可否を検討します。この銀行内における審査は利用者に対して公開されることはないため、金融業者内における手続は不透明であるということとなりますが、かかる前提のもとであっても、利用者は、銀行が融資を実施してくれるだろうという信用のもとに、融資の申し込みをするという行動をとります。したがって、伝統的ないし中央集権的な金融機関におけるサービスには、当該サービスの提供者・受領者双方に信頼があることが前提として提供されています。

他方で、このような伝統的な金融機関とDeFiを区別する特徴として、FSB報告書（2022）においては、以下のような点が指摘されています[16]。

14　金融庁ウェブサイト「分散型金融システムにおけるガバナンス―BGINを通じたマルチステークホルダー・アプローチの実践―」(https://www.fsa.go.jp/policy/bgin/20201020_Fintech_Association_presentation.JP.pdf)

15　「無人金融、名ばかり「分散」 議決権の9割が一部に集中」（日経電子版、2022年7月14日）(https://www.nikkei.com/article/DGXZQOUB137000T10C22A7000000/)

16　FSB報告書（2022）16～17頁。なお、これらの要素のほか、「保有とガバナンス体制の分散化がなされると主張される」という点についても言及がなされています。

① DeFiは、オープンソースの技術を採用しており、技術的な専門知識を有している者であればソースコードを読むことが可能であること（公開性）

② 「DeFiプラットフォームでは、必要な量の担保（暗号資産を含むがこれに限られない。）を提供できる人であれば誰でもプラットフォームを利用し、自動化された取引を行うことができる。DeFiプラットフォーム上のスマートコントラクトを通じた余剰担保や必要証拠金の自動的な執行は、ユーザーの身元確認や借り手の信用リスク評価を代替する」こと（トラストレス）

③ DeFiの利用にあたっては、「プロトコルの要件を充足することができれば、誰でもDeFiプロトコルを利用することができる」こと（パーミッションレス）

【図15　DeFiのイメージ】

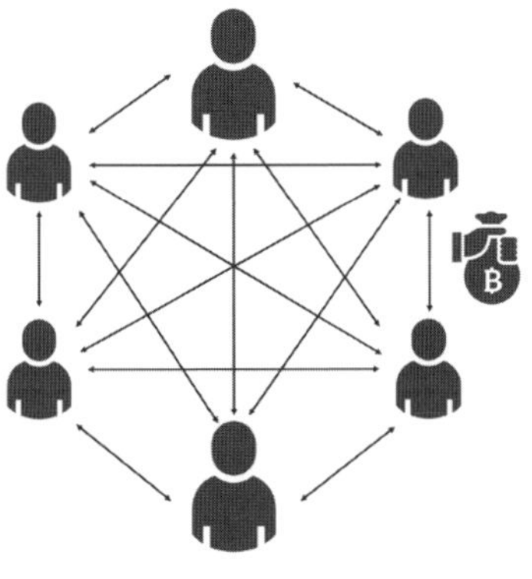

【図16　CeFiのイメージ】

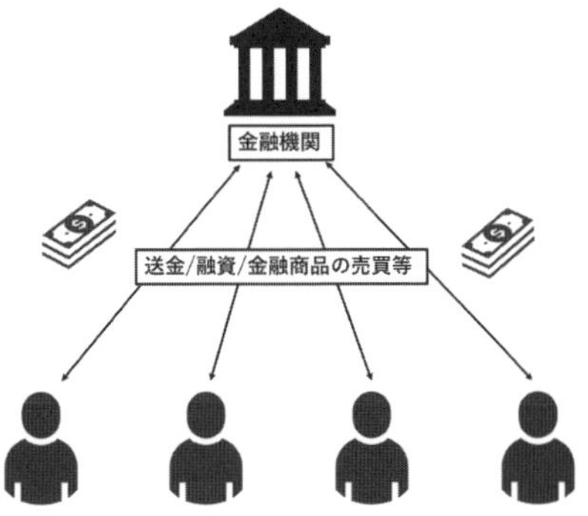

また、現在の金融規制は、このような「伝統的」又は「中央集権的」な金融機関が、その提供するサービスのすべてのレイヤーにおいて責任を有し、運営及び管理をするという前提において、当該金融機関を規制の名宛人とすることによって構築されています。他方で、DeFiにおいては、①特定の運営者・仲介者が不在で、サービスが分散化された主体に担われており、容易

にサービスを開始・利用でき、匿名性も高いことから、規制の対象や責任主体の特定が困難であるという状況にあること、②インターネット上で運用されグローバルな性質を持つため、規制が不十分な法域があればそこが抜け穴となること、加えて、③規制で禁止しようとしても自律的に稼働し停止不能であるうえ、改ざん耐性が高く不正があっても後から修正するという方法をとることが難しいこと、④こうした性質から、既存の規制手法では十分な実効性が発揮されにくいとの指摘もなされています[17]。

(2) 今後の規制

今後、日本におけるDeFiに対する規制は、金融規制を所管する金融庁における議論の後、立法化、あるいは既存の規制をもって解釈適用を図っていくことが見込まれます。

本研究会の中間報告書においても、「送金・決済以外の分野（証券や暗号資産の分野）・DeFiを含め、デジタル・分散型金融については、サービスや取引の変化が著しい。本研究会においては、引き続き、そうした実態を技術的な観点からも適切に把握し、イノベーションを促進しつつ利用者保護・AML/CFTの確保にも配意した対応のあり方等について検討を行っていく[18]」旨が示されていることから、今後のDeFiに対する規制の適用がどのようなものとなるかについては、その動向に注視が必要です。

17　日銀レビュー５頁。
18　デジタル・分散型金融への対応のあり方等に関する研究会『中間論点整理』（2021年11月17日）18頁（https://www.fsa.go.jp/news/r3/singi/20211117/seiri.pdf）。

Q 30 DeFiプロジェクトの主な種類について教えてください

1 DeFiの種類

DeFiと呼ばれるプロジェクトには多様なものがありますが[1]、主要なものとしては、以下のものが挙げられます[2]。

・ステーブルコイン発行プラットフォーム

・DEX（分散型取引所）

・レンディングプラットフォーム

2 ステーブルコイン発行プラットフォーム

ステーブルコイン発行プラットフォームにおいては、当該プラットフォームにおけるプロトコルに従った取引を行うことにより、当該プロトコルにおいて発行されるステーブルコインを得ることができます。

ステーブルコインとは、Ｑ７の説明のとおり、一般には、「特定の資産と関連して価値の安定を目的とするデジタルアセットで分散台帳技術又はこれと類似の技術を用いているもの」をいうと考えられており、日本法の現行制度の考え方に基づけば、価値を安定させる仕組みによって、以下のとおり「デジタルマネー類似型」と「暗号資産型」に分類できると考えられています[3]。

ａ．デジタルマネー類似型

法定通貨の価値と連動した価格（例：１コイン＝１円）で発行され、発行価格と同額で償還を約するもの（及びこれに準ずるもの）

1　例えば、本研究結果報告書20頁から26頁にかけては、DEX、ステーブルコイン発行プラットフォーム、レンディングプラットフォーム、デリバティブプラットフォーム、保険プラットフォーム、NFTサービスなどが挙げられています。

2　本研究結果報告書30頁。

3　資金決済WG報告第２章１(3)（17頁、18頁）。

b．暗号資産型

デジタルマネー類似型以外（アルゴリズムで価値の安定を試みるもの等）

主要なステーブルコイン発行プラットフォームとしてのプロジェクトはTether、USD Coin、Terra USD、Makerなどがありますが、これらのプロジェクトで発行されるステーブルコインのうち、テザー（USDT）、USDコイン（USDC）はデジタルマネー類似型に、テラUSD（UST）及びダイ（DAI）は暗号資産型に分類されます[4]。

なお、暗号資産型のステーブルコインに関して、本研究結果報告書22頁では、他の暗号資産及びステーブルコインを超過担保として保持することで価値の安定を試みるものや、無担保でアルゴリズムにより価値の安定を試みるものがあるという言及がなされています。上記のテラUSDなどはこの「無担保でアルゴリズムにより価値の安定を試みるもの」に分類され、1UST当たり1ドルでペッグさせるものとしていましたが、2022年5月頃より生じた暗号資産市場における暗号資産価格の下落により、その価格が1セントを割り込み、99%以上の暴落が生じたというケースも生じています[5]。

3　DEX（分散型取引所）

(1)　DEXの概要

DEXとは、「Decentralized Exchange」の略称であり、「分散型取引所」と訳されることが一般的です。DEXは、ある暗号資産と他の暗号資産の交換をスマートコントラクトを介してP2Pで行うことを可能とするサービスを指す際に用いられることが多い用語です。

4　本研究結果報告書22頁。

5　「テラ暴落で崩れた帝国、新コインで再起なるか」（THE WALL STREET JOURNAL電子版、2022年6月23日）（https://jp.wsj.com/articles/do-kwons-crypto-empire-fell-in-a-40-billion-crash-hes-got-a-new-coin-for-you-11655968310）

また、分散型取引所と対比される概念は「Centralized Exchange」(中央集権型取引所:CEX)であり、日本法においては、暗号資産交換業者としての登録を受けた者のうち、取引所としての性質を有する業務(暗号資産の売買の媒介等)を提供する者はこれに該当すると考えられます。

(2) DEXの暗号資産交換業該当性

資金決済法上、以下のとおり、「暗号資産の売買又は他の暗号資産との交換」の「媒介」を業として行う場合には、「暗号資産交換業」として登録を受ける必要があります(暗号資産交換業についてQ6参照)。

> 7 この法律において「暗号資産交換業」とは、次に掲げる行為のいずれかを業として行うことをいい、「暗号資産の交換等」とは、第一号及び第二号に掲げる行為をいい、「暗号資産の管理」とは、第四号に掲げる行為をいう。
> 一 暗号資産の売買又は他の暗号資産との交換
> 二 前号に掲げる行為の媒介、取次ぎ又は代理
> 三 その行う前二号に掲げる行為に関して、利用者の金銭の管理をすること。
> 四 他人のために暗号資産の管理をすること(当該管理を業として行うことにつき他の法律に特別の規定のある場合を除く。)。

「媒介」とは、「ある人と他の人の間に法律行為が成立するように、第三者が両者の間に立って尽力する行為」をいいます[6]。

しかしながら、DEXの開発者は、暗号資産の交換に関するスマートコントラクトを含んだDeFiプロトコル(DeFiプロトコルについてQ31参照)を開発して(典型的には)イーサリアムネットワークに当該プログラムをデプロイしているのみであり、具体的な交換行為はスマートコントラクトを用いて

---

6 角田ほか編『法令用語辞典〔第10次改定版〕』635頁(学陽書房、2016)。

自律的に運用されています。そうすると、そのようなスマートコントラクトを含むDeFiプロトコルを開発し、ネットワークにデプロイする行為自体が「暗号資産の売買又は他の暗号資産との交換」に係る「ある人と他の人の間に法律行為が成立するように、第三者が両者の間に立って尽力する行為」を行っていると評価することが可能であるかについて、疑義があると考えられます。また、スマートコントラクトを用いた取引は自律的に執行されることから、これに関連して、「媒介」行為を行っている行為主体を観念することができないとも言い得ると考えられます。以上からすると、規制対象となる行為を行う者が存在しないようなDEXは、暗号資産交換業の規制対象者が存在せず、したがって、金融規制の適用を受けないという帰結が導かれます。

しかしながら、Q29の説明のとおり、「分散型」とうたっていても、実質的には中央集権的に運営されている場合があり、このような場合には、暗号資産交換業の登録を行う必要が生じる可能性があると考えられます。

(3) DEXとCEXの差異

上記のほか、DEXとCEXには、以下のような違いがあると考えられます。

	DEX	CEX
運営	スマートコントラクトにより自動的に執行される	取引所の開設者（暗号資産交換業者）が行う
暗号資産の管理	ユーザー自らが実施する	取引所において管理する
流動性の供給	利用者が提供する	取引所が契約する流動性供給者から提供される
取引時確認	行われないことが一般的	法令上暗号資産交換業者に義務付けられる
法定通貨との交換	不可能	可能

これらのうち、DEXにおいては取引時確認が一般的にはなされないという点から、DEXが匿名性を高めるツールとして用いられる場合があり、マネー・ローンダリングに係るリスクの１つとなるということが挙げられてい

ます[7]。

4　レンディングプラットフォーム

(1)　レンディングプラットフォームの概要

レンディングプラットフォームは、利用者から暗号資産を預かり、これを貸し出す機能を、スマートコントラクトにより自律的に提供するプロジェクトといえます[8]。

代表的なプロジェクトとしては、Compound[9]やAave[10]があります。

(2)　レンディングプラットフォームの貸金業該当性等

日本の金融規制において、貸付行為は、一般に貸金業法で規律されています。しかし、貸金業法は、その規制対象を「金銭の貸付け又は金銭の貸借の媒介（手形の割引、売渡担保その他これらに類する方法によつてする金銭の交付又は当該方法によつてする金銭の授受の媒介を含む。以下これらを総称して単に「貸付け」という。）」として、金銭の貸付けに限っています。そのため、暗号資産の貸付けに対して、貸金業は適用されないと考えられ、金融庁においても、同様の見解が示されています（2020年４月３日パブコメ回答No.36）。その他、暗号資産の貸付けについて特段規制する法令もないことから、Compoundにおける貸付けは、特段の規制の適用はないと考えられます。

5　TVL（Total Value Locked）

DeFiの利用にあたっては、しばしば、暗号資産を「ロックする」という表現が用いられることがあります。これは、例えば、ステーブルコイン発行プラットフォームにおいて、ステーブルコインの発行を受けるために一定の

7　金融庁「マネー・ローンダリング・テロ資金供与・拡散金融対策の現状と課題」38頁（2022年３月）（https://www.fsa.go.jp/news/r3/20220408/20220408amlcft-1.pdf）。
8　日銀レビュー３頁。
9　日銀レビュー３頁。
10　本研究結果報告書24頁、77頁。

暗号資産を当該ステーブルコイン発行プラットフォームのスマートコントラクトに預け入れることを指すような場面で用いられます。また、ステーブルコイン発行プラットフォームに限らず、DeFiの利用にあたっては、一定の暗号資産を預け入れること[11]等が求められることが一般的であり、このように、DeFiプロトコルに預けられた暗号資産の総額を「TVL」と呼びます。このTVLは、DeFiに預け入れられている暗号資産の総額を示すという性質上、その多寡により、DeFi全体又は個別のDeFiプロジェクト・DeFiカテゴリの利用状況を測る指標として用いることができます。

TVLを集計し公表しているウェブサイトであるTHE BLOCKによれば、2022年10月７日時点におけるDeFi全体のTVLは約763億2,000万ドルであり[12]、DeFiのカテゴリごとの内訳は以下のとおりです。

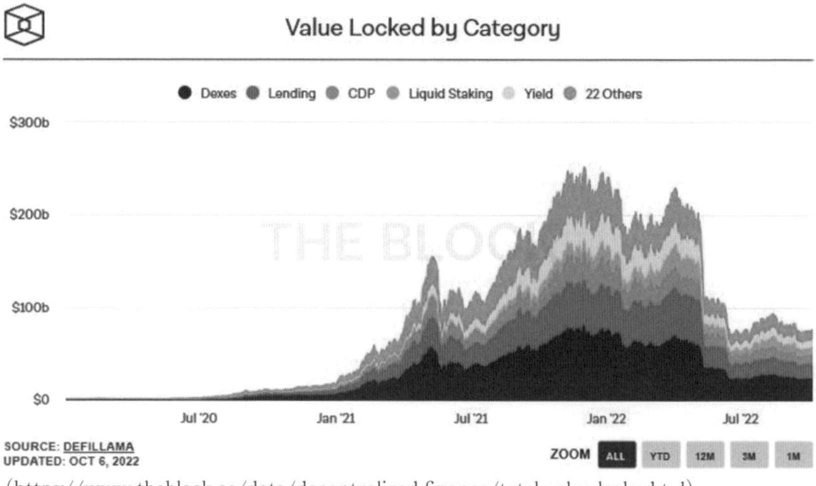

（https://www.theblock.co/data/decentralized-finance/total-value-locked-tvl）

11　なお、ここでは「預け入れる」という表現を用いていますが、例えばDEXにおいては、流動性プールに対して提供しているという意味を有するなど、その態様は様々です。

12　THE BLOCKウェブサイト（https://www.theblock.co/data/decentralized-finance/total-value-locked-tvl）

Q31 DeFiにおけるガバナンストークンとはなんですか。日本の暗号資産取引所に上場する手続と併せて教えてください

1　ガバナンストークンとオンチェーンガバナンス

(1)　ガバナンストークンとは

新たなDeFiプロジェクトを立ち上げるにあたっては、多くのケースにおいて、その開発者やプロジェクトの創設者が、最初のルールとして担保掛目や手数料の算出方法など重要な事項を決定し、これがプログラムに反映された形でブロックチェーン上にDeFiプロトコル（DeFiに関するスマートコントラクトをいいます。以下同じです。スマートコントラクトについてQ４参照）がデプロイされることになります。一部のDeFiにおいては、DeFiプロトコルをデプロイした後に、DeFiプロトコルのメンテナンスやアップグレード、管理等を、利用者や開発者のコミュニティに委ねていくという方針が採用されることがあり、この際に用いられるトークンが「ガバナンストークン」と呼ばれるトークンです。基本的には、１トークン当たり１票の価値が与えられ、また、その保有数量により、投票のみならず案件の提案を行うことができる権利が付与されることもあります。

(2)　オンチェーンガバナンス

上記(1)のような、DeFiプロトコルをブロックチェーン上にデプロイする前段階における最初のルールを設ける行為をはじめとした、ブロックチェーン上で行われるものではないガバナンスを「オフチェーンガバナンス」と呼び、また、ブロックチェーン上でガバナンストークンを用いて行われる投票によって開発やアップグレードに関する重要事項を決定するような仕組みを、「オンチェーンガバナンス」と呼ぶことがあります。このオンチェーンガバナンスにおける投票権を表象するトークンが「ガバナンストークン」で

あり、投票を通じて、どのような機能をリリースするか、暗号資産のポリシーや融資の担保に関する基準をどのように設定するか、あるいはそのシステムのパフォーマンス、リソースの利用、セキュリティに影響を及ぼす決定に関して、どのようなコンセンサスメカニズムを採用するかといった事項を決定することとなります[1]。

2 オンチェーンガバナンスの有効性と限界

上記1のとおり、オンチェーンガバナンスにおいてガバナンストークンが用いられることにより、コミュニティの形成手段としての有効性があるという指摘がなされることもあります。他方で、オンチェーンガバナンスの限界として、多くのプロジェクトで特定の開発者・VC等が多くの議決権を保有していることや、低投票率といった点が指摘あるとされています[2]。

また、最近では、その値上がりへの期待から投機的需要を引き付け、中央集権型取引所や分散型金融プロジェクト上で盛んに取引される事例がみられ、また、プロジェクト設計者が保有するトークンを大量に売却したという事実が判明することにより、ガバナンストークンの価格が急落したという事例もあるといわれています[3]。

このように、オンチェーンガバナンスがどの程度有効に稼働しているかは必ずしも明らかではない部分もありますが、DeFiについては未だ黎明期という部分もあることから、今後オンチェーンガバナンスがどのように発展するかについて、注目が集まっています。

---

1 ジェイク・ライアン『誰がブロックチェーンのルールを定めるのか　暗号資産エコシステムの運営に参加する方法』Harvard Business Review 2021-9-10電子版２頁。

2 金融庁ウェブサイト・前掲Q29注13・９頁。

3 日銀レビュー４頁。

3　ガバナンストークンの暗号資産該当性及び日本における暗号資産の上場審査について

(1)　ガバナンストークンの上場のニーズ

ガバナンストークンは、DeFiの運営に利用者が広く関与することを可能とするために用いられるものであり、意思決定の分散化の観点からは（分散型金融における「分散」の対象についてQ29参照)、中央集権型の暗号資産取引所やDEX（DEXについてQ30参照）において取引されることにより、不特定多数の者において流通することが求められます。

また、近時では、その値上がりへの期待から、意思決定への参加としての目的ではなく、投機的需要によって、中央集権型の暗号資産取引所やDEXにおいて取引される事例がみられるようになったとの指摘がある一方[4]、DeFiプロジェクトの創設者等においては、ガバナンストークンを上場し、これによって利益を得るというインセンティブも働きます。

そこで、中央集権型の暗号資産取引所において当該ガバナンストークンの取引が可能であるかどうかは、最終的に意思決定の分散化の達成やガバナンストークンによる収益化を実現できるかという観点から重要な考慮事項となります。

日本においては、暗号資産の売買等を業として行う中央集権型の暗号資産取引所（暗号資産交換業者。暗号資産の規制についてQ６参照）においてガバナンストークンを取引する（以下「上場」といいます）ためには、ガバナンストークンの暗号資産該当性や、これに該当する場合において暗号資産交換業者において取り扱う暗号資産に加えることができるかが問題となります。

(2)　ガバナンストークンの暗号資産該当性

資金決済法は、暗号資産について、以下のとおり定義しています（資金決

4　日銀レビュー４頁。

済法２条５項）。

5　この法律において「暗号資産」とは、次に掲げるものをいう。ただし、金融商品取引法（昭和23年法律第25号）第２条第３項に規定する電子記録移転権利を表示するものを除く。
一　物品を購入し、若しくは借り受け、又は役務の提供を受ける場合に、これらの代価の弁済のために不特定の者に対して使用することができ、かつ、不特定の者を相手方として購入及び売却を行うことができる財産的価値（電子機器その他の物に電子的方法により記録されているものに限り、本邦通貨及び外国通貨並びに通貨建資産を除く。次号において同じ。）であって、電子情報処理組織を用いて移転することができるもの
二　不特定の者を相手方として前号に掲げるものと相互に交換を行うことができる財産的価値であって、電子情報処理組織を用いて移転することができるもの

暗号資産の定義の詳細は、Ｑ１のとおりですが、これらのうち、資金決済法２条５項１号に規定される暗号資産は１号暗号資産と呼ばれます。ガバナンストークンが、以下の各要件を満たす場合には、当該ガバナンストークンは１号暗号資産に当たります。

①　不特定の者に対して商品売買又は役務提供等の代価の支払等に利用でき、かつ、不特定の者との間で購入し又は売却できる（法定通貨との交換ができる）こと
②　電子機器その他の物に電子的方法により記録され、移転できること
③　本邦通貨、外国通貨及び通貨建資産（資金決済法２条６項）でないこと

このうち、要件①及び②については、暗号資産ガイドラインにおいて、以下のとおり判断要素が示されています（暗号資産ガイドラインⅠ－１－１①及び②）。

> ① 法第２条第５項第１号に規定する暗号資産（以下「１号暗号資産」という。）の該当性に関して、「代価の弁済のために不特定の者に対して使用することができる」ことを判断するに当たり、例えば、「ブロックチェーン等のネットワークを通じて不特定の者の間で移転可能な仕組みを有しているか」、「発行者と店舗等との間の契約等により、代価の弁済のために暗号資産を使用可能な店舗等が限定されていないか」、「発行者が使用可能な店舗等を管理していないか」等について、申請者から詳細な説明を求めることとする。
>
> ② １号暗号資産の該当性に関して、「不特定の者を相手方として購入及び売却を行うことができる」ことを判断するに当たり、例えば、「ブロックチェーン等のネットワークを通じて不特定の者の間で移転可能な仕組みを有しているか」、「発行者による制限なく、本邦通貨又は外国通貨との交換を行うことができるか」、「本邦通貨又は外国通貨との交換市場が存在するか」等について、申請者から詳細な説明を求めることとする。
>
> （注） 前払式支払手段発行者が発行するいわゆる「プリペイドカード」や、ポイント・サービス（財・サービスの販売金額の一定割合に応じてポイントを発行するサービスや、来場や利用ごとに一定額のポイントを発行するサービス等）における「ポイント」は、これらの発行者と店舗等との関係では上記①又は②を満たさず、暗号資産には該当しない。

また、ガバナンストークンが１号暗号資産に該当しない場合であっても、資金決済法２条５項２号の要件を満たす場合には、２号暗号資産に該当することとなります。

① 不特定の者を相手方として１号暗号資産と相互に交換を行うことができること

② 電子情報処理組織を用いて移転すること

この２号暗号資産の要件について、暗号資産ガイドラインでは、以下のとおり判断要素が示されています（暗号資産ガイドラインⅠ－１－１③）。

> ③　法第２条第５項第２号に規定する暗号資産の該当性に関して、「不特定の者を相手方として前号に掲げるものと相互に交換を行うことができる」ことを判断するに当たり、例えば、「ブロックチェーン等のネットワークを通じて不特定の者の間で移転可能な仕組みを有しているか」、「発行者による制限なく、１号暗号資産との交換を行うことができるか」、「１号暗号資産との交換市場が存在するか」、「１号暗号資産を用いて購入又は売却できる商品・権利等にとどまらず、当該暗号資産と同等の経済的機能を有するか」等について、申請者から詳細な説明を求めることとする。

また、金商法上の「電子記録移転権利」を表示するトークンについては、「暗号資産」の定義から包括的に除外されています（資金決済法２条５項柱書）。

暗号資産への該当性は、「情報通信技術は急速に進展しており、日々、変化するものであることから、暗号資産の該当性等については、その利用形態等に応じ、最終的には個別具体的に判断する」とされています（暗号資産ガイドラインⅠ－１－１）。そのため、ガバナンストークンを暗号資産として上場することを目指すような場合には、上記のような暗号資産の要件を勘案し、これに該当するような形でトークンを設計する必要があります。

なお、近時では、MakerDAOのガバナンストークンであるメイカー（MKR）は、暗号資産交換業者である株式会社bitFlyer、ビットバンク株式会社及びGMOコイン株式会社に上場されています。同様に、BOBA NetworkのガバナンストークンであるBOBAも、ビットバンク株式会社に上場されています。

⑶　日本における暗号資産の上場審査

ア　日本における上場審査の実務

資金決済法上、暗号資産交換業者は、取り扱う暗号資産について登録申請時にこれを特定し（資金決済法63条の3第1項7号)、登録取得後にこれを変更する場合には、あらかじめ内閣総理大臣に対して届け出なければなりません（資金決済法63条の6第1項、104条2項、資金決済に関する法律施行令31条1項)。

また、暗号資産交換業者は、新たな暗号資産の取扱いを開始しようとする場合には、暗号資産交換業者が所属するJVCEA（日本暗号資産交換業協会）が定める「暗号資産の取扱いに関する規則」(以下「JVCEA規則」といいます）に基づき、JVCEAに対して、当該暗号資産に係る審査報告書や概要説明資料を届け出る必要があります[5]。

これらの届出は、単に書類を提出すればよいというものではなく、実務上は、提出先である当局やJVCEAによる審査が行われています。

また、上記のとおり、JVCEAに対しては審査報告書を提出することになるため、暗号資産交換業者自身においても、当該暗号資産の審査を実施することが前提となっています。

したがって、DeFiプロジェクトの創設者等がガバナンストークンを発行し、これを新規に上場しようとする場合には、以下のような複数のプロセスを踏む必要があることとなります。

① 取扱いを行う候補者となる暗号資産交換業者を探索すること
② 当該暗号資産交換業者に当該ガバナンストークンの審査を依頼すること
③ 当該審査の完了後、JVCEAに対して審査を依頼すること
④ JVCEAの審査完了後、当局の審査を受けること

なお、これらのプロセスを経る必要性から、ガバナンストークンを含む暗号資産の上場にはかなりの期間を要することが現状の実務となっています。このような状況を問題視し、「利用者保護に配慮しつつ、JVCEAの事前審査

5　JVCEA「暗号資産の取扱いに関する規則」5条1項。

の在り方を見直し、わが国におけるWeb3.0ビジネスのイノベーション促進のため、審査基準の緩和を踏み込んで行うべきである」こと、及び「また、その際には、グローバルでの競争の観点から、米国その他のWeb3.0先進国における新規暗号資産の取扱いルールと比較して、わが国における審査手続が不必要に煩雑となっていないか等を継続的・定期的に検証すべきである」という提言もなされています[6]。また、いわゆる骨太の方針[7]（以下「骨太の方針」といいます）において、「暗号資産について利用者保護に配慮した審査基準の緩和」を行うといった点が指摘され、あるいは2022事務年度の金融行政方針[8]において「暗号資産交換業者が取り扱う暗号資産の自主規制団体による事前審査の合理化」を進めるといった方針が示されるなど、当該提言と同様の問題意識が政府内ないし当局からも提示されており、この問題は改善されることが期待されています。

イ　留意すべき事項

JVCEA規則においては、以下のいずれかに該当するような暗号資産については、その取扱いの適否を慎重に判断しなければならないとされています。

① 法令又は公序良俗に違反する方法で利用されている又は利用されるおそれが高い暗号資産
② 犯罪に利用されている又は利用されるおそれが高い暗号資産
③ マネー・ローンダリング及びテロ資金供与に利用されている又は利用されるおそれが高い暗号資産

JVCEA規則の下位規則である「『暗号資産の取扱いに関する規則』に関す

6　自民党NFTホワイトペーパー（案）20頁。
7　「経済財政運営と改革の基本方針2022　新しい資本主義へ～課題解決を成長のエンジンに変え、持続可能な経済を実現～」（骨太方針2022）17頁（https://www5.cao.go.jp/keizai-shimon/kaigi/cabinet/2022/decision0607.html）。
8　「2022事務年度　金融行政方針～直面する課題を克服し、持続可能な成長を支える金融システムの構築へ～」21頁（https://www.fsa.go.jp/news/r4/20220831/20220831.html）。

るガイドライン」においては、これらの要件を敷衍して、以下のように解説されています。

> 例えば、主として偶然性の存在するゲームに参加するための換金性のあるトークンであって、その勝敗の結果によってトークンが分配される仕組みとなっているような場合は、賭博に該当するおそれが高く、会員が取り扱う暗号資産としては不適切であると考えます。
>
> 当初の計画された暗号資産の利用目的に関わらず、法定通貨等の他の決済手段と比較して法令や公序良俗に違反する態様での利用、又は、犯罪、マネー・ローンダリング、テロ資金供与などに利用されるケースが多く見られるようになった暗号資産については、そうした不適切な利用が当該暗号資産の固有の特徴に由来する場合には取り扱わず、固有の特徴に由来するものではない場合であっても、不適切な利用が当該暗号資産全体の利用に比べて顕著に増加している場合には、そうした状況が沈静化するまで、当該暗号資産の取り扱いを見送ることが適当と考えます。

もっとも、DeFiのガバナンストークンの上場例は上記のとおり多くないことから、今後、上記JVCEA規則及びガイドラインの内容がどのように解釈運用され、ガバナンストークンの上場審査に対して適用されるかについて十分な検討が必要です。

Q 32　MakerDAOについて教えてください

1　MakerDAOの概要

MakerDAOとは、主要なステーブルコイン発行プラットフォームの1つであり（ステーブルコイン発行プラットフォームについてはQ30参照）、イーサリアムブロックチェーン上に構築される自律分散型組織（DAO）によるオープンソースプロジェクトとして[1]、ダイ（DAI）というステーブルコインを発行します[2]。また、当該プロジェクトは、ガバナンストークンとしてメイ

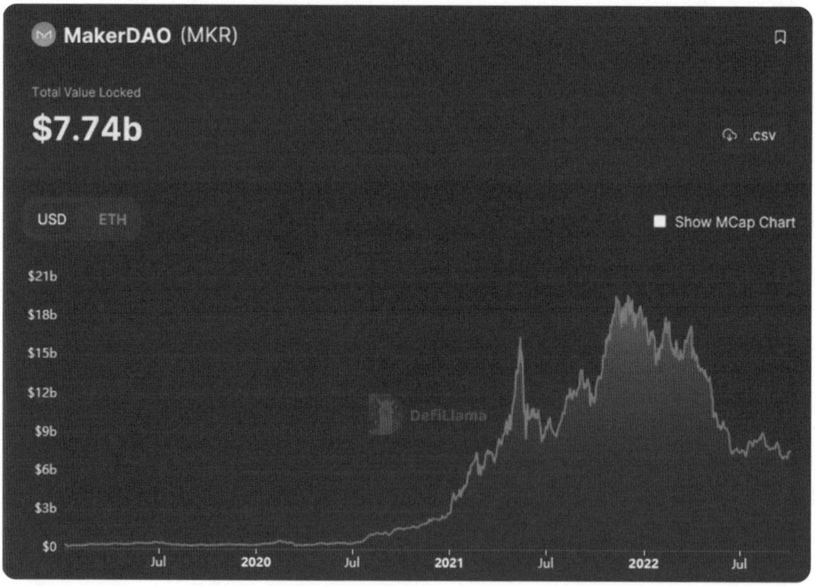

（https://defillama.com/protocol/makerdao）

1　Makerの運営は、創設会社であるMaker Foundationという組織によって行われていましたが、分散型自律組織として分散度を向上させるため、2021年7月にMakerDAOに運営が引き継がれています（本研究結果報告書22頁）。

2　『Makerプロトコル：MakerDAOの複数担保型Dai（MCD）システム』（https://makerdao.com/ja/whitepaper/#%E6%A6%82%E8%AB%96）。

カー（MKR）を発行しています。

DAIは、ドルと「ソフトペッグ」する暗号資産型のステーブルコインに分類されています[3]。すなわち、完全に1DAI＝1ドルとしてペッグさせることまでは指向しておらず、「Daiが平均して1ドル前後で取引されること」を目標としています[4]。TVLを集計し公表するDeFiLlamaのウェブサイトによれば2022年10月7日時点のTLVは74億4,000万ドルで、DeFiプロトコルの中で最大のTVLを有しています。

2　DAIの発行及び価格安定の仕組み

(1)　DAIの発行プロセス

DAIの発行にあたっては、まず、DAIの発行を希望する者が、イーサリアムベースの資産（以下、イーサ（ETH）を含め、DAIの発行に用いることができる資産を「ETH等」といいます）をスマートコントラクトであるMaker Vaultコントラクトに預け入れます（この「預入れ」の意義についてはQ30参照）。かかる預入れがなされると、Maker Vaultコントラクトが、当該差し入れられたETH等の数量に応じた数量のDAIを発行します。ここで預け入れられるETH等は、発行されるDAIの150％（以下「最低担保率」といいます）である必要があり、また、ETH等の価値が下落することにより、預け入れているETH等の価値が、利用者が保有するDAIの価値に基づき算出される最低担保率を下回った場合には、最低担保率を回復する水準までETH等を追加で預け入れることが求められ、これができなかった場合には、強制的にロスカット（預け入れられているETH等が没収される）がなされます。DAIの価格は、このように、ETH等をそのDAIの発行価額よりも多く預かり資産とすることによって、価値の安定を図る仕組みを構築しています[5]。

このように、現金や国債などの通貨建ての資産ではなく他の暗号資産の裏

3　本研究結果報告書22頁。

4　『MakerDAOの俗説を打ち破る：Daiにまつわる7つの誤解』（https://blog.makerdao.com/makerdao%E3%81%AE%E4%BF%97%E8%AA%AC/）。

付けにより価格の安定をさせる暗号資産型ステーブルコインのことを、「担保型」といい、一定のアルゴリズムを用いて取引を行うなどして価値を安定させる「無担保型」と区別されます[6]。したがって、ステーブルコインとしての分類においては、DAIは、「暗号資産型」であり、かつ「担保型」のステーブルコインということができると考えられます（ステーブルコインの分類についてＱ７参照）。

なお、DAIの発行にあたって預け入れられるETH等が「担保」と呼ばれていますが、日本法における被担保債権の優先弁済のための資産である「担保」とは異なる意味において用いられている点には留意が必要です。

3　暗号資産型のステーブルコインの日本法上の位置付け

暗号資産型のステーブルコインに関して、本研究会の「中間論点整理」では、以下のようにまとめられています[7]。

> 以上、3(1)アの「デジタルマネー類似型」について検討してきたが、上記3(1)イに該当する「暗号資産型」のステーブルコインもある。
>
> こうしたステーブルコインが、資金決済法に規定する暗号資産に該当する場合、暗号資産の売買・交換・これらの媒介等・管理を行う者は、暗号資産交換業者として規制される。また、暗号資産交換業者には、その特性等に照らして利用者の保護等に支障を及ぼすおそれがあると認められる暗号資産を取り扱わないために必要な措置を取ることが求められており、新規の暗号資産の取扱いに際しては、自主規制団体によりその適切性の確認等が行われている。ステーブルコインと称するものの中には、金融商品取引法に規定する有価証券に該当するものもあり得る。こ

5　このほか、利用者がDAIを返還して預け入れていたETH等の返還を受ける際に支払う必要がある安定化手数料と呼ばれる手数料など、ETH等の預入れを受ける以外にも、DAIの価格を安定させる複数の仕組みが存在します。

6　野村総研・木内登英『ステーブルコインの「テラUSDが暴落」』（https://www.nri.com/jp/knowledge/blog/lst/2022/fis/kiuchi/0517）。

7　本研究会中間論点整理15頁。

の場合、金融商品取引法に規定する開示規制や業規制（電子記録移転権利を自ら発行・募集する場合には第二種金融商品取引業の登録が必要になる場合があるほか、当該権利の募集の取扱いや売買の媒介を行う場合には第一種金融商品取引業の登録が必要になる）等が適用され得る。

DAIは、現在暗号資産交換業者において取り扱われており、電子記録移転権利ではなく暗号資産に該当すると考えられていますが、一般にステーブルコインと呼ばれているトークンであっても、上記のとおり金商法上の有価証券に該当する場合には、暗号資産には該当せず、有価証券として金商法に基づく規制が適用されることになります。したがって、一般に「ステーブルコイン」と呼ばれているトークンであっても、常に暗号資産に該当するものではなく、併せて有価証券に該当しないかどうかについて、検討する必要があることには留意が必要です（有価証券該当性についてQ24参照）。

Q 33 DEXのうち、著名なプロジェクトであるUniswapについて教えてください

1　Uniswapについて

(1)　Uniswapの概要

Uniswapは、DEXに分類されるDeFiであり、自動マーケットメーカー（AMM）によりトークン交換価格が自動的に決定されることや、流動性の供

(https://defillama.com/protocol/uniswap?hideEvents=true)

給者（以下「流動性供給者」といいます）が任意のトークンペアの流動性を流動性プールに提供することで手数料を得ることができるといった特徴を有する、暗号資産・ステーブルコイン等のトークン交換のためのプロトコルです[1]。TVLを集計し公表しているDeFiLlamaのウェブサイトによれば2022年10月７日時点のTLVは52億6,000万ドルであり、最大の規模を有するDEXの１つです。

Uniswapの利用方法としては、大きく分けて、①暗号資産の交換と、②流動性プールへの流動性供給がありますが、説明の便宜上、以下では②から検討します。

(2) Uniswapに対する流動性提供

Uniswapにおける暗号資産・トークンの交換は、暗号資産・トークンの交換を希望する者が提供する暗号資産・トークンと、流動性プールに存在する暗号資産・トークンを交換することによって行われます。したがって、Uniswapにおける暗号資産・トークンの交換は、流動性プールに一定の暗号資産・トークンが存在することが前提となります。

この流動性プールに暗号資産を提供することが「流動性の供給」であり、流動性供給者は、流動性プールに対して、一定のペアの暗号資産・トークンを供給します[2]。この流動性供給の対価として、流動性供給者は、LPトークン（流動性トークン）と呼ばれるトークンを取得します。このLPトークンは、当該流動性供給者が提供した流動性ポジションを表象するものです。Uniswap v3からは、流動性プールに流動性を提供する際に、交換に応じる価格帯を指定することができる機能（流動性集約機能）[3]が追加されたことから、流動性提供者のポジションは異なる価格帯・異なる流動性で形成されることとなりました。そのため、Uniswap v3からは、流動性トークンはNFT

1　本研究結果報告書20頁。

2　なお、流動性供給者は、これまで存在しなかった種類の暗号資産・トークンをペアとして流動性供給を行うこともでき、かかる仕組みを利用して、新たなトークンの流通を行うことが可能となります。これを、IDO（Initial DEX Offering）といいます。

3　本研究結果報告書38～39頁。

【図17　流動性提供のイメージ】

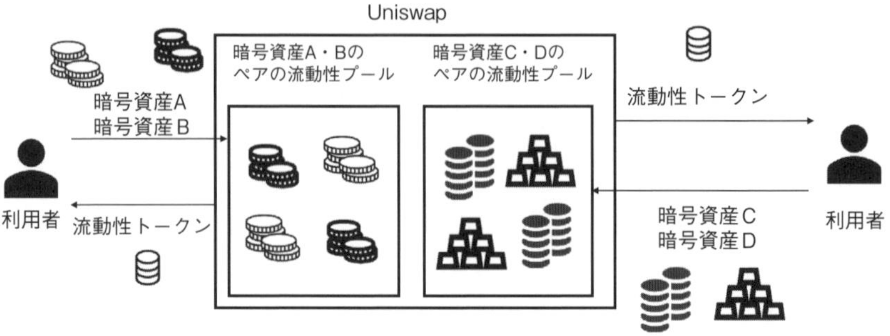

【図　流動性集約機能の例】

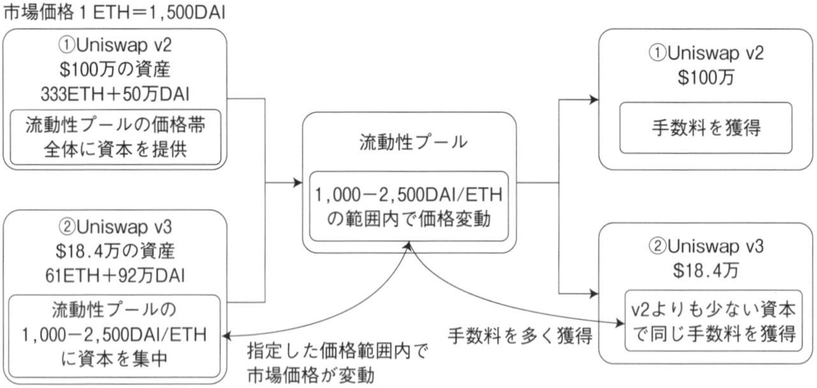

（本研究結果報告書より引用）

として発行され、管理されます[4]（NFTが金融規制の対象になるかについてQ24参照）。これらの流動性供給及び流動性集約機能のイメージは、上記図のとおりです。

この流動性供給者は、いつでもLPトークンをUniswapに返還し、提供した暗号資産の返還を受けるとともに、Uniswapから報酬を得ることができ、この報酬の原資は、暗号資産の交換を行った利用者が支払った手数料が原資として充てられます。また、当該手数料は、Uniswap v2までは0.3％の固定

4　本研究結果報告書38頁。

のものでしたが、v3からは、0.05%、0.3%、１%という３段階となりました。

(3) Uniswapにおける価格決定方式（AMM方式）

Uniswapにおいて暗号資産の交換をしようとする利用者は、自らが保有する暗号資産・トークン（以下「暗号資産Ａ」といいます）を流動性プールに提供し、交換を希望する暗号資産（以下「暗号資産Ｂ」といいます）を受け取ります。このとき、暗号資産Ａと暗号資産Ｂの交換比率は、流動性プールに存在する当該暗号資産Ａ及び暗号資産Ｂのペアの数量に応じて決定されます。具体的には、Uniswapにおいては、暗号資産Ａから暗号資産Ｂへの交換を実施する場合には、流動性プール内における暗号資産Ａ及び暗号資産Ｂの残高の積が取引の前後において一定となるように、Uniswapのアルゴリズムによって交換比率が設定されます[5]。

このように、価格調整メカニズムがアルゴリズムによって自動化されているものをAMM方式（Automated Market Maker）ということがあります。他方で、従来の板方式の価格決定方式は、オーダーブック方式と呼ばれます。

(4) Uniswapのガバナンス

Uniswapにおいては、ガバナンストークンであるユニ（UNI）が存在します。このUNIを用いた意思決定方法は、①スナップショット投票と②ガバナンス投票の２段階で行われ、①スナップショット投票はオフチェーンで、②ガバナンス投票はオンチェーンで行われます。

①スナップショット投票においては、温度チェック[6]とコンセンサスチェック[7]の２段階で投票が行われ、最終的に、②ガバナンス投票で提案の実施可否が決定されます[8]。

5　日銀レビュー２頁。

6　温度チェックにおいては、現状を変更するのに十分な意志があるかどうかが判断されます。

7　コンセンサスチェックにおいては、提案に関する正式な議論の確立が行われます。

8　本研究結果報告書45頁。

なお、UNIは、もともとUniswapにおけるガバナンスに参加する投票権としての位置付けを有するものですが、近時は、その値上がり期待から投機的需要を引き付け、これを入手するために積極的にUniswapに対する流動性供給が盛んに行われているという指摘があります[9]。このような、流動性の供給によってガバナンストークンを入手する行為を、「流動性マイニング」と呼ぶことがあります[10]。

2　Uniswapへの規制適用

(1)　暗号資産交換業該当性

一般に、他人間の暗号資産の交換を仲介する行為は、暗号資産の交換の媒介として、暗号資産交換業に当たる可能性があります。しかし、Uniswapについては、Q30で述べたところと同様に、暗号資産の交換の媒介を行う行為主体が観念できないと言い得ることから、暗号資産交換業に該当するかどうか疑義があります[11]。

(2)　LPトークンの電子記録移転権利該当性

LPトークンについては、流動性供給者が暗号資産を提供し、かつそのポジションを保有していることによって、最終的にLPトークンを返還した際に報酬が支払われるという仕組みから、集団投資スキーム持分（金商法2条2項5号）としての性質を有する可能性があり（トークンの集団投資スキーム持分該当性についてQ24参照）、これに該当する場合には、LPトークンはブロックチェーンベースのトークンであることから、電子記録移転権利（金商

9　日銀レビュー2頁。

10　このように、流動性マイニングを行いガバナンストークンを取得する行為と異なり、単にDeFiを利用することによって、レンディングプラットフォームにおける金利収入や、DEXにおける手数料収入を得ようとする行為を「イールドファーミング」と呼ぶことがあります。

11　ただし、実質的な管理者の存在が認められるような状況になった場合に規制適用がなされる可能性があることについては、Q30で述べたところと同様です。

法2条3項）に該当する可能性があります。電子記録移転権利については、その発行体に対して有価証券届出書の提出や、その取得勧誘を行う者に対して金融商品取引業者の登録が求められることとなります。

もっとも、上記(1)のとおり、行為主体が明らかではないDeFiプロトコルにおいては、「発行者」が誰であるか、及び金融商品取引業者としての登録を行わなければならない者が誰であるかが必ずしも明らかではなく、仮に、このような主体が観念できない場合には、規制の適用がないという結論となります。

ただし、実質的な管理者等が認められた場合には、当該者がこれらの行為主体であり、規制の対象となると判断される可能性があると考えられます。

(3) LPトークン及びUNIの暗号資産該当性

LPトークンが電子記録移転権利でない場合であっても、その暗号資産該当性が問題となり得ます。また、ガバナンストークンであるUNIについても、同様に暗号資産該当性が問題となり得ます。

もっとも、上記1(2)のとおり、LPトークンについては、Uniswap v3からNFTとして発行されていることから、暗号資産該当性の判断は、慎重に検討する必要があると考えられます（NTFトークンの暗号資産該当性についてQ24参照）。

他方で、UNIについては、ブロックチェーン上でやり取りをすることができるファンジブルトークン（FT）であり、海外の取引所にも上場されていることから、日本法上の暗号資産に該当すると考えられます。

Q 34 レンディングプラットフォームとして著名なCompoundの仕組みとこれに関する法規制について教えてください

1　Compoundの仕組み

Compoundは、暗号資産の借入れを行うことのできるプラットフォームである（DAO）（自律分散型組織）ですが、暗号資産を流動性プールに提供（ロック）して、利息収入を得るという形で利用することもできます。したがって、利用者は、Compoundにおいて、暗号資産の貸し手となることも、借り手となることもできます。TVLを集計し公表しているDeFiLlamaのウェブサイトによれば2022年10月７日時点のTLVは約22億6,000万ドルです。

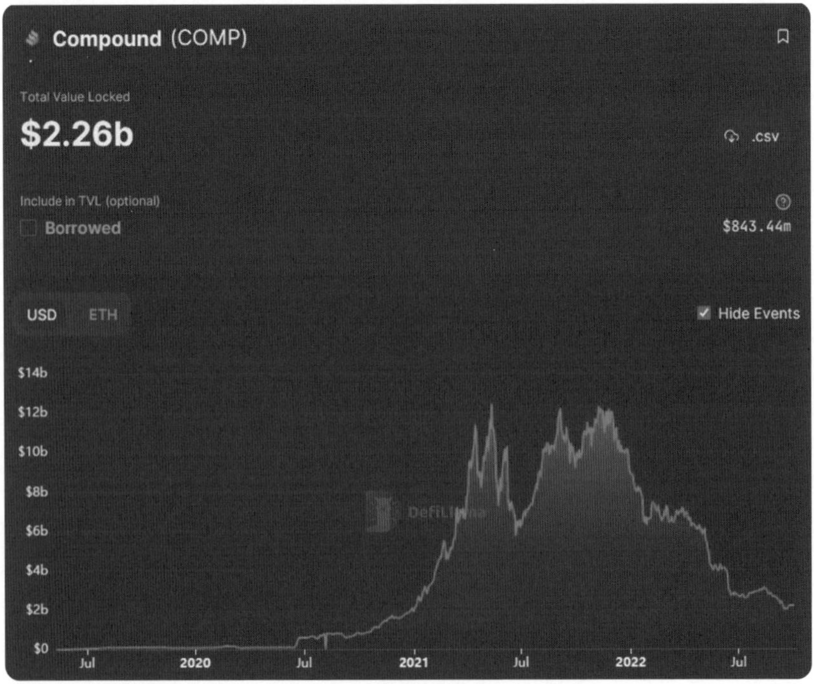

（https://defillama.com/protocol/compound?hideEvents=true）

⑴ 暗号資産の貸し手となる場合

Compoundにおいて暗号資産の貸し手となろうとする利用者は、自らが保有する暗号資産をCompoundの流動性プールに提供することによって、「cToken」と呼ばれるトークンを取得することができます。このcTokenとは、例えばイーサ（ETH）を流動性プールに提供した場合には、cEtherという名称になります。

Compoundにおいては、貸借期間の定めはなく、いつでもこのcTokenをCompoundに返却することができ、その返却を行った場合には預け入れた暗号資産とともに、利息収入を得ることができます。これら一連の仕組みはすべてスマートコントラクトにより執行されます[1]。

【図表18　貸し手のイメージ】

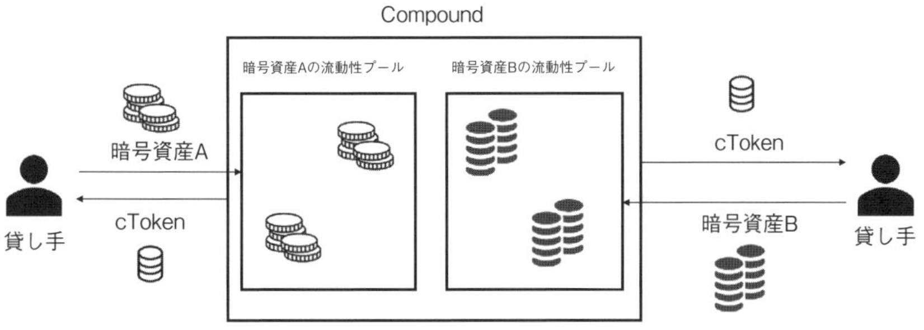

⑵ 暗号資産の借り手となる場合

利用者が暗号資産の借り手となる場合には、当該利用者は、cTokenを担保としてCompoundに預け入れ、これにより暗号資産を借り入れることができます。換言すれば、Compoundの利用にあたっては、あらかじめ暗号資産をロックしておき、cTokenを保有していることが必要となります。

Compoundにおける借り手は、いつでも借り入れた暗号資産及び利息分相当額を多く返済することにより、担保として提供したcTokenを回収するこ

1　日銀レビュー3頁。

とができます[2]。

なお、cTokenを差し入れることによって取得した暗号資産をさらにCompoundに預け入れ、再度cTokenを取得することもできます。この方法を繰り返すことにより、Compoundの利用者は、レバレッジを利かせた運用をすることができることとなります。

【図表19　借り手のイメージ】

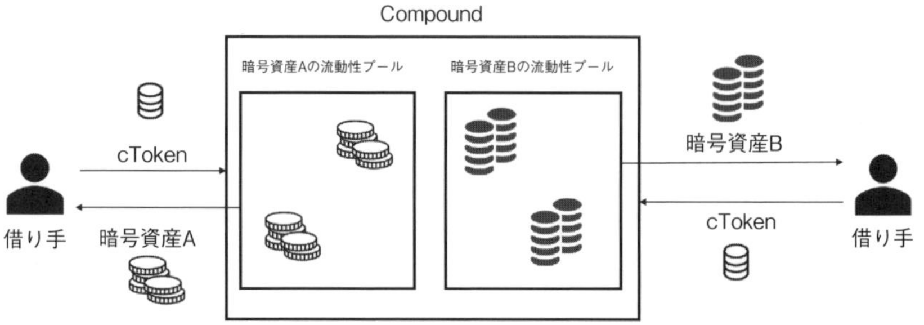

(3) Compoundにおける金利

上記のとおり、Compoundの利用者は、暗号資産を貸し付けて金利収入を得ることができ、あるいは、利息を支払うことによって、暗号資産の借入れを行うことができます。Compoundにおいては、このような、貸し手として受け取ることができる金利を「Supply APY」と、借り手として支払う必要がある金利を「Borrow APY」とそれぞれ位置付けています。2022年6月30日現在、主要な暗号資産の年利は以下のとおりです[3]。

銘柄	Supply APY	Borrow APY
イーサ（ETH）	0.06%	2.66%
USDコイン（USDC）	0.29%	1.35%
ダイ（DAI）	1.36%	3.05%
ユニ（UNI）	0.31%	5.48%

2　日銀レビュー3頁。
3　Compound HP（https://compound.finance/markets）

コンプ（COMP）	0.01%	2.48%
アーベ（AAVE）	9.64%	20.82%

⑷ Compoundにおけるガバナンス

Compoundにおいては、ガバナンストークンとして、COMPトークンが発行されています。その投票においては、投票は１回のみ、投票作成から実行まで最短で７日間、予期しない脆弱性が発生した場合に備えて一連のサービスを無効にする機能がある、といった特徴があります[4]。

2 Compoundに対する規制適用（Compoundにおいて発行されるトークンの暗号資産該当性）

cTokenは、イーサリアムというパブリック型のブロックチェーン上で管理されるERC20トークン標準のトークンであることから、日本法上も暗号資産に該当する可能性があると考えられます（暗号資産の定義についてＱ１参照）。また、COMPトークンも、同様に、ERC20トークン標準を用いており、海外の取引所に上場もされていることから、日本法上も暗号資産に該当する可能性が高いと考えられます。

4　本研究結果報告書24頁。

Q 35　DeFiに対する規制の動向等を教えてください

1　米SEC委員長Gary Gensler発言

Q30の説明のとおり、完全に分散化されたDeFiにおいては、規制対象となる行為主体が存在しないことから、規制対象とならないケースが多いと考えられます。

もっとも、Q29で述べたとおり、DeFi、すなわち分散化をうたっていても、完全に分散化されている組織によって運営されていないプロジェクトも存在し、その場合には、当該DeFiの中央集権的な部分を担う者が、規制対象となる可能性があります。

この点について、米国SECの委員長であるGary Gensler氏は、「DeFiという言葉は少し誤ったものである。なぜならば、オープンソースのソフトウェアのようなソフトウェアを書くだけでなく、ガバナンスに関する権利や手数料などを得るコアグループがいるからだ。この中には、後援者やスポンサーのための、幾らかのインセンティブ構造も存在する[1]」と述べた上で、いくつかのDeFiプロジェクトは、SECによる規制の対象となり得る見解を示しました[2]。

2　DAOの法的性質及び法人化に関する議論

(1)　DeFiプロジェクトのDAOによる運営

また、Q31において触れたように、DeFiプロジェクトにおいては、その分散化を進めるために、プロジェクトの運営をDAO（自律分散型組織）に委ね、特定の法人がプロジェクトを運営するのではなく、ガバナンストークン

1　「Crypto's 'DeFi' Projects Aren't Immune to Regulation, SEC's Gensler Says」THE WALL STREET JOURNAL電子版、2021年８月19日）。

2　なお、当該見解は、Gensler氏の個人的見解であり、SECの見解とはされていません。

保有者による運営をオンチェーンガバナンスによって行うことがあります。

このような既存のDeFiプロジェクトにおけるDAOの特徴としては、以下のようなものがあると指摘されています[3]。

① 運営する会社や代表者・取締役会などが存在せず、参加者が自律的に運営を行う組織である。

② 組織の運営ルールがスマートコントラクトによってコード化されている。

③ ガバナンストークンなどと呼称されるトークンに紐づく形で一種の議決権（投票権）がトークン保有者に付与され、組織・コミュニティにおける一定の意思決定について、スマートコントラクトのルールに基づいて投票が行われる。

④ 複数の国に所属する参加者がグローバルに活動する組織であり、また必ずしも管理法人が明確でないため、組織が所属する国や地域が特定されない。

⑵ DAOの法的性質

DAOの法的地位について、日本においてはほとんど解明されていないとされているものの[4]、立法者がDAOについて特別法を制定するか、あるいは当事者が既存の特定の企業形態を意識的に選択するのでない限り、DAOについてはパートナーシップ（組合）の成否が問題になり、かつ、その成立が認められる可能性が高いという指摘がなされています[5]。

かかる前提のもとでは、特に成立する組合が民法上の任意組合である場合には、トークン保有者等の関係者が組合員として組合の債務について個人

---

3 本研究結果報告書８頁。

4 柳明昌「DAOの法的地位と構成員の法的責任」『法学政治学論究』第132号（2022年３月）24頁。

5 柳・前掲注４・42頁。

的、かつ無限責任を負う可能性が生じる点に留意が必要であると考えられます。

(3) ワイオミング州における立法例

米国のワイオミング州においては、DAOについて、2021年7月1日よりワイオミング州の有限責任会社（LLC）として登記できるようになりました[6]。

これにより、DAOにそのメンバーとは異なる独立の法人格が与えられることになるため、DAOのメンバーは上記の任意組合の場合における無限責任のリスクを回避することができます。

ワイオミング州において法人として設立されるDAOには、以下のような特徴があるものとされています[7]。

- 定款の定めに基づき、デフォルトとしてのメンバー運営型と、アルゴリズム運営型があり、DAOの管理・運営に直接使用されるスマートコントラクトの識別子（アドレス）を開示しなければならないこと
- アルゴリズム運営型のDAOはスマートコントラクトが更新・修正されるものでなければならないこと[8]
- DAOの定款にはDAOである旨の定めを置かなければならない
- 州内には登録エージェントの設置が求められる
- メンバーの権利義務について、定款やスマートコントラクトにおいて自由に定めることができ、受任者義務を緩和することが認められる

もっとも、当該改正に関しては、関係者の真の悩みを解決しておらず、例えば、①LLCの資本を毀損して債権者を害することとなる分配を受けた者が債権者との関係で個人的責任を負うこととなり得る点を緩和する措置を講じていないこと、②既存のLLCを設立するよりも負担が重いこと、③スマート

---

6 STATE OF WYOMING SENATE FILE NO. SF0038（https://www.wyoleg.gov/2021/Introduced/SF0038.pdf）
7 柳・前掲注4・39～40頁。
8 このような修正・更新の余地があることにより、構成員によるコントロール（中央集権的な修正）の余地が残されているという指摘もあります（柳・前掲注4・39頁）。

コントラクトを神話化し、その法との関係も適切に捉えられていないことといった批判が既になされていることが指摘されています[9]。

(4) 日本の規制

日本においても、DeFiそれ自体に対する規制はなされておらず、Q29の説明のとおり中央集権的な部分がある場合において、当該部分に対応した法規制の適用がある場合があると考えられます。この点に関連し、自民党NFTホワイトペーパー（案）では、ワイオミング州のDAO法人化も踏まえて、以下のような提言がなされています。

> (7) 分散型自律組織（DAO）の法人化を認める制度創設
>
> ア．問題の所在
>
> ブロックチェーンエコシステムにおいて、DAOと呼ばれる、特定の中央管理者や階層構造を持たず、構成員・参加者によって、ブロックチェーン等の分散台帳に記録されたコード等に基づき自律的に運営されるガバナンスシステムを持つ新しい組織ガバナンスの形態が注目されている。分散型という特徴により、適用される法令（準拠法）や、DAOの法律上の位置付け、構成員・参加者の法的な権利義務の内容、課税関係等については不明確な点が多いところ、米国においてはDAOを有限責任会社（LLC）として法人化することを認める州が出現している。例えば、ワイオミング州では、DAOをLLCとして法人化することを認める法律（通称：DAO法）が2021年7月1日に施行された。
>
> 他方、わが国においては、DAOの法人化を認める制度が存在せず、適用される法令（準拠法）、法律上の位置付け、構成員・参加者の法的な権利義務の内容、課税関係等、不明確な点が多い。
>
> 同一のミッションに賛同する多様なステークホルダーが参加可能な新しいガバナンスシステムであるDAOは、実社会で発生している様々な

9 柳・前掲注4・39〜40頁。

問題・課題を解決するツールとして活用できる可能性を秘めており、例えば、地方創生、社会課題の解決、スポーツ団体の運営等のツールとしての活用が期待されている。

会社法の分野で、米国デラウェア州が先進的な会社法と優れた司法制度により多くの会社の設立地として選ばれるようになったように、米国の各州が他の州や国に先駆けてDAOの法人化を認める立法的措置を講じ、構成員・参加者の有限責任等を明確化することは、当該州にDAOの設立を呼び込む効果があると考えられる。また、DAOはスイス等においてfoundationとして設立されることも多い。

わが国においても、上記の世界的な潮流も踏まえた上で、日本法におけるDAOの法的位置付け、構成員・参加者の法的な権利義務の内容、課税関係等を早急に整理し、DAOの法人化を認める制度の創設（例えば、国家戦略特区を利用した「DAO特区」、「ブロックチェーン特区」の指定等）を早急に検討すべきである。

また、いわゆる骨太の方針において、「DAOの利用等のWeb3.0の推進に向けた環境整備の検討を進める」という方針が示され、さらに、デジタル社会の実現に向けた重点計画[10]においては、以下のような整理を行うことが明らかにされています。

④　スマートコントラクトとDAOの法的位置付けの整理

DAOとは、運営会社や代表者・取締役会などが存在せず、参加者が自律的に運営を行う組織である。DAOの運営ルールはスマートコントラクトによってコード化され、これによって意思決定が反映される。

デジタル庁は関連省庁と連携して、DAOを構成するスマートコントラクトを含む、自然人の意志が介在しない自動処理による署名行為につ

10 「デジタル社会の実現に向けた重点計画」（2022/6/7閣議決定）（https://www.digital.go.jp/assets/contents/node/basic_page/field_ref_resources/5ecac8cc-50f1-4168-b989-2bcaabffe870/fedb5d96/20220607_policies_priority_outline_15.pdf）。

いて、安全性を確保するための課題、民法や電子署名法上の位置付けついて整理を行う。

国内外のDAOについて、社会貢献活動や地域コミュニティといった具体的なユースケースや法人格との関係について調査し、現行法での位置付けや利活用に当たっての課題を整理する。

このように、DAOについては、政府や金融庁、デジタル庁等によって今後重点的に検討されるテーマとなっていることから、当局による情報発信が増加することが見込まれます。

3 DAOの法人化と規制の適用

上記2のとおり、DAOの法人化に関する立法は、法人格の付与や有限責任の利益を得ることができるという観点が先行して検討されているものの、これを超えて、DAOによって運営されるDeFiへの規制適用がどのようなものとなるかについては、必ずしも明確な議論がなされていないところです。

もっとも、DAOが法人となる場合には、行為主体が法人であることが明確化されることから、当該法人を規制の名宛人にし得ると考えられます。このように、あえて分散型金融の形態を採用しているにもかかわらず、法人化によって、中央集権的な部分が生じてしまうといった事象が生じることについてどのように整理すべきかなど、論点は多岐にわたるようにも思われ、今後の議論の注視が必要であると考えられます。

第 5 章

メタバース

Q 36 メタバースとはなんですか。また、実際のサービスではどのようなものがありますか

1　メタバースとは

メタバース（Metaverse）とは、Meta（超越）とUniverse（宇宙）をかけ合わせた造語であり、「インターネット上の仮想現実空間を利用し、ユーザー同士のコミュニケーションや現実さながらのライフスタイルを送ることができる世界[1]」「インターネット上で広がる三次元の仮想空間[2]」「物理的な現実、拡張現実、仮想現実を融合したオンライン上の共有空間[3]」などといわれています。メタバースとひとことでいっても、ゲームコンテンツなどを通して多くのファンと技術者によって支えられ発展してきたものや、ブロックチェーンやNFTを使って経済活動を行うもの、Web3技術とXR技術をかけ合わせるものなど、その背景や仕組み、特徴は多種多様です[4]。メタバースの特徴に関する主な発言について、その要旨は下表のとおりです。

Matthew Ball （ベンチャーキャピタリスト）	David Baszucki （Roblox CEO）	Tim Sweeney （Epic Games CEO）
・リセット、一時停止、終了がなく、永久に続く ・すべての人が同じ時間軸で生活する	・現実とは異なるアイデンティティを有するアバターを持つ ・友人を作り、交流ができる	・誰もが平等に参加できる ・特定の企業ではなく、すべてのユーザーによって管理される

1　一般社団法人Metaverse Japan HP（https://metaverse-japan.org/organization/whatsmetaverse/）。
2　一般社団法人日本メタバース協会HP（https://japanmeta.org/）。
3　Japan ContentsBlockchainInitiative HP（https://www.japan-contents-blockchain-initiative.org/blog/MetaverseWayofThinking）
4　一般社団法人日本メタバース協会HP（https://japanmeta.org/）、一般社団法人Metaverse JAPAN HP（https://metaverse-japan.org/）参照。

・同時参加人数に制限がない ・所有、投資、売買などの概念があり、仕事から報酬が得られる ・デジタル世界と物理世界にまたがる体験を提供する ・デジタルアセットに関して前例のない相互運用性を有する ・数多くの企業や個人がコンテンツを生み出している	・没入型の体験である ・国や文化にかかわらず、どこからでもログインできる ・どこへでもすぐに行ける ・多様なコンテンツを有する ・生計を立てることができる経済圏が存在する ・安全で安定している	・すべてのクリエイターが自己の創作物を所有し、そこから利益を得ることができる ・あらゆる個人、クリエイター、企業の出会いの場である ・複数のプラットフォームが相互につながっている

（出典：日本政策投資銀行産業調査ソリューション室石村尚也ら「AR/VRを巡るプラットフォーム競争における日本企業の挑戦」）

もともとメタバースという概念や、仮想現実（VR）、拡張現実（AR）、3Dコンピューティングといった背景技術は数十年前には登場しており、Linden Lab（リンデンラボ）が運営する「Second Life」などはメタバースの先駆けともいわれています。

昨今では、パソコンやスマートフォンのほか、VRヘッドセット、VRゴーグル等、仮想空間をよりリアルに感じることができるデジタル技術やデバイスが格段に進歩したことや、2021年10月、ビックテックGAFAMの１つであるFacebook, Inc.がMeta Platforms, Inc.に社名変更したことによりメタバースが再び注目を浴びることとなりました。2021年11月には、「都市連動型メタバース」のガイドライン策定を目指すバーチャルシティコンソーシアムが発足し[5]、2022年１月には、Microsoftが、米ゲーム大手Activision Blizzard, Inc.（アクティビジョン・ブリザード）の買収に687億ドルを投じる計画を発表するなど[6]、メタバースを巡るビジネスの検討が加速しています。

メタバースに活用される世界のAR/VR関連ソフトウェアサービスの市場

5　KDDI株式会社HP（https://news.kddi.com/kddi/corporate/newsrelease/2021/11/09/5522.html）。

規模は次のグラフのとおり、2020年の32億ドルから2021年の38億ドルに成長し、2023年には約70億ドルに達すると予測されています[7]。

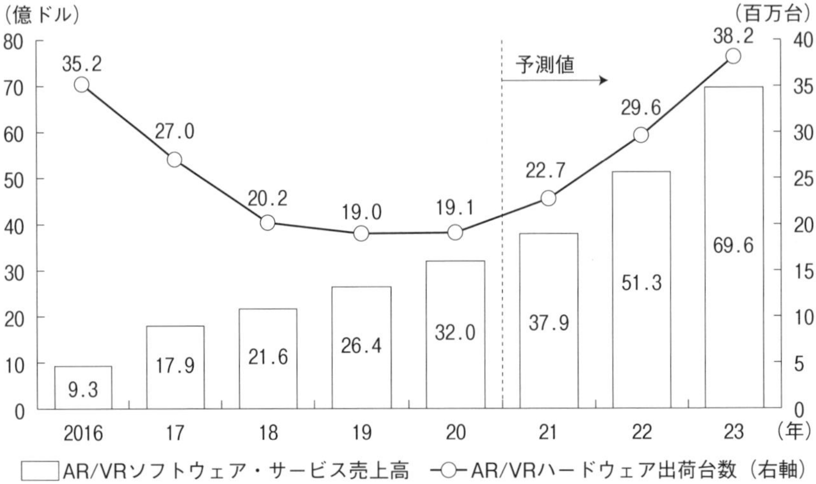

（出典：総務省「情報通信白書〔令和３年度版〕」（https://www.soumu.go.jp/johotsusintokei/whitepaper/ja/r03/html/nd105210.html））

また、骨太の方針において、Web3の推進に向けた環境整備の検討とともに、メタバースを含めたコンテンツの利用拡大に向け、2023年の通常国会において関連法案の提出が図られることとされています。

メタバースの１つの区分として、ブロックチェーン技術を使う分散型のメタバースとゲーム空間で実現されている中央集権型のメタバースに大別できます。そこで、以下では、前者の代表的なサービスといわれる「The Sandbox」及び「Decentraland」と、後者の代表的なサービスといわれる「Fortnite」「VRChat」「Horizon Workrooms」について、それぞれのサービスの概要等について説明します。

6　Microsoft HP（https://news.microsoft.com/2022/01/18/microsoft-to-acquire-activision-blizzard-to-bring-the-joy-and-community-of-gaming-to-everyone-across-every-device/）

7　令和３年度版の総務省「情報通信白書」。

2　ブロックチェーン技術を用いた分散型のメタバース

(1)　The Sandbox[8]

「The Sandbox」はイーサリアムのブロックチェーン技術を基盤としたユーザー主導のゲームプラットフォームであり、現在はTSB Gaming Ltd.によって開発が進められています。また、2022年1月には、コインチェック株式会社が、同社が保有するThe Sandbox上のLANDに、2035年の近未来都市「Oasis TOKYO」を制作するプロジェクトを開始する旨をリリースしました[9]。

The Sandboxのメタバースでは、LAND（土地）を利用することとなっており、その利用権は、発行上限数を16万6,464個とするLAND（土地）と呼ばれるERC721トークン標準のNFTに表章されています。プレイヤーはLAND（土地）の上でゲームやジオラマなどのデジタルコンテンツを構築することができ、作成したコンテンツ（ASSET）はERC1155トークン標準のNFTに表章されます。また、メタバース内の決済手段としてはSANDと呼ばれるERC20トークン標準の暗号資産が流通しています[10]（イーサリアムにおけるトークン標準についてQ4参照）。

The Sandboxにおいてユーザーは、VoxEditと呼ばれるThe Sandboxによって開発されたソフトウェアを用いてオリジナルのゲームやアイテム、キャラクター、建物等のASSETを作成、編集することができるほか、ビジュアルスクリプトツールが搭載されたGame Makerと呼ばれるThe Sandboxが提供するソフトウェアを使うことで、無料でASSET等からメタバース内に3Dゲームを作ることができます。また、マーケットプレイスも用意されており、自らが作成したASSETをNFTとしてメタバース内で自由に売買し

8　The Sandbox HP（https://www.sandbox.game/jp/）

9　Coincheck「コインチェックとThe Sandbox、メタバース上で都市開発を開始」（https://corporate.coincheck.com/press/I8E199JI）。

10　The Sandbox HP（https://sandboxgame.gitbook.io/the-sandbox/assets/buying-and-selling-assets#buying-assets）

たり賃貸することが可能です。

そのため、The Sandboxは、単にゲームとして楽しめるだけではなく、①Landの賃貸により不動産収入を得る、②ASSET等をNFTとしてマーケットプレイスで販売する、③Game Makerを用いて作成したゲームを有料で提供するといった方法により、収益を上げることもできます。

(2) Decentraland[11]

Decentralandは、最も歴史が長いとされるメタバース構想のブロックチェーンプロジェクトといわれており、イーサリアムブロックチェーンをメインチェーンとして、Decentraland Foundationにより開発が進められています。

DecentralandにおいてユーザーはDecentraland上のLANDを購入し、そのLAND上に自らのコンテンツを作り上げることができます。Decentraland上のデジタルアイテムやゲームは、専用のエディターやSDK（Software Development Kitの略であり、ソフトウェア開発キットを指します）を用いることでゲーム開発経験のない人でも簡単に作成することができる仕組みになっています。

Decentralandにおいては、決済手段として、マナ（MANA）と呼ばれる暗号資産が流通しており、ユーザーは、MANAを使ってLANDやアバターの衣服・ユーザーネームといったメタバース内で使用できるアイテムを、これが表章されたNFTを通じて取引することが可能です（アバターについてQ43参照）。

また、DecentralandはDAOによるユーザー主導のガバナンス体制が築かれており、MANAのラップドトークンであるwMANAを保有しているか、LAND又はEstate（直接隣接する2つ以上の区画からなるLANDの集合体）を所有しているユーザーがガバナンスに参加することができます。

11 Decentraland HP（https://decentraland.org/）

3　ゲーム空間における中央集権型のメタバース

(1)　Fortnite[12]

Fortniteは、米国のEpic Gamesが開発・発売したオンラインシューティングゲームです。ユーザーは、仮想空間上でアバターを操作して戦う戦闘要素のほか、クリエイティブモードにより武器や基地を作ることも可能です。加えて、Fortnite内で映画を上映したり有名アーティストがライブを行うなど[13]、イベントやコミュニティを構築するプラットフォームとしての機能を有しており、メタバースの一種と位置付けられる特徴の１つといえます。

(2)　VRChat[14]

VRChatは、米国のVRChat Inc.によって運営されているソーシャルVRプラットフォームです。VRChatは、アバターを通して複数のユーザー同士で会話したり、自らオブジェクトを制作したり、バーチャル空間で社会的な交流が可能なサービスであり、VRゲームではなく、VRの技術を用いたSNSである点が特徴といえます。VRChat内には無数の「ワールド」と呼ばれるバーチャル空間が用意されており、ユーザーは現実世界において物理的に離れた場所にいる他のユーザーと交流を行うことができ、「ワールド」内において近くにいるユーザーとはボイスチャットを通じた口頭でのコミュニケーションのほか、VRヘッドセットを使用することで、実際の身体の動きがアバターに反映され、身振り手振りのノンバーバルコミュニケーションも可能とされています。

なお、VRChatはVR機器を有していなくても利用することができます。

12　Fortnite HP（https://store.epicgames.com/ja/p/fortnite）
13　2020年には歌手の米津玄師氏がFortnite上でバーチャルライブを実施しました。日経電子版（https://www.nikkei.com/article/DGXZQOUC153YR0V10C21A4000000/）。
14　VRChat HP（https://hello.vrchat.com/）

(3) Horizon Workrooms[15]

Horizon WorkroomsはVRにより臨場感ある会議を仮想空間で体験することができるミーティングサービスであり、2021年８月に、Facebook, Inc.（現：Meta Platform, Inc.）の子会社であるOculusがオープンβ版を公開しました。

Horizon Workroomsは、一体型VRヘッドセット「Oculus Quest 2」を使うことでメタバース内に設置された会議室にアバターの姿でログインでき、方向性を持った空間オーディオによってリアルと同じ感覚で会話を行うことができる点が特徴といえます。また、メタバース内のデスクの位置を現実世界と同期することができる機能やブレインストーミング機能、ドキュメント作成機能、共有ホワイトボード機能等、ビジネス向けのコンテンツも提供されており、共同作業やミーティング、プレゼンテーションなど様々なビジネスシーンでの応用が期待されています。

15　Horizon Workrooms HP（https://www.oculus.com/workrooms/?locale=ja_JP）

Q37 現実の街並みをメタバース内に再現する場合において、著作権法上どのような点が問題となりますか

1　現実の街並みをメタバース内に再現

現実空間と同様の空間を再現した仮想空間を、デジタルツインといいます。デジタルツインでは、現実の街並みも再現されており、例えば、地方自治体と民間企業が連携して、メタバース内に当該自治体内の街並みを再現するような取組みも行われています[1]。

現実の街並みをメタバース内で再現する場合には、再現の対象となる現実の街並みに存在する著作物についての権利処理（著作権者からの利用許諾の取得等）の要否を検討する必要があります。具体的には、(i)建築物、(ii)屋外に設置されている美術品（銅像やモニュメント等）、(iii)屋外に設置されている看板・デジタルサイネージに表示されている画像や映像といったものに関連して、その①「著作物」該当性及びそれらが著作物に該当した場合における②権利制限規定（権利者の許諾なく利用可能な場合を定めた著作権法上の規定）の適用関係が問題となります。

2　(i)建築物について

(1)「建築の著作物」への該当性

著作権法10条1項5号は、著作物の例示の1つに「建築の著作物」を挙げています[2]。

1　例えば、渋谷区及び民間企業が連携して展開した「バーチャル渋谷」（https://vcity.au5g.jp/shibuya）、大阪府、大阪市及び民間企業が連携して展開している「バーチャル大阪」（https://www.virtualosaka.jp/）などがあります。

2　「建築の著作物」は居住用などといったその実用物としての性格から、建築物の利用権と著作者の権利の調整が必要になるため、著作権法上、特別な取扱いがなされている場合があります（著作権法20条2項2号、46条等）。

ここでいう「建築」とは、建築物の設計図[3]ではなく、建築物自体を指し、建築物の外部の外観のみならず、その間取り、部屋、階段等の内部の外観もこれに含まれます[4]。また、議論のあるところですが、橋や庭園なども「建築」に含まれるとする見解もあります[5]。

これらの「建築」のうち、「建築の著作物」として認められ、著作権法上の保護を受けるものは、著作物性の要件を充足したものに限られます。そのため、当該建築が「著作物」であること、すなわち「思想又は感情を創作的に表現したもの」であること及び「美術……の範囲に属するもの」であることが必要です（著作権法２条１項１号）。建築物が「著作物」に該当するか否かについては、近時の裁判例によれば、「建築物としての実用目的を達成するために必要な機能に係る構成と分離して、美術鑑賞の対象となり得る美的特性である創作的表現を備えている部分を把握できるか否か[6]」といった基準で判断されています。「美的鑑賞の対象となる美的特性である創作的表現」が備わっていない場合は、「思想又は感情を創作的に表現したもの」ではなく、また、それが備わっている部分を「実用目的を達成するために必要な機能に係る構成と分離して……把握」できないものは、「文芸、学術、美術又は音楽の範囲」に属しないものとして「著作物」該当性が否定されると考えられます。

3　設計図は、著作権法10条１項６号の「図面……の著作物」に該当することがあります。

4　東京地決平成15年６月11日判時1840号106頁［ノグチルーム事件決定］。

5　半田正夫＝松田政行編『著作権法コンメンタール１〔第２版〕』576～577頁〔木村孝〕（勁草書房、2015）等。裁判例としては、前掲ノグチルーム事件決定が、建物と一体となるものとして設計され、当該建物と有機的に一体となっているものと評価することができる庭園について、当該建物と当該庭園は一体として一個の建築の著作物を構成するものと認めるのが相当であるとしています。また、大阪地決平成25年９月６日判時2222号93頁［新梅田シティ庭園事件決定］は、単独の著作物と認めた庭園の改変行為について、建築物における著作者の権利と建築物所有者の利用権を調整する場合に類似するとして、著作権法20条２項２号の規定を類推適用することは、合理的であるとしています。

6　知財高判令和３年12月８日裁判所ウェブサイト［タコの滑り台事件控訴審判決］。また、この裁判例は、「建築の著作物」について、「建築物の外観に表れた美的形象をいうものと解される」旨も判示しています。

「建築の著作物」に該当する例としては、宮殿や凱旋門、東京タワーなどが挙げられます[7]。

(2) 権利制限規定への該当性

著作権法では、著作権の対象となる「著作物」について、これを利用する場合には、原則として著作権者の許諾が必要となります。しかし、例外的に、著作権者の許諾なく当該著作物を利用できる場合が権利制限規定として著作権法上定められています。そのため、メタバース内で「建築の著作物」に該当する建築物を再現する場合であっても、当該建築物の再現の態様が、権利制限規定に該当する場合には、当該建築の著作物に係る権利処理は不要となります。

建築物の再現の際に適用される可能性のある主な権利制限規定は、以下のとおりです。

(公開の美術の著作物等の利用)

第46条　美術の著作物でその原作品が前条第２項に規定する屋外の場所に恒常的に設置されているもの又は建築の著作物は、次に掲げる場合を除き、いずれの方法によるかを問わず、利用することができる。

一　彫刻を増製し、又はその増製物の譲渡により公衆に提供する場合

二　建築の著作物を建築により複製し、又はその複製物の譲渡により公衆に提供する場合

三　前条第２項に規定する屋外の場所に恒常的に設置するために複製する場合

四　専ら美術の著作物の複製物の販売を目的として複製し、又はその複製物を販売する場合

この権利制限規定は、「建築の著作物」について、その性質上、一般に公

7　島並良＝上野達弘＝横山久芳『著作権法入門〔第３版〕』51頁（有斐閣、2021）。

開されていることが通常であることから、設置者の意思や社会慣行を考慮して規定されているもので、著作権法46条各号の場合を除いて、著作権者以外の者による利用を広範に認めています。

したがって、同条各号に該当しない場合であれば、例えば、写真撮影、録画といった複製、テレビ放送、インターネット配信といった公衆送信等も、著作権者の許諾なく自由に行うことができ、また、変形利用をすることも可能です[8]。

メタバース内において建築物を再現する場合には、その建築物を撮影したデータなどをもとに、そのまま又は一部変形してCG等で再現し（複製・変形）、それをインターネットで送信（公衆送信）することになりますが、これら一連の行為において、著作権法46条各号に掲げる行為は含まれないと考えられます。したがって、仮にメタバース内で再現する建築物が「建築の著作物」に該当するとしても、著作権者から利用の許諾を得ることなく利用することが可能と考えられます。ただし、建築物の中には「美術の著作物」としての性質を有するものも存在すると考えられ[9]、そういった建築物については、以下で述べる「美術の著作物」としての検討も必要となることに留意が必要です。

3　屋外に設置されている(ii)銅像等の美術品及び(iii)看板・デジタルサイネージについて

(1)　著作物性

メタバース内で実在する街並みを再現する場合には、屋外に設置されている彫刻、銅像、壁画等の美術作品のほか、看板やデジタルサイネージなども

8　ただし、自由な利用を行う場合であっても、当該利用にあたって出所を明示する慣行があるときはその出所を明示する必要があります（著作権法48条１項３号、同条３項）。また、同法46条はあくまで著作権を制限するもので著作者人格権は制限されないため（同法50条）、改変を行う場合は、同一性保持権に抵触しないよう留意が必要です。

9　例えば、太陽の塔は「建築の著作物」と「美術の著作物」の２つの側面を有すると解する見解もあります（加戸守行『著作権法逐条講義〔七訂新版〕』389頁）。

再現されることがあると考えられます。このとき、美術作品については、「美術の著作物」に該当するものが多いと思われます。他方で、(iii)看板・デジタルサイネージについても、「美術の著作物」に該当する可能性がありますが、これらは実用品であるとして、「美術の著作物」への該当性が、美術作品と比較してより問題となりやすいと考えます。この問題は、一般的に応用美術[10]の著作物性の問題として議論されてきたものです（応用美術の著作物性についてQ40参照）。

応用美術の著作物性について「実用目的を達成するために必要な機能に係る構成と分離して、美的鑑賞の対象となり得る美的特性である創作的表現を備えている部分を把握できるもの」か否かを基準とする近時の裁判例[11]の考え方に基づけば、看板やデジタルサイネージで表示されている画像・映像などについては、単に店舗の名称・所在を案内するものや商品・サービスの宣伝広告に供されるものであれば、その内容もその実用目的に必要な範囲内にとどまるとして著作物性が否定される場合があり[12]、他方で、看板等にイラストレーターが描いたイラストや映画の映像の一部等が表示されている場合は、著作物性が認められる場合が多いと思われます。

(2) 権利制限規定

(ii)銅像等の美術品や(iii)看板・デジタルサイネージが「美術の著作物」に該当する場合において、その原作品が屋外の場所に恒常的に設置されていれば「建築の著作物」と同様に権利制限規定として著作権法46条が適用されるほか、著作権法30条の2（付随対象著作物の利用）も適用される可能性があります。

---

10 「応用美術」とは、「実用に供され、あるいは、産業上利用される美的な創作物」、すなわち美的な要素を備えた実用品をいうものとされています（著作権制度審議会答申説明書（昭和41年7月15日）8頁、中山信弘『著作権法〔第3版〕』193頁）。

11 知財高判令和3年12月8日裁判所ウェブサイト［タコの滑り台事件控訴審判決］。

12 用いている判断基準がやや異なりますが、ワイナリーの広告看板用に制作された図柄について、「実用に供され、あるいは産業上利用される応用美術の範ちゅうに属する」とした上で、結論として著作物性を否定した例として知財高判平成25年12月17日裁判所ウェブサイトがあります。

ア　著作権法46条

メタバースにおいて、屋外に設置されている(ii)銅像等の美術品や(iii)看板・デジタルサイネージを再現することに関して、まず、再現の対象が「美術の著作物」のうち「彫刻」である場合には、「彫刻を増製し、又はその増製物の譲渡により公衆に提供する場合」（同条１号）への該当性が問題となります。しかし、同号にいう「彫刻を増製」とは彫刻を彫刻として作成する場合であり、メタバース内では、当該彫刻についてもCG等のバーチャルで再現されると考えられるため、当該再現は「彫刻」の「増製」には該当しないと考えられます。また、メタバース内においては多くの人の目に触れることにはなりますが、「屋外」ではないと考えられるため、「前条第２項[13]に規定する屋外の場所に恒常的に設置するために複製する場合」（同条３号）にも形式的には該当しないと考えられます。さらに、複製物を作成して販売するのではなく、メタバース内で再現するだけであれば、「専ら美術の著作物の複製物の販売を目的として複製し、又はその複製物を販売する場合」（同条４号）にも該当しません。

もっとも、著作権法46条が適用されるのは、美術の著作物の「『原作品』が前条第２項に規定する屋外の場所に恒常的に設置されている」場合に限られるため、屋外に恒常的に設置されている(ii)銅像等の美術品や(iii)看板・デジタルサイネージが「原作品」ではなく複製物のみである場合[14]には、著作権法46条の適用がなく、したがって、同条に基づく権利制限を根拠に著作権者の許諾なく当該著作物を利用することができないため留意が必要です。

イ　著作権法30条の２（付随対象著作物の利用）

メタバース内で街並みを忠実に再現した場合において、当該再現の対象に含まれる(ii)銅像等の美術品及び(iii)看板・デジタルサイネージが著作物に該当する場合であっても、それらの著作物[15]が「付随対象著作物」に該当するこ

13　著作権法45条２項は、「前項の規定は、美術の著作物の原作品を街路、公園その他一般公衆に開放されている屋外の場所又は建造物の外壁その他一般公衆の見やすい屋外の場所に恒常的に設置する場合には、適用しない」と規定しています。

14　例えば、看板等に既存のアニメのキャラクターの絵柄等が描かれているようなケースがこれに該当すると考えられます。

とにより、著作権法30条の２の規定に基づき、著作権者の許諾なく利用することが可能な場合もあり得ると考えられます。

著作権法30条の２第１項が適用されるための要件を整理すると、以下の①から⑤のとおりです。

① 写真の撮影、録音、録画、放送その他これらと同様に事物の影像又は音を複製し、又は複製を伴うことなく伝達する行為（複製伝達行為）を行う場合であること

② 当該複製伝達行為の対象とする事物又は音（複製伝達対象事物等）に付随して対象となる事物又は音（複製伝達対象事物等の一部を構成するものとして対象となる事物又は音を含む）（付随対象事物等）に係る著作物であること

③ 当該複製伝達行為により作成され、又は伝達されるもの（作成伝達物）のうち②の著作物の占める割合、当該作成伝達物における当該著作物の再製の精度その他の要素に照らし当該作成伝達物において当該著作物が軽微な構成部分となること（②の著作物のうち③の要件を満たす著作物＝付随対象著作物）

④ 当該付随対象著作物の利用により利益を得る目的の有無、当該付随対象事物等の当該複製伝達対象事物等からの分離の困難性の程度、当該作成伝達物において当該付随対象著作物が果たす役割その他の要素に照らし正当な範囲内において、当該複製伝達行為に伴って、利用[16]する場合であること

⑤ 当該付随対象著作物の種類及び用途並びに当該利用の態様に照らし著作権者の利益を不当に害することとなる場合でないこと

要件①については、令和２年（2020年）の著作権法改正（以下「令和２年改正」といいます）前は、「写真の撮影」「録音」「録画」のみとされていましたが、令和２年改正により「放送」及び「その他これらと同様に事物の影像又

15 著作権法30条の２の対象となる著作物の種類に限定はなく、「美術の著作物」や「建築の著作物」に限られません。

16 この場合における利用方法の限定はありません。

は音を複製し、又は複製を伴うことなく伝達する行為」にも拡大されました。

また、要件②に関して、一定の著作物が「付随対象著作物」となるためには、当該著作物が「複製伝達対象事物等」に「付随して対象となる事物又は音」（付随対象事物等）である必要がありますが、令和２年改正前は、例えば、街並みを撮影したときに、当該街並みの一部を構成する著作物について、撮影対象の街並み（複製伝達対象事物等）に「付随して対象となるもの」といえるか否か疑義がありました。

そこで、令和２年改正では、「付随対象事物等」、すなわち「複製伝達対象事物等に付随して対象となる事物又は音」に「複製伝達対象事物等の一部を構成するものとして対象となる事物又は音を含む」旨を明確化する改正を行いました。そのため、街並み（複製伝達対象事物等）を構成する個々の著作物（付随対象事物等）も、要件②に該当し得ることになります。

さらに、著作権法30条の２第１項により利用された付随対象著作物は、同条２項により、当該付随対象著作物に係る作成伝達物の利用に伴って、いずれの方法によるかを問わず、利用することができます（ただし、同条１項と同様に「著作権者の利益を不当に害することとなる場合」は、この限りではありません）。

これらの要件を踏まえ、メタバース内で街並みを忠実に再現する場合を検討すると、まず、この場合は、要件①の「その他これらと同様に事物の影像又は音を複製……する行為」には該当し得ると考えられます。

また、その街並みの中に含まれる著作物は、「複製伝達対象事物等の一部を構成するものとして対象となる事物又は音」に係る著作物として要件②も充足し得ると考えられますが、他方で、メタバースにおいては、写真や映像とは違って、自由に視点を変えたり、特定の箇所をズームする機能がついていることが多いと思われます。それらの機能を用いて街並みに含まれている著作物を単体で鑑賞できるようになっている場合に、「付随」と評価できるかについては、議論の余地があると考えます。この場合は、そもそも「複製伝達対象事物等」が街並みなのか、街並みではなく当該著作物なのか、という「複製伝達対象事物等」が何であるかという議論も生じ得ると考えられます。この点については、実際のメタバースサービスの内容や再現内容、再現範囲、当該著作物の当該メタバースサービスにおける役割・位置付け等を踏まえて個々の事例ごとに検討が必要になると思われます。

上記のようなメタバースの機能との関係は、要件③、④及び⑤についても問題となり得ると考えられます。すなわち、それらの機能を用いて街並みに含まれている著作物を単体で鑑賞できるようになっている場合は、付随対象著作物への該当性の観点から個々の著作物が「軽微な構成部分」であるといえるのか、「正当な範囲内」の利用といえるのか、さらには、「著作権者の利益を不当に害することとなる場合」に該当しないのかについて検討が必要です。これらの点も、実際のメタバースサービスの内容や再現内容、再現範囲、当該著作物の当該メタバースサービスにおける役割・位置付け等を踏まえて個々の事例ごとに検討が必要になると思われます。

以上を踏まえると、メタバース内で街並みを忠実に再現する際に、併せてその街並みに含まれる著作物を再現する場合には、「美術の著作物」については著作権法46条により許諾なく利用できるものが多いと思われますが、同条が適用されないものであっても同法30条の２により許諾なく利用できる余地があると考えられます。しかしながら、その具体の判断にあたっては、メタバースの特性を踏まえた個々の事例ごとの検討が必要になると考えます[17]。

17　なお、著作権法30条の２第１項の要件を充足する場合は、街並みをデジタルで再現（複製）する部分について同項が適用され、それをメタバース内にアップロードして配信（公衆送信）する行為は同条２項が適用されると考えます。

Q 38　現実空間と同様の空間をメタバース内に再現する場合において、商標法上どのような点に留意する必要がありますか

1　看板等

現実空間と同様の空間を再現した仮想空間を、デジタルツインといいます。このようなデジタルツインを制作する場合には、現実空間に存在する他者の看板等の広告表示が再現され、その広告表示に他者のロゴ等の商標が含まれるため、商標権侵害の成否が問題になります。また、メタバース内にデジタル店舗を設置し、当該店舗において、他者の登録商標が付されたデジタルデータを販売する場合についても、同様に、商標権侵害の成否が問題となります。

本設問では、以下の設例(A)及び(B)の場面を想定して、いずれもAの承諾がない場合に、Aが商標登録をしているロゴ（以下「A登録商標」又は「Aロゴ」といいます）の使用が、Aに対する商標権侵害になるかについて、検討します。

【設例(A)】

メタバース内に、無断で、現実世界に存在する高級バッグブランドAの店舗（以下「A店舗」といいます）を再現し、A店舗の看板には、大きくAロゴが表示されている。

【設例(B)】

メタバース内のサービスとして、無断で、アバターで入店できるA店舗においてAロゴが付してある現実世界に存在する高級バッグ（以下「Aバッグ」といいます）を模したデジタルバッグ（以下「Aデジタルバッグ」といいます）を販売している。

2　商標権侵害の要件

商標権侵害を主張するためには、商標権者が、①自己の登録商標と同一又

は類似の標章が、②その登録商標に係る指定商品・指定役務と同一又は類似の商品・役務において、③使用されていることを主張立証することが必要になります（商標法25条、37条）。

まず、①の要件については、各設例において、現実世界をそのまま再現するため、Aロゴが同一性の認められる形で複製されていることから、当然に充足すると考えられます。

そこで、以下では、③の使用の要件を検討の上、②の指定商品・指定役務の同一・類似性について充足するか検討することとします。

3　③標章の「使用」（商標としての使用）

(1)　商標法における標章の「使用」の意義

商標法における標章の「使用」とは、商標法2条3項各号に列挙された行為を意味し、商品又は商品の包装に標章を付する行為（1号）、商品又は商品の包装に標章を付したものを譲渡等する行為（2号）や広告に標章を付して展示する行為（8号）などが、標章の「使用」に該当します。

Q41の説明のとおり、商標の定義には、標章が自他商品・役務の識別力（出所表示機能）を有していることが要件とされていないため、例えば、標章が単に商品の内容を説明する態様で表示されているに過ぎないなど、出所表示機能を全く果たさない態様で表示されていて商品の出所混同を生ずるおそれのないような場合であっても、商標権の侵害は成立します。しかし、このような行為にまで商標権の効力を及ぼすとすれば、出所混同の防止を法目的とする商標法が商標権者を過大に保護することとなります。そこで、商標法は、形式的には標章の「使用」に該当する場合であっても、その標章が出所表示機能を果たす態様で使用されていない場合には、商標権の効力を制限することとしています（同法26条1項6号）。

(2)　設例(A)の場合の「商標としての使用」への該当性

デジタルツインが作成される結果、現実世界にある店舗の看板や自動販売機等に示されている商標が、仮想空間内に表示される場合には、メタバースにおけるサービス提供という役務との関係で、「電磁的方法により行う映像面を介した役務の提供に当たりその映像面に標章を表示して役務を提供する行為」（商標法２条３項７号）に該当し、形式的には標章の「使用」に該当します。しかしながら、当該使用がいわば背景画像としての使用にとどまる場合には、当該商標が表示されたとしても、特段そのような商標を目にした一般の需要者が、当該商標権者がメタバースの提供を行っていると認識するものではないため、出所表示機能を果たす態様での使用、すなわち商標としての使用（以下「商標としての使用」といいます）と解される可能性は低いと思われます。

したがって、設例⑷の場合には、メタバース内に背景的にＡ店舗が再現され、その結果Ａロゴが表示されたに過ぎないと考えられるため、Ａロゴの使用がメタバースに係るサービス提供の出所を表示するものではなく、商標としての使用と評価される可能性は低いと考えられます。

⑶　設例⑻の場合の「商標としての使用」への該当性

一方で、設例⑻のようにメタバース内においてアバター（アバターについてQ43参照）がＡ店舗の中に入り、Ａデジタルバッグの取引が可能である場合には、一般の需要者としては、Ａロゴの商標権者がＡデジタルバッグの販売を行うメタバース内の小売業の主体であると考える可能性も出てきます。そのため、Ａロゴの表示がメタバース内におけるデジタルアイテムの小売業の出所を表し、商標としての使用に該当する可能性があります。

また、商標法上の「商品」とは、「市場で商取引の対象となり得る流通性・代替性を有する物であり、有体物に限られない」と解されています[1]。メタバース内で取引されるアバター用の衣服や靴といったデジタルアイテムにアパレルブランドの登録商標が付されている場合には、当該デジタルアイテムに登録商標の標章を付す行為は、「商品……に標章を付する行為」（商標

1　金井重彦ほか編著『商標法コンメンタール〔新版〕』15頁（勁草書房、2022）。

法2条3項1号）又は「商品……に標章を付した物を……電気通信回線を通じて提供する行為」（同項2号）に該当し、商標法上の「使用」に該当します。

また、このような使用は、デジタルアイテムの出所を表示していると考えられる点において、出所表示機能を果たす態様での使用であり、商標としての使用に該当する可能性は高いと考えられます。

したがって、設例(B)において、メタバース事業者が取引対象とされるAデジタルバッグにAロゴを付す行為は、商標としての使用に該当すると考えられます。

4　②商品・役務の同一・類似性について

(1)　商標の使用に対応する指定商品・役務

商標権者は、「指定商品又は指定役務について登録商標の使用をする権利を専有する」（商標法25条本文）とされているため、商標権者がメタバース内での使用に対して商標権侵害に基づく請求をするためには、登録商標について、メタバース内において使用する商品・役務を指定しておく必要があります。なお、メタバース内での商標の使用に対応する指定商品・役務についての基本的考え方は、Q41をご参照ください。

(2)　設例(A)の場合

設例(A)において、商標としての使用に該当する場合は、Aロゴの表示がメタバース内におけるデジタルアイテムの小売業とする場合であるといえます。A登録商標の指定役務に35類の「小売……の業務において行われる顧客に対する便益の提供」が含まれている場合には、販売する商品がリアルなAバッグではなくAデジタルバッグであるとしても、A登録商標の効力の範囲に含まれると考えられます。一方で、A登録商標の指定商品が18類のみの場合には、Aデジタルバッグの小売業が、18類と類似といえるかが問題となります。しかしながら、設例(B)で検討するとおり、同一のロゴを付した現実世界の商品とメタバース内のデジタル商品に出所混同が生ずるおそれ（類似性）が認められる場合は、限定的であると考えられます。そうだとすると、さらに進んで、Ａロゴを付した現実世界のバッグと、デジタルバッグの小売業との間に類似性が認められる可能性はさらに限定的であると考えられます。

(3) 設例(B)の場合

設例(B)においては、Ａ登録商標の指定商品に９類の「ダウンロード可能なプログラム」等がある場合には、設例(B)でのＡデジタルバッグに対してＡ登録商標を付す行為は、Ａ登録商標の効力の範囲に含まれると考えられます。一方で、Ａ登録商標の指定商品が18類のみの場合には、Ａデジタルバッグという商品が、18類の指定商品と類似といえるかが問題となります。現時点のメタバースにおける取引の実情に鑑みると、現実世界でのバッグの販売に加えて、同一営業主によりメタバース内で同一のロゴが付されたデジタルバッグが販売されることが通常とまではいえないと思われるため、同一のロゴを付した現実世界の商品とメタバース内のデジタルバッグという商品に出所混同を生ずるおそれ（類似性）が認められる場合は限定的であると考えられます。

5　設例の検討のまとめ

以上から、設例(A)において、Ａ店舗がメタバースにおいて背景的に再現されているに過ぎない場合には、Ａ登録商標の使用は、商標としての使用に該当せず、商標権侵害を構成する可能性は低いと考えられます。ただし、仮にＡ店舗においてＡデジタルバッグの小売がなされている場合には、Ａ店舗におけるＡロゴの使用は、商標としての使用に該当すると評価される可能性があります。その場合には、具体的なＡ商標登録の指定役務に35類の「小売……の業務において行われる顧客に対する便益の提供」が含まれている場合には、商標権侵害を構成する可能性があると考えられます。

一方、設例(B)においては、ＡデジタルバッグにおけるＡロゴの使用は商標としての使用に該当すると考えられるため、A登録商標の指定商品が9類のダウンロード可能なプログラムを含んでいる場合には、商標権侵害を構成する可能性があると考えられます。しかしながら、18類のみを指定商品とする場合には、現実世界でのバッグの販売に加えて、同一営業主によりメタバース内で同一のロゴが付されたデジタルバッグがメタバース内で販売されることが通常であるといえる場合に限り商標権侵害を構成することになるため、現時点でのメタバースにおける取引の実情に鑑みると、まだこのように評価できる状況ではなく、商標権侵害を構成しないと考えられます。

Q 39 現実空間と同様の空間をメタバース内に再現する場合において、不正競争防止法上どのような点に留意する必要がありますか

1 不正競争防止法の概要

不正競争防止法は、事業者間の公正な競争の促進等を目的として定められた制度であり、同法２条１項各号に定義される不正競争を禁止し、当該不正競争を行った者に対し、不正競争の差止め（同法３条）や損害賠償（同法４条）を認めています。

本設問では、以下の設例(A)及び(B)の場面を想定して[1]、これらの設例中において、無断で使用されたＡが商標登録しているロゴ（以下「Ａ登録商標」又は「Ａロゴ」といいます）に対する不正競争防止法上の請求の可否、具体的には、Ａロゴの表示が周知又は著名であるといえる場合における、不正競争防止法２条１項１号に規定される不正競争（以下「１号不正競争」といいます）又は同項２号に規定される不正競争（以下「２号不正競争」といいます）に該当することを理由とする請求の可否と、また、Ａデジタルバッグが、Ａバッグの形態を模倣していると認められる場合における同項３号に規定される不正競争（以下「３号不正競争」といいます）に該当することを理由とする請求の可否について、検討します。

【設例(A)】

メタバース内に、無断で、アバターで入店できる現実世界に存在する高級バッグブランドＡの店舗（以下「Ａ店舗」といいます）を再現し、Ａ店舗の看板には、大きくＡロゴが表示されている。

【設例(B)】

メタバース内のサービスとして、無断で、Ａ店舗においてＡロゴが付し

---

1 実際の事案においては、個別具体的な事情に応じて判断が異なる可能性があるため、メタバースにおいて他者のロゴを無断で用いるにあたっては、個別具体的な事情に即した検討が必要である点に留意が必要です。

てある現実世界に存在する高級バッグ（以下「Aバッグ」といいます）を模したデジタルバッグ（以下「Aデジタルバッグ」といいます）を販売している。

なお、同じ設問における商標権侵害の成否については、Q41の説明のとおりですが、不正競争防止法に基づく請求は、商標権に基づく請求の場合における指定商品・指定役務という制約なく差止めや損害賠償請求が認められるという点に特徴があります。他方、1号不正競争及び2号不正競争については周知性・著名性の立証が求められる点で商標権に基づく請求よりも立証の負担は大きく、また、3号不正競争においては3年の期間制限があります。

2　要件の検討

(1)　関連する不正競争防止法の要件

関連する不正競争防止法の条文と要件は、下表のとおりです。

不正競争防止法の条文	要件
不正競争防止法2条1項1号（1号不正競争）	①他人の周知な商品等表示と ②同一若しくは類似の商品等表示を使用し ③譲渡等を行って ④他人の商品又は営業と混同を生じさせる行為
不正競争防止法2条1項2号（2号不正競争）	Ⅰ．他人の著名な商品等表示と Ⅱ．同一若しくは類似の商品等表示を自己の商品等表示として使用し、 Ⅲ．譲渡等を行う行為
不正競争防止法2条1項3号（3号不正競争）	ⅰ．他人の商品の形態（当該商品の機能を確保するために不可欠な形態を除く）を模倣した商品の ⅱ．譲渡等を行う行為

(2)　1号不正競争及び2号不正競争

1号不正競争の①及び2号不正競争のⅠの要件にある「商品等表示」とは、ある事業者の商品・営業と他の事業者の商品・営業を識別する表示を意味し、自他商品・営業識別機能ないし商品・営業の出所表示機能を果たさない表示は、商品等表示に該当しないと考えられています[2]。

設例(A)においては、①ＡロゴのＡ店舗での表示は、背景的に再現されているに過ぎず、当該Ａロゴの使用がメタバースに係るサービス提供の出所を表示するものではなく、商品等表示であると認められる可能性は低いと考えられます。しかし、仮にＡ店舗が実際のメタバース内の店舗として利用されている実態があれば、ＡロゴはＡ店舗で提供される商品や役務の商品等表示として使用していると考えられる可能性があります。一方で、②Ａデジタルバッグに付されたＡロゴは、自他商品・営業識別機能ないし商品・営業の出所表示機能を果たす表示であり、商品等表示であると認められる可能性は高いと考えられます。

また、Ａロゴに関して１号不正競争に基づく請求を行う場合には、Ａロゴに周知性が認められる必要があります（上記１号不正競争の要件①)。また、１号不正競争に基づく請求を行う場合には、上記の商品等表示の要件に加え、④「他人の商品又は営業と混同を生じさせる行為」であること（以下「混同の要件」といいます）についても充足する必要があります。混同の要件は、広義の混同惹起行為を含むとされており、「他人の周知の営業表示と同一又は類似のものを使用する者が自己と右他人とを同一営業主体として誤信させる行為のみならず、両者間にいわゆる親会社、子会社の関係や系列関係などの緊密な営業上の関係又は同一の表示の商品化事業を営むグループに属する関係が存すると誤信させる行為をも包含」すると考えられています[3]。

設例(A)のＡ店舗におけるＡロゴの表示が、あくまでもメタバース内における背景的な表示に過ぎない場合には、Ａとメタバースに係るサービスの提供者との間の経済的関係を必ずしも推測させるものではなく、広義の混同も認められない可能性は十分あるように思われます。一方、実際にＡデジタルバッグの取引が可能なデジタル店舗としての機能を有する場合には、Ａバッグを販売するＡとの何らかの緊密な営業上の関係が存すると誤信させる行為

2　茶園成樹編『不正競争防止法〔第２版〕』19頁（有斐閣)。
3　最判平成10年９月10日裁判集民189号857頁［スナックシャネル事件］。

であり、広義の混同が認められる可能性があります。

また、設例(B)におけるＡデジタルバッグに付されているＡロゴは、デジタルアイテムという有償の取引の対象とするため、一般消費者として、Ａデジタルバッグの提供者とＡとの間には何らかの経済的な関係があると誤信する可能性は十分あるように思われます。

次に、Ａロゴが著名であるとの事情がある場合には、２号不正競争のⅠの要件における、「他人の著名な」商品等表示を充足します。２号不正競争においては、１号不正競争と異なり、混同の要件の充足が不要です。したがって、Ａロゴが著名である場合には、使用態様が商品等表示の要件を充足する場合には、設例の(A)及び(B)いずれの場合もＡロゴの使用は２号不正競争に該当し、これを理由として差止めや損害賠償請求の対象となる可能性があると考えられます。

(3)　３号不正競争

Ａバッグの商品の形態と同様の形態であるＡデジタルバッグが、メタバース内において販売される場合には、３号不正競争が問題となる可能性があります。同号は、模倣品・海賊版により毀損される商品化のための資金・労力を保護するために設けられ、その商品が日本国内において最初に販売された日から起算して３年以内に限り（不正競争防止法19条１項５号イ）、当該請求が認められます。

デジタルデータに対する３号不正競争の適用について、(a)「商品」（２条１項３号）に無体物を含むか、無体物の「形状」は「形態」に当たるか、(b)有体物の商品が無体物としてコピーされる事案（又はその逆の事例）が生じた場合に、当該コピーが「模倣」といえるか、非侵害者と侵害者の商品販売市場が競合していない場合に、被侵害者は「営業上の利益」（同法３条等）を侵害されたといえるか、などデジタルグッズについて同号の各要件がどのように判断されるのかについては様々議論がなされています[4]。もっとも、デ

4　産業構造審議会　知的財産分科会　不正競争防止小委員会「デジタル社会における不正競争防止法の将来課題に関する中間整理報告」（令和４年５月）38～39頁等参照。

ジタルグッズのような無体物も不正競争防止法上の「商品」に含まれ得るとする裁判例もあることから[5]、Aデジタルバッグも同号によって保護される可能性はあると考えられます。また、「模倣する」とは、「他人の商品の形態に依拠して、これと実質的に同一の形態の商品を作り出すこと」（同法2条5項）をいうところ、有体物である商品の形態を無体物で再現することも含むと解釈される可能性はあると思われ、今後の議論の状況について注意が必要です。

5　東京高決平成5年12月24日判時1505号136頁［モリサワタイプフェイス事件］。

Q40 アバターのスキンは、著作権法、意匠法又は不正競争防止法上に基づく保護を受けますか

1　アバターのスキンとは

メタバースにおいて、現実空間で販売されている商品と同様のデジタルデータを作成し、これを取引の対象とする例が増えてきています。その典型例が、「スキン」と呼ばれるアバターが身に着けるデジタルアイテムとしての被服や装飾品（以下「スキン」といいます）であり（アバターについてQ43参照）、多くのブランドが参入し、メタバース内で販売されています[1]。また、最近では、RTFKT[2]などのようにスキンのみを販売する事業者も現れています。この場合の取引の対象は、被服や装飾品という有体物ではなく、被服や装飾品が表示されるデジタルデータです。このようにメタバースにおいて取引の対象となっているスキンについては、著作権法や意匠法、不正競争防止法の保護がどこまで及ぶのかが問題となります。

2　著作権法

著作権法で保護されるためには、対象のものが「著作物」であること、すなわち、①「思想又は感情を創作的に表現したもの」であり、かつ、②「文芸、学術、美術又は音楽の範囲に属するもの」であることが必要です（著作権法２条１項１号）。

また、スキンは、アバターが身に着けるものという性質を有することから、服や靴、帽子などの被服や装飾品を模したデジタルデータであることが一般的ですが、被服や装飾品は実用品であり、その著作物性の判定にあたっては、いわゆる応用美術の著作物性の問題があります。

1　「メタバースビジネス動き出す　アバターやファッション」（日経電子版、2021年11月18日）。

2　https://rtfkt.com/

応用美術の著作物性については、著作権法2条2項を例示規定と解し、同項の「美術工芸品」に該当しない応用美術であっても一定の範囲で著作物性を肯定する考え方が一般的です[3]。応用美術の著作物性の判断基準は裁判例によって様々ですが、近時の裁判例では、「応用美術のうち、美術工芸品以外のものであっても、実用目的を達成するために必要な機能に係る構成と分離して、美的鑑賞の対象となり得る美的特性である創作的表現を備えている部分を把握できるもの」か否か、などといった判断基準が用いられています[4]。「美的鑑賞の対象となる美的特性である創作的表現」が備わっていない場合は、「思想又は感情を創作的に表現したもの」ではなく、また、それが備わっている部分を「実用目的を達成するために必要な機能に係る構成と分離して、……把握」できないものは、「文芸、学術、美術又は音楽の範囲」に属しないものとして「著作物」該当性が否定されると考えられます。

スキンの場合は、現実世界で販売されている被服や装飾品とは異なり、実際に人が着用するという意味での実用目的はありません[5]。他方で、スキンは、アバターに着用させるという意味では一種の「実用」目的があるともいえ、また、それに伴い一定の機能面からの制約があるため、当該デジタルデータにおいても上記の応用美術における考え方が妥当する可能性が十分にあると考えられます[6]。

この場合には、スキンについて、「実用目的を達成するために必要な機能に係る構成と分離して、美的鑑賞の対象となり得る美的特性である創作的表現を備えている部分を把握できるもの」と言い得るかが問題となり、これが肯定される場合には、スキンについても著作権の保護対象になり得ると考えられます。

3　知財高判令和3年12月8日裁判所ウェブサイト［タコの滑り台事件控訴審判決］等。

4　知財高判令和3年12月8日裁判所ウェブサイト［タコの滑り台事件控訴審判決］等。

5　ここでは、現実世界にある服等をデジタル化したものではなく、最初からデジタルで創作された服等を想定しています。

6　なお、現実世界の服等とデジタルグッズの服等では、重力の考慮や、体温調節機能が不要であるなどの違いはありますが、手を通す袖など人やアバターの形状に沿った構成を備えている必要があるなど共通する部分もあります。

もっとも、被服や装飾品の場合には、その立体的な形状は人が着用するという実用的機能に由来する部分が大きく、当該形状と分離してデザインを鑑賞し得るものは限定的と思われます。そのため、著作物性が認められる可能性がある場合としては、例えば、Tシャツを模したデジタルデータに創作性のあるイラストがプリントされている場合などが考えられます。この場合には、当該イラスト自体がTシャツの実用的機能から独立していると評価し得ると考えられ、「実用目的を達成するために必要な機能に係る構成と分離して、美的鑑賞の対象となり得る美的特性である創作的表現を備えている部分を把握できるもの」として著作物に該当し、著作権法による保護の対象になり得ると考えられます[7]。

3　意匠法（画像）

意匠法における「意匠」とは、物品の形状、模様若しくは色彩又はこれらの結合、建築物（建築物の部分を含む）の形状等又は画像であって、視覚を通じて美感を起こさせるものをいい、物品の「部分」のデザインも「意匠」に含まれます（意匠法2条1項）。

従前は有体物である物品のみが意匠法上の保護対象でしたが、令和元年(2019年）改正により、令和2年4月から、物品に記録・表示されていない画像や建築物、内装のデザインについても、新たに意匠法の保護対象になりました。

もっとも、意匠法が保護対象とする画像は無限定ではなく、意匠法2条1項は、意匠法が保護対象とする画像について、「機器の操作の用に供されるもの又は機器がその機能を発揮した結果として表示されるものに限り、画像の部分を含む」という形で限定しています。具体的には、ウェブサイトの画面やアイコンなどがこれに該当しますが、映画・ゲーム等のコンテンツは含まれません（意匠審査基準令和3年3月31日第4部第1章3.1）。

スキンは、映画・ゲーム等のコンテンツと同様に、「機器の操作の用に供

7　現実のTシャツにプリントされた図案について著作物性を認めた事例として東京地判昭和56年4月20日判時1007号91頁。

されるもの又は機器がその機能を発揮した結果として表示されるもの」には該当しないと考えられるため、意匠法による保護は及ばないと考えられます。

4　不正競争防止法（形態模倣）

現実世界の被服又は装飾品のデザインの無断利用については、不正競争防止法2条1項3号（形態模倣商品の提供行為に係る不正競争）により保護が図られることが多いとされています[8]。

この点、デジタルデータのような無体物も不正競争防止法上の「商品」に含まれ得ると解されているため[9]、スキンとしての性質を有する被服や装飾品等を模したデジタルデータも同号によって保護される可能性はあると考えられます。もっとも、当該デジタルデータが有体物の商品をデジタル化したものである場合のように、現実の商品とデジタルの商品の両方が関係するような事例などもあり、デジタルデータについて同号の各要件がどのように判断されるのかについては様々議論がなされているところです[10]。そのため、デジタルデータに同号による保護が及ぶのかについては、今後の議論状況をみつつ検討する必要があります。

8　これには、著作権法による保護には上述のとおり一定のハードルがあり、また、意匠法による保護については、ライフサイクルの短さや一度に多数のデザインを展開することが多いといった事情から、展開するすべてのデザインについて意匠登録をすることが現実的でない、といった背景があります（産業構造審議会　知的財産分科会　不正競争防止小委員会「デジタル社会における不正競争防止法の将来課題に関する中間整理報告」（令和4年5月）38頁注34参照）。

9　東京高決平成5年12月24日判時1505号136頁。

10　産業構造審議会　知的財産分科会　不正競争防止小委員会「デジタル社会における不正競争防止法の将来課題に関する中間整理報告」（令和4年5月）38～39頁等参照。

Q41 現実空間で商標権を取得して行っているビジネスと同種のビジネスをメタバース内で行う場合の商標法上の留意点を教えてください

1　アバターのスキンの販売

Q40の説明のとおり、メタバースにおいて、現実空間で販売されている商品と同様のデジタルデータを作成し、これを取引の対象とする例が増えてきています。その典型例が、スキンです。この場合の取引の対象は、被服や装飾品という有体物ではなく、被服や装飾品が表示されるデジタルデータとなります。

本設問では、現実空間でAというロゴを付した衣服の販売を行い、当該ロゴについて衣服に関連する25類を指定商品とする登録商標を有しているような会社を例として、このような会社がメタバース内で同種のAというロゴを付した衣服を表示するデジタルデータの販売のために、25類に係る登録商標に加え、Aというロゴについて新たな指定商品や役務に係る商標権の取得が必要となるかについて、検討します。

2　商標権とは

商標とは、「人の知覚によって認識することができるもののうち、文字、図形、記号、立体的形状若しくは色彩又はこれらの結合、音その他政令で定めるもの」であって、業として商品を生産し、証明し若しくは譲渡する者がその商品について使用するもの、又は業として役務を提供し若しくは証明する者がその役務（サービス）について使用するものをいいます（商標法2条1項）。例えば、Apple社のリンゴのマークや、スターバックスコーヒーのロゴなどのように、自己の商品・サービスを他人のものと区別する出所表示機能を果たすために使用され、これに伴い商品や役務の品質保証機能や広告機能を果たす場合もあります。

商標権は、権利化したい商標を、特許庁が一定の基準によってカテゴライズした45の区分に属する商品・役務（1～34が商品で35～45が役務）を指定して特許庁に出願し、その審査を経て登録されることにより権利化されます。商標権者には、指定商品又は指定役務について登録商標を独占的に使用する権利（専用権、商標法25条本文）及びその類似範囲について他人の使用を排除する権利（禁止権、同法37条1号）が与えられます。

商標権侵害に対しては、民事上差止請求や損害賠償請求等による救済が認められており（商標法36条1項、38条、民法709条）、また、刑事罰も規定されています（商標法78条、78条の2）。

このように、商標権の効力の範囲は、指定商品・指定役務と同一又は類似の範囲に限定されます。そのため、メタバース内でアバターの衣服や靴として用いられるデジタルデータの販売が、①現実世界の衣服や靴に係る指定商品（25類）に含まれるか、②その類似といえるか、③その他該当し得る指定商・指定役務は何か、が問題になります。

3　メタバース内での衣服に係るデジタルデータの販売に係る指定商品・指定役務について

(1)　現実世界の衣服の指定商品（25類）に含まれるか

まず、メタバース内での衣服に係るデジタルデータが、現実世界の衣服という指定商品と同一かどうかが問題になります。商品の同一性は、商品のすべての特性において一致する必要はなく、商品の性質、効能、用途などから社会通念に従って同一であるか否かが判断されます[1]。

メタバース内の衣服は、現実世界の衣服と異なり、生身の人間が着ることができず、保温や着心地等の性質等とは無関係であるデジタルデータです。このような事情を前提とすると、25類の「被服」に含まれないと考えることが自然だと思われます。

1　小野＝三山『新・商標法概説〔第3版〕』208頁（青林書院）。

(2) 現実世界の衣服の指定商品と類似の範囲に含まれるか

次に、メタバース内で取引されるデジタルデータである衣服が、25類の「被服」の類似の範囲に含まれるかどうかが問題となります。指定商品又は指定役務の類似性について、最高裁は、「指定商品が類似のものであるかどうかは、……商品自体が取引上誤認混同の虞があるかどうかにより判定すべきものではなく、それらの商品が通常同一営業主により製造又は販売されている等の事情により、それらの商品に同一又は類似の商標を使用するときは同一営業主の製造又は販売にかかる商品と誤認される虞があると認められる関係にある場合には、たとえ、商品自体が互いに誤認混同を生ずる虞がないものであっても、それらの商標は……類似の商品にあたると解するのが相当である」（※下線は筆者にて加筆）と判示しました[2]。

この判決に従えば、問題となっている登録商標に係る商品が、現実世界での販売に加えて、通常同一営業主によりメタバース内で販売されているといえる関係にあれば、メタバース内で販売されている当該デジタルデータという商品が、現実世界の商品と誤認混同が生ずるため、類似の商品として評価される可能性はあるように思われます。そうだとすると、多くの服飾ブランドがメタバース内において衣服のデジタルデータを販売している現状があると判断される場合には、メタバース内で取引される衣服のデジタルデータが、25類の「被服」の類似といえると判断される可能性があるように思われます。

現時点のメタバースにおける取引では、高級ブランドを中心に現実世界で衣服を販売する企業が、同時にスキンと呼ばれるアバターに着用される同ブランドのロゴを付した衣服のデジタルデータを販売する例が増えてきています。しかしながら、現時点では、同一営業主が現実世界での衣服の販売に加えて、同一のロゴが付されたデジタルデータをメタバース内で販売することが、広く一般的に行われているという取引の実情があるとまではいえないと

2 最判昭和36年6月27日民集15巻6号1730頁［橘正宗事件最高裁判決］。

思われます。そのため、同一のロゴを付した現実世界の商品とメタバース内の商品に類似性が認められる可能性は現時点では限定的と思われます。

⑶　その他該当し得る指定商品・指定役務は何か

上記⑵②のように、メタバース内での商標の使用が、現実の商品を指定商品とする商標権の禁止権の範囲に属すると判断される可能性はありますが、より直截的に商標権の範囲に含めるためには、実際の取引の対象となる衣服のデジタルデータを指定商品とすることが適切と考えられます。その場合は９類の「ダウンロード可能なプログラム」等がこれに該当します。実務上は９類に加えて、(「ダウンロード可能な」の外延が必ずしも明確ではないことなどから）役務区分である41類に属するダウンロードできないプログラムの提供や、仮に当該デジタルデータの販売を自ら行う場合には、35類に属する小売の業務において行われる顧客に対する便益の提供とセットで取得するのが適切であろうと思われます。これは当該デジタルデータをNFTとして販売する場合でも同様です。

なお、現実世界では異なる衣料品メーカーと自動車メーカーがそれぞれ同一又は類似の商標でそれぞれ衣服と自動車を販売しているとした場合、指定商品や指定役務が全く異なるためにそれぞれの指定商品及び指定役務で問題なく商標を取得できます。しかしながら、これらの者がメタバース内での利用を想定して商標を取得しようとする場合、いずれも９類、41類等の取得を試みるため、重複する関係になります。その場合、商標法は先願主義を採用しているため（商標法８条、４条１項11号)、先に出願した者が商標を取得し、後に出願した者が商標を取得できないことになるため、留意が必要です。

⑷　実際の取得例

例えば、デジタルスニーカーに係るビジネスを行っているナイキは、メタバース内での利用を想定して、NIKEの文字及びロゴマークについて、以下のように出願しています[3]。

区分	指定商品・指定役務
9類	仮想商品、すなわち、オンライン上の仮想世界及びオンライン上で使用する履物・運動用特殊靴・被服・帽子・眼鏡・バッグ・スポーツバッグ・バックパック・運動用具・美術品・おもちゃ・身飾品及びこれらの付属品を内容とするダウンロード可能なコンピュータプログラム、コンピュータプログラム（記憶されたもの）
35類	仮想商品、すなわち、オンライン上で使用する履物・運動用特殊靴・被服・帽子・眼鏡・バッグ・スポーツバッグ・バックパック・運動用具・美術品・おもちゃ・身飾品及びこれらの付属品の小売の業務において行われる顧客に対する便益の提供、オンラインによる仮想商品、すなわち、オンライン上の仮想世界及びオンライン上で使用する履物・運動用特殊靴・被服・帽子・眼鏡・バッグ・スポーツバッグ・バックパック・運動用具・美術品・おもちゃ・身飾品及びこれらの付属品の小売の業務において行われる顧客に対する便益の提供、電気機械器具類の小売又は卸売の業務において行われる顧客に対する便益の提供
41類	仮想空間で使用するダウンロードできない仮想の履物・運動用特殊靴・被服・帽子・眼鏡・バッグ・スポーツバッグ・バックパック・運動用具・美術品・おもちゃ・身飾品及びこれらの付属品の提供、電子出版物の提供、娯楽の提供

このように、現実世界で実際に販売する商品に付したロゴ等の標章について、設問の場合では25類の「被服」を指定商品とする登録商標を保有していますが、メタバース内で当該商品のデジタルデータを販売しようとする場合には、別途、同標章に関し、9類のダウンロード可能なプログラム、41類のダウンロードできないプログラムの提供（必要に応じて35類の小売の業務において行われる顧客に対する便益の提供等）等を指定商品・指定役務とする登録商標を保有するべく、権利化を図っておくことが必要です。

3　文字商標について商願2021-132593及びロゴマークの商標について商願2021-132597。その後、いずれについても2022年5月31日付で拒絶理由通知書が発行されており、審査官から補正案が出されています。

Q42 メタバース内において行われた誹謗中傷（名誉毀損）に対して法的責任を追及する際、どのような点に留意する必要がありますか。加害者の特定に関する問題や同定可能性の問題を教えてください

1　メタバース内における名誉毀損

名誉毀損（具体的な事実の摘示により他人の社会的評価を低下させる行為）が行われた場合には、その被害者は、名誉毀損を行った者に対して、損害賠償請求（民法709条、710条）、侵害行為の差止請求[1]その他名誉回復のための適当な処分（民法723条）を求めることができます。

インターネット上の掲示板やSNSにおける名誉毀損行為についての法的論点としては、一般に、①法的請求の相手方である加害者の特定に関する問題や、②ハンドルネームに対する名誉毀損が、本人に対する行為と評価できるかといういわゆる同定可能性に関する問題が考えられますが、これらの論点は、基本的にメタバース内における名誉毀損の成立に関する法的論点としても問題になると考えられます[2]。

そこで、本設問では、「メタバース内においてXは、Aという名称で自分の容姿とは異なるアバターを用いて活動していたところ、メタバース内においてAというアバターに対して、Yから誹謗中傷（名誉毀損）が行われた」という場面を設定し、加害者の特定に関する問題や同定可能性の問題について検討します。

なお、名誉毀損における「名誉」は、外部的な社会的名誉に限られますが、「人が自己自身の人格的価値について有する主観的な評価」[3]である名誉

1　最判昭和61年6月11日民集40巻4号872頁、最判平成14年9月24日裁判集民207号243頁。

2　本稿で取り上げるほか、インターネット上の名誉毀損についての法的論点としては、摘示された事実の確定、前後の投稿を併せた名誉毀損の成否、投稿が行われた媒体の信頼性、インターネット上の一部のコミュニティ内でのみ通じるスラングによる名誉毀損の成否などの法的論点が考えられます。

感情[4]も法律上保護された利益として認められており、「社会通念上許される限度を超える侮辱行為であると認められる場合」には不法行為責任が生じる場合があります[5]。本設問では名誉毀損に限定して検討しますが、実務上は双方について検討する必要がある点に留意が必要です。

2　加害者の特定に関する問題

メタバース内のアバターにおいて個人を特定できる名称を利用しているユーザーは相対的に少なく、インターネット上の掲示板やSNSでの活動と同様に、匿名で利用される場合が多いと考えられます。そのため、仮に他のユーザーからメタバース内において名誉毀損があった場合でも、その匿名性から、名誉毀損に係る行為を行った当該ユーザーを特定することは容易ではない場合が多いと考えられます。

匿名の相手方の特定については、少なくとも日本企業が運営主体であるメタバースに関しては、インターネット上での一般的な名誉毀損の投稿者の特定と同様に、メタバース運営者に対する発信者情報開示[6]の手続をとることができる場合が多いと考えられます[7]。

他方で、メタバース運営者は、発信者情報開示請求を受けることに備えて必要な体制を整備する必要があります。特に、メタバース利用者の氏名・住所は保有していないが、利用者のIPアドレス・タイムスタンプを保有しているメタバース運営者については、令和４年（2022年）10月１日改正後の「特定電気通信役務提供者の損害賠償責任の制限及び発信者情報の開示に関する法律」に基づく発信者情報開示命令及び提供命令を申し立てられた場合、自

3　最判昭和45年12月18日民集24巻13号2151頁。

4　「自分が自分の価値について有している意識や感情であり、言い換えればプライドや自尊心である」とも説明されます（佃克彦著『名誉毀損の法律実務〔第３版〕』135頁）。

5　最判平成22年４月13日民集64巻３号758頁。

6　特定電気通信役務提供者の損害賠償責任の制限及び発信者情報の開示に関する法律５条１項、２項。

7　発信者情報の開示を認める判決・決定が言い渡された場合、基本的に開示に応じている海外法人もいくつか存在しますが、あくまで当該海外法人が任意で開示に応じているという整理になります。

らが保有する発信者のIPアドレスから発信者が利用していたアクセスプロバイダを割り出すことや、アクセスプロバイダに対する発信者のIPアドレス等の提供など、令和４年（2022年）9月30日以前とは異なる対応が必要になる可能性があるため、留意が必要です。

3　同定可能性の問題

⑴　問題の所在

名誉毀損に基づく請求の根拠となる人格権や、民法上の不法行為に基づく請求は、権利や法律上保護される利益を侵害された私人が、その回復を求めるものであるため、本設問におけるXが不法行為に基づく請求をするに際しては、X自身の権利利益が侵害されている必要があります。

そこで、本設例においては、XはAという名称で自分の容姿とは異なるアバターを用いて活動しており、アバターに対する誹謗中傷が行われているため、その誹謗中傷がXに対する誹謗中傷といえるかどうかといういわゆる同定可能性が問題となります。

⑵　判断基準

過去の裁判例では、芸能人の芸名[8]、コスプレイヤーの芸名[9]、作家のペンネーム[10]、同人漫画家のペンネーム[11]を用いた名誉毀損的表現について、当該表現によって名誉が毀損された対象者の特定に欠けるところはなく、名誉毀損の成立が認められてきました。そのため、名前や外観が架空のものであっても、名誉毀損の成立が認められる可能性はあると考えられます。

アバターに対する誹謗中傷がXの名誉を毀損するかという意味での同定可能性について、名誉権とは人格権としての側面を有する権利であるため[12]、

8　大阪地判平成25年４月26日・平成24年(ワ)第2093号等。
9　東京地判平成28年６月２日・平成28年(ワ)第2674号等。
10　東京地判平成24年４月16日・平成24年(ワ)第393号等。
11　東京地判平成25年７月17日・平成25年(ワ)第4031号等。
12　最判昭和61年６月11日民集40巻４号872頁。

アバターが当該キャラクターを演ずる者（以下「演者」といいます）の人格を反映しているか、は１つの基準になると考えられます。実際に、（名誉毀損ではなく）名誉感情侵害に関する事例判断ではあるものの、キャラクターを用いたVTuberとしての活動が、VTuber本人の「人格を反映したもの」として、VTuberに対する侮辱が名誉感情侵害に該当することを認めた裁判例があり[13]、参考になります。この基準を前提とすると、上記同定可能性については、アバターに対する誹謗中傷が演者に向けられているのか、キャラクターのみに向けられているのかといった点に加えて、アバターの演者が１人かどうか、設定、演者の肉声や肖像、その他個人的な特徴の利用の有無、さらには演者の主観的意図[14]などの具体的な事情を踏まえて、演者の社会的評価が低下するかどうかが判断されることになると思われます。

(3) 設例における名誉毀損の成立

本設例においてXは、Aという名称で自分の容姿とは異なるアバターを用いて活動していますが、これに加えて具体的にどのようなメタバースにおいて、どのような誹謗中傷がなされたか否かといった個別具体的な事情を踏まえた検討が必要です。メタバースやアバターといっても様々な場面が想定され、名誉毀損表現の態様も様々考えられます。これに加え、アバターが演者の人格を反映しているとみることができる要素や程度はメタバースに関するサービスの内容により変わるため、個別具体的な事情に基づいて検討することが求められる点に留意が必要です。また、アバターに対する名誉毀損を含む誹謗中傷に関する問題は、メタバースの拡大に伴ってより多く発生することが予想されるため、今後の事例の集積や議論の動向に留意が必要と考えら

13　本裁判例では、演者が１人であったこと、演者の肉声を使い、動きも演者のモーションキャプチャーによる反映であること、キャラクターAとしての動画配信やSNS上での発信は、キャラクターとしての設定を踏まえた架空の内容ではなく、演者の現実の生活における出来事等を内容とするものであることなどを理由にして、VTuberとしての活動が「単なるCGキャラクターではなく、原告の人格を反映したもの」であるという認定をしています（東京地判令和３年４月26日・令和２年(ワ)第33497号）。

14　演者によっては、演者の現実世界の人格とは全く別の人格の者として活動する場合（他人として演じる場合など）もあると考えられます。

れます。

Q 43 メタバース内において、自分の容貌と酷似したアバターが他人により使われていた場合に法的な責任は追及できますか

1 アバターとは

アバター（Avatar）とは、他人に対して自己の存在を視覚的に認知させるアイコン・3Dモデルなどの自分の分身であり、メタバース内での活動はアバターを通じて行います。メタバースにも多様な種類があることはQ36の説明のとおりですが、メタバースの世界観に合わせて、アバターにも、かわいらしいものからリアルなものまで様々な種類があります。少なくとも顔の特徴が再現できるアバターを前提に、他人の顔や肖像を無断で利用した場合（著名人の顔や肖像を含みます）には、様々な法律問題が生じる可能性がありますが、ここでは肖像権、パブリシティ権の侵害とならないかについて検討します[1]。

2 肖像権侵害の成否

(1) 肖像権侵害とは

肖像権とは、人が、その肖像・容貌・姿態を肖像本人の意に反して、みだりに撮影されたり、描かれたり、彫刻されたり、またその撮影された写真・スケッチ胸像などをみだりに公表されない権利をいいます[2]。判例でも、みだりに自己の容貌等を撮影されないことや、自己の容貌等を描写したイラストをみだりに公表されないことが、「法律上保護されるべき人格的利益」[3]として認められています。

---

1 その他にも、例えば、顔面の腫瘍等外観上の他人に知られたくない特徴がアバターで描写された場合には、プライバシー侵害の可能性もあると思われます（最判平成14年9月24日判例時報1803号60頁参照）。
2 大家重夫『肖像権〔改定新版〕』7頁。
3 最判平成17年11月10日民集59巻9号385頁。

そのため、メタバース内において、仮に自分に無断で、自分と瓜二つの外観のアバターが作成され、使用された場合などに、当該行為を肖像権侵害として法的責任を追及できるかが問題となります。

(2) 肖像権侵害の成否に関する基準

まず、肖像の利用一般について、裁判所は、「当該個人の社会的地位、活動内容、肖像利用の目的、態様、必要性等を総合考慮して、当該個人の人格的利益の侵害の程度が社会通念上受忍の限度を超える場合には、当該個人の肖像の利用は、肖像権を侵害するものとして不法行為法上違法となる」と判断しており[4]、他人の肖像の利用が不法行為となるか否かは、実際の肖像の利用に係る具体的事情を総合的に考慮し、社会通念上受忍の限度を超えるか否か、が基準になると示されています。

(3) メタバース内での肖像利用に係る肖像権侵害の有無

メタバース空間における他人の肖像利用についても、当該他人の社会的地位、他人の肖像をメタバース内で利用する目的や必要性の程度、肖像利用の具体的態様、当該他人がSNS等で肖像を公開しているかどうかといった利用される側の事情等様々な要素が考慮され、受忍限度を超えるか否かが判断されることになると思われます。

現時点におけるメタバースと称されるサービスを前提として上記の考慮要素を検討すると、メタバース空間において他人の肖像を利用する正当な目的や必要性が認められる場合は限定的であり、この点は肖像権侵害を肯定する事情となるように思われます。また、肖像利用の具体的態様という観点からは、アバターにおいて、写真で撮影したものに相当するような再現度において他人の肖像が利用される場合（設問にあるような、他人と瓜二つのアバターを利用する場合）には、容貌等をありのままに示したものであることを前提とした受け取り方をされるため、原則として肖像権侵害を肯定する事情とな

4　東京地判令和３年12月23日・令和３年(ワ)第21024号等。

ると考えられますが、一定程度デフォルメされた場合には必ずしもそうではなく、その具体的な態様に応じて別途肖像権侵害か否かが評価されることになります（なお、デフォルメの態様によっては別途名誉感情等の人格的利益の侵害に該当する可能性があることには留意が必要です）[5]。

いずれにしても、肖像利用の具体的な事実関係を基に受忍限度を超えるか否かが判断されますが、他人と瓜二つのアバターの利用が認められる場合には、受忍限度を超え、肖像権侵害となる可能性は否定できません。したがって、この可能性を考慮すると、メタバースの運営会社としては、無用な紛争を避けるため、他者の肖像をメタバース内で利用することを原則禁止とするということも考えられます。

(4) 肖像権の侵害に対する救済

肖像権は人格権に由来する排他的権利であるため、被害者は、肖像権を侵害した者に対する損害賠償（慰謝料）の請求に加え、侵害行為の差止請求も可能です。ただし、差止請求が認められるためには、損害賠償請求が認められる場合よりも高度な違法性が認められる必要性があると考えられます[6]。

3　パブリシティ権侵害

(1) パブリシティ権の意義

仮にXが著名人である場合には、その氏名、肖像等（以下「肖像等」といいます）は、商品の販売等を促進する顧客吸引力を有する場合があります。最高裁判所は、このような顧客吸引力を排他的に利用する権利をパブリシティ権と定義し、人格権に由来する権利の一内容と認めています。その上

5　最判平成17年11月10日民集59巻9号385頁参照。デフォルメされた外観のアバターであったとしても、そのデフォルメにアバターの作者の技術や主観が混じる余地が生じ、対象者に対する侮辱的要素が含まれることあり得ます。そのような場合は受忍限度を超えて肖像権侵害（又は名誉感情侵害）として別途不法行為が成立する可能性もあります。

6　関述之・小川直人編著『インターネット関係仮処分の実務』106頁。

で、パブリシティ権が侵害される場合は、①肖像等それ自体を独立して鑑賞の対象となる商品等として使用し、②商品等の差別化を図る目的で肖像等を商品等に付し、③肖像等を商品等の広告として使用するなど、専ら肖像等の有する顧客吸引力の利用を目的とするといえる場合であると判示しました[7]。

(2) パブリシティ権侵害の具体例

今後、メタバースがより一般化していくなかで、具体的に上記の判示事項に関連して想定されるものとしては、例えば、①の例として、Xの肖像等に係る写真がNFTとしてメタバース上で販売される場合、②の例として、Xのアバターが登場することを他のメタバースと比較して優位性があることを示してユーザーを勧誘する目的で使われている場合、又は③の例として、NFTやゲーム内アイテム等のメタバース内で販売される商品の広告としてXの肖像等が使われる場合などは、まさに「専ら」肖像等の有する顧客吸引力の利用を目的としている場合といえる可能性が高いと考えます。このように、名誉毀損や肖像権の論点と異なり、単にXの外観と類似のアバターが使われていることで直ちにXのパブリシティ権の侵害となるものではなく、判決が示す①から③のような「専ら肖像等の有する顧客吸引力の利用を目的とするといえる場合」にのみパブリシティ権侵害が認められるという点に留意が必要です。

(3) パブリシティ権の侵害に対する救済

パブリシティ権侵害が認められた場合、その被害者はパブリシティ権を侵害した者に対する損害賠償（慰謝料）の請求に加え、侵害行為の差止請求も可能です。

7　最判平成24年2月2日民集66巻2号89頁。ただし、海外におけるパブリシティ権侵害の要件とは異なる点に留意する必要があります。

Q 44 メタバース内で用いていたアバターを他者に無断使用されたような場合に行使できる法的手段はありますか

1　アバターの法的保護

VTuberのようにメタバース内のアバター（アバターについてQ43参照）が人気となることは十分に考えられます。そこで、本設問では、「メタバース内において、Xは、Aという名称で自分の容姿とは異なる人型のアバター（以下「アバターA」といいます）を用いて活動していたところ、メタバース内においてアバターAが非常に人気を博し、とても有名になった」という場面において、「Yは、Xに無断で、アバターAをスクリーンショットしたNFTの発行や、現実世界においてお土産品への商品化を行ったところ、XはYに対して何らかの法的責任を追及できるか」について、検討します。

このような有名なアバターが第三者に無断で使用される場合には、①著作権又は②パブリシティ権に基づく請求が考えられます。なお、そもそもメタバース内で創作したアバターの著作権等に関する権利が、Xに帰属するかどうかについても利用規約等をみつつ、検討する必要があります。

2　著作権法に基づく請求

メタバースは多種多様であり、それに応じてアバターもかわいらしいものからリアルなものまで様々な表現があり得ます。著作権法の保護を受けるためには、著作物（著作権法2条1項1号）すなわち創作性のある表現である必要があります。一般論としては、個性が現れていれば創作性があると認められますが、ありふれた表現については個性が認められない場合も多いです。

例えば、メタバースの運営者が用意した顔のパーツをそれぞれ複数の中から選択してアバターを作り上げる場合、その選択肢の数によるところもありますが、そもそも人型のアバターを前提とすると自ずとパーツの配置や形状は決まってきます。そのため、複数の選択肢があったとしてもその表現の選択の幅は限定的で、著作物性が認められる場合も限定されてきます。一方で、イラストをアバターとして取り込んだり、リアルな肖像を作り出せるほど極めて大量の選択肢の中からパーツを選択したりするように、表現の幅が広い場合には、著作物性が認められる場合も考えられます。

仮にアバターに著作物性が認められた場合には、Yが、Xに無断でアバターAをNFT化や商品化する行為は、Xの複製権侵害や公衆送信権といった著作権の侵害を構成することになります。したがって、XはYに対して、著作権に基づきアバターAの利用の差止めや損害賠償等を請求することができます。

3　パブリシティ権上の保護

パブリシティ権についてはQ43の説明のとおり、アバターが顧客吸引力を有する場合には、その無断利用がアバターのパブリシティ権侵害とならないか、が問題となります。

最高裁は、パブリシティ権は、人格権に由来する権利の一内容と判示しています[1]。当該判決の調査官解説において、「パブリシティ権は、人物識別情報が有する顧客吸引力を保護するものに過ぎず、実在の人物ではないアニメ等のキャラクター、TVなどで著名な動物、多くの観光客が訪れる建築物その他人物以外の識別情報が有する顧客吸引力を保護するものではない」と説明されているように[2]、人格を持たない「物」のパブリシティ権は、保護されていません。実際に、競走馬の名称には顧客吸引力があるようにも思われますが、競走馬は人格を有さないと考えられるため、そのパブリシティ権が否定されています[3]。

したがって、アバターがパブリシティ権を有するか否かについては、演者の人格的価値がアバターに反映しているかどうかが重要な基準となります。

1　最判平成24年2月2日民集66巻2号89頁［ピンクレディー事件］。
2　中島基至ピンクレディー事件調査官解説52頁。
3　最判平成16年2月13日民集58巻2号311頁［ギャロップレーサー事件］。

メタバースにおけるアバターがその演者の人格的価値を反映しているとみられる場合には、当該アバターを無断利用することは、すなわち演者が有するパブリシティ権の無断利用であるとして、無断利用した者に対してパブリシティ権に基づく法的請求が可能な場合もあるように思われます。一方で、本名と異なる名称で自分の容姿とは異なる人型のアバターを用いて活動している等様々な事情を考慮してそのアバターの演者と人格的価値が分離していると考えられる場合には、アバターの利用は、演者の人格的価値が認められない「物」としてのアバターの利用に過ぎません。そのため、このようなアバターの無断利用が、パブリシティ権を侵害すると認められる可能性は低いと思われます。人格的価値を反映しているか否かは、メタバースの性質や具体的なアバターの演じ方など、具体的事情に基づいて総合的に判断されることになると思われます。

Q45 メタバース内においてNFTや暗号資産を無償で配布する場合の景品表示法上の留意点を教えてください

1　メタバース内の施策と関連する法規制

メタバースでは、従来のECサイトやソーシャルゲームと同様に、販促活動の一環として各種キャンペーンが実施され、NFTや暗号資産（以下「NFT等」といいます）が無償で配布（エアドロップ）されたり、イベントやゲームの報酬として付与されるなど、取引を誘引するための様々な施策が考えられます。このような無償配布や報酬として付与（以下「無償配布等」といいます）されるNFT等については、景品表示法2条3項に定義する「景品類」（以下「景品類」といいます）に該当するとして、同法4条に基づく景品規制（以下「景品規制」といいます）を受けるかが問題となります。

本設問では、以下のような施策を実施する場合において、NFT等の無償配布等の実施が景品表示法上の景品規制の対象となるかについて検討します。

なお、実際の事案においては、これを実施するメタバースのサービス、メタバース内のゲームの内容などの個別具体的な事情に応じて判断が異なる可能性があるため、個別具体的な事情に即した検討が必要である点に留意が必要です。

【施策の類型】

施策①：メタバース内でNFT等を無償配布する抽選キャンペーン

施策②：メタバース内における有料ガチャ

施策③：メタバース内におけるゲームの「報酬」としてのNFT等の付与

【施策③における「報酬」の類型】

(1)　ゲームプレイを要することなく、これに参加することで提供される「報酬」（参加ボーナス）

(2)　ゲーム内のランキングやある特定のクエストやイベントの成功に応じ

て提供される「報酬」(ランキング報酬・イベント報酬)

(3) ゲームの参加者による大会での成績に応じて提供される「報酬」(大会報酬)

2 景品表示法における景品類の価額規制の概要

(1) 「景品類」とは

景品規制の適用対象となる景品類とは、①顧客を誘引するための手段として、②事業者が、③自己の供給する商品又は役務の、④取引に付随して提供する、⑤物品、金銭その他の経済上の利益をいいます[1]。このうち、「①顧客を誘引するための手段」であるかは、提供者の主観的意図やその企画の名目のいかんを問わず、客観的に顧客誘引のための手段になっているかどうかによって判断されます。また、「④取引に付随」する提供であるか(以下「取引付随性」といいます)は、取引を条件として他の経済上の利益を提供する場合のほか、取引を条件としない場合であっても、商品又は役務を購入することにより経済上の利益の提供を受けることが可能又は容易になる場合等、経済上の利益の提供が取引の相手方を主たる対象として行われる場合には、肯定されています[2]。さらに、「⑤物品、金銭その他の経済上の利益」(以下「経済上の利益」といいます)については、特段の出費を要しないで提供できる物品等又は市販されていない物品等であっても、提供を受ける者の側からみて、通常、経済的対価を支払って取得すると認められる場合には経済上の利益があるとされています[3]。NFTも通常、転売可能な資産性を有し、オンラインゲーム上での敵との戦闘や仮想空間上の部屋の装飾、アバターへの服

---

1 ただし、正常な商慣習に照らして値引又はアフターサービスと認められる経済上の利益及び正常な商慣習に照らして当該取引に係る商品又は役務に附属すると認められる経済上の利益は含みません(「不当景品類及び不当表示防止法第2条の規定により景品類及び表示を指定する件」(昭和37年6月30日公正取引委員会告示第3号(最終改正:平成21年8月28日公正取引委員会告示第13号)) 1項、「景品類等の指定の告示の運用基準について」((昭和52年4月1日事務局長通達第7号(最終改正:平成26年12月1日消費者庁長官決定)。以下、「定義告示運用基準」といいます) 4(4)))。

2 定義告示運用基準4(1)、(2)。

の着用といった何らかの便益等を受け得るものといえることから、一般的には経済上の利益に当たると考えられます[4]。

(2) 景品類の価額規制

提供する物品等が景品類に該当する場合には、その価額の最高額や上限金額に関する規制の適用を受けることになります。メタバース内での景品類は、提供方法・条件によって「一般懸賞」又は「総付景品」として規制を受ける可能性があり[5]、この規制の概要は下表のとおりです。

類型		一般懸賞[6]	総付景品[7]
定義		くじその他偶然性を利用し、又は特定の行為の優劣又は正誤によって提供先又は景品類の価額を決定する景品等	懸賞によらず、商品・サービスの利用者や来店者に対してもれなく提供する景品等
価額規制	最高額	取引価額が5,000円未満 ：取引価額の20倍	取引価額が1,000円未満：200円
		取引価額が5,000円以上：10万円	取引価額が1,000円以上 ：取引価額の20%
	総額	売上予定総額[8]の20%	—

3　定義告示運用基準５(1)。ただし、仕事の報酬等と認められる場合には、景品類の提供には該当しません（同(3)）。

4　消費者庁「オンラインゲームの「コンプガチャ」と景品表示法の景品規制について」（平成24年５月18日、平成28年月１日一部改定）４(2)イ(イ)参照。

5　景品表示法上は、一般懸賞及び総付景品のほかにも、複数の事業者が参加して行う懸賞たる「共同懸賞」に関する規制もありますが、メタバースとの関係では、景品類の提供者は当該メタバースの運営者に限られることが通常と思われるため、本項では共同懸賞に係る規制への言及は割愛しています。

6　「懸賞による景品類の提供に関する事項の制限」（昭和52年３月１日公正取引委員会告示第３号（最終改正：平成８年２月16日公正取引委員会告示第１号））（以下「懸賞景品制限告示」といいます）１項ないし３項。

7　「一般消費者に対する景品類の提供に関する事項の制限」（昭和52年３月１日公正取引委員会告示第５号（最終改正：平成28年４月１日内閣府告示第123号））１項。

8　懸賞販売実施期間中における対象商品の売上予定総額をいいます（「『懸賞による景品類の提供に関する事項の制限』の運用基準」（平成24年６月28日消費者庁長官通達第１号）７項）。

また、景品類の価額は、景品類と同じものが市販されている場合は、景品類の提供を受ける者が、それを通常購入するときの価格を基準とします。一方、景品類と同じものが市販されていない場合は、景品類を提供する者がそれを入手した価格、類似品の市価等を勘案して、景品類の提供を受ける者がそれを通常購入することとしたときの価格を基準とします[9]。

しかしながら、NFT等の場合には、「類似品の市価」たるものが存在しないことがあります。また、特定のコンテンツを対象とするNFTが複数発行される場合においても、他の同種のNFTが市場において取引されていればその取引価格が参考にはなりますが、取引価格は売主の任意により決定される場合も多く、必ずしもその価格において購入されるとも限りません。よって、NFT等の場合には、「それを通常購入することとしたときの価格」が存在しない場合も少なくないと考えられます。

3　施策①の場合

施策①は、インターネット上のメタバースにおいて行われる懸賞企画ということができます。この点に関して、インターネット上での懸賞企画について、公正取引委員会は、誰に対しても開かれているという特徴等から、懸賞サイトが商取引サイト上にあったり、商取引サイトをみなければ懸賞サイトをみることができないようなホームページの構造であったとしても、商取引サイトにおいて商品やサービスを購入することが応募条件となっている場合や応募を可能又は容易にさせている場合を除き、取引付随性が認められないとしています[10]。

これを踏まえると、施策①のキャンペーン企画が実施されるメタバースへの参加に際して、仮にメタバースの利用にアプリのダウンロードや会員登録といった一定の要件が必要とされたとしても、当該懸賞企画の応募に際して特定の取引行為が条件となっておらず誰でも応募できるような場合には、取

9　「景品類の価額の算定基準について」(昭和53年11月30日事務局長通達第９号）１項。
10　公正取引委員会「インターネット上で行われる懸賞企画の取扱いについて」(平成13年４月26日)。

引付随性はなく、当該企画によって提供されるNFT等は景品類には該当しないと考えられます。

4　施策②の場合

オンラインゲームの有料ガチャについては、一般消費者と事業者間の取引の対象そのものであり、取引に付随して提供される景品ではないとされており[11]、メタバースにおける有料ガチャについてもこれと同様に考えることができると思われます。

ただし、特定の数種類のアイテム等を全部揃える（「コンプリート」する又は「コンプ」する）と、オンラインゲーム上で使用することができる別のアイテム等を新たに入手できる、いわゆる「コンプガチャ」については、有料のガチャという取引に消費者を誘引するための手段であり、景品類に該当する上、懸賞景品制限告示第５項に該当するとして禁止されていることに留意が必要です[12]。

また、有料ガチャについては、別途、賭博罪との関係についても検討する必要があります。この点についてはQ22をご参照ください。

5　施策③の場合

ア　参加ボーナス

ゲームに参加することにより獲得できる参加ボーナスは、取得の都度支払うべき対価がなく無料で獲得できることからすると、施策①と同様に、当該ゲームにおいてアイテム等を購入することが参加ボーナスの付与の条件となっているような場合を除き、基本的には景品類には該当しないと考えられます。

---

11 「オンラインゲームの「コンプガチャ」と景品表示法の景品規制について」・前掲注４・４(2)イ(ア)。

12 「オンラインゲームの「コンプガチャ」と景品表示法の景品規制について」・前掲注４・４(2)イ(ウ)。

イ　ランキング報酬・イベント報酬

ランキング報酬やイベント報酬等、ゲーム内でのイベントやクエストに参加し、プレイすることによって獲得できる報酬は、当該クエストやイベントへの参加に一定のアイテムやキャラクターの購入が参加条件となっている場合や、アイテムやキャラクターの購入が、当該クエストの成功確率の上昇などにより、報酬の獲得を可能又は容易にする場合には、基本的に、顧客を誘引し、取引に付随するものとして景品類に該当する可能性が高いと考えられます。ただし、ゲームプレイによる暗号資産の獲得を目指すPlay to Earnのような場合には、「報酬」としての暗号資産の付与は取引の本来の内容であるとして、景品類に該当しない場合があると考えられます（Play to EarnについてQ26参照）。

なお、景品規制にいう「取引」は対価を得てするものと解されており、ゲームの利用者が、ゲームの利用にあたり対価を求められることが一切ない（利用者に対する課金が一切なされない）場合には、当該ゲーム上の行為には景品類の価額規制は適用しないと考えられています[13]。

ウ　大会報酬

ゲーム大会に参加し、その結果に応じて付与される報酬は、当該大会への参加に一定のメタバース内での取引（アイテムやキャラクターの購入など）が条件とされている場合や、当該取引が報酬の獲得を容易にさせる場合には、当該ゲーム大会から得られる報酬は、メタバースにおける取引を誘引し、かつ、これに付随するものとして、景品類に該当すると判断される可能性があります。ただし、当該ゲームの利用者が何らの対価の支払（課金）も求められない場合には、景品類の価額規制の適用を受けないことは上記イのとおりです。

また、いわゆるｅスポーツの分野においては、大会報酬の提供先がいわゆるプロゲーマー等、大会運営者等によって魅力ある高いパフォーマンスを行い、観客等にそれをみせることで当該大会の競技性や興行性の向上に資する

13　消費者庁「インターネット上の取引と「カード合わせ」に関するQ&A」Q４（https://www.caa.go.jp/policies/policy/representation/fair_labeling/faq/card/#q4）。

ことが類型的に保障されている場合には、大会報酬は「仕事の報酬等」と認められる金品の提供として、景品類に該当しないとされています[14]。そのため、メタバース内でのゲーム大会の報酬についても、その大会の内容によっては、上記のｅスポーツの分野の大会報酬と同様に考えることができる可能性があると考えられます。

14　消費者庁表示対策課長「法令適用事前確認手続回答通知書」（令和元年９月３日、消表対620号）。

Q46 メタバースのサービス利用規約上の留意点を教えてください

1 利用規約の内容

メタバースのサービス利用規約においては、主に、以下の事項を規定することが考えられます。

【利用規約における主な規定事項】

① 利用規約への同意
② メタバースに係るサービスの内容
③ 利用料金の有無・支払方法
④ メタバースに係る権利の帰属
⑤ 禁止事項（例：名誉毀損、プライバシー権の侵害、知的財産権の侵害等を構成する行為の禁止）
⑥ アカウントの停止
⑦ サービスの提供の停止・中断・終了
⑧ 損害賠償
⑨ 契約の解除
⑩ 免責事項
⑪ 利用規約の変更及びその方法
⑫ 準拠法・裁判管轄

メタバースでは、ユーザーとして多くの未成年者や海外居住者の参加が想定されるという点に特徴があります。したがって、メタバースのサービス利用規約においては、未成年者に適用される法律に配慮をする必要があり、準拠法については日本法とし、日本国の裁判所を専属的合意管轄裁判所として明記しておくことが考えられます。そこで、以下、未成年者との取引や準拠法に関する留意点について検討します。

なお、メタバースの運営における個人情報の取扱いの留意点については、Q47をご参照ください。

2　未成年者との取引に係る留意点

未成年者がユーザーとしてメタバースの利用を申し込んだ場合には、メタバースの運営者は、未成年者との間で当該メタバースに係る利用契約を締結することになります。民法上、18歳未満[1]の未成年者が、親権者等の法定代理人の同意を得ないで行った契約の申込みは、原則として取り消し得るものとされており（民法５条１項）、取り消された場合には、契約は遡及的に無効となり（同法121条）、互いに原状回復義務を負うことになります。もっとも、未成年者のような制限行為能力者は、現に利益を受けている限度においてのみ返還すればよいとされているため（同法121条の２第３項）、メタバースの運営者は、受領した代金等を返還しなければならない一方、提供済みの商品やサービスの対価相当額は返還されない可能性があります。ただし、未成年者があらかじめ法定代理人の同意を得ている場合や、同意を得ている又は18歳以上であると詐称した場合は、取り消すことができません（同法５条１項、21条）。

そこで、このような未成年者との利用契約に係る取消しを回避するためには、年齢を申告させた上で、未成年者であると確認できる場合には利用を認めない又は親権者等の法定代理人の同意が得られていることの表明保証を求めるなどの対応が考えられます。

また、未成年者による利用を認める場合であっても、青少年の健全な育成のために、未成年者が利用できるメタバース内のコンテンツを制限することも考えられます。具体的方法としては、当該メタバースの運営者をして、メタバース内のアバターのユーザーが未成年者であるか否かのフラグを表示させることが挙げられます[2]。

1　2022年４月１日に施行された改正民法（平成30年法律第59号による改正）により、民法上の成年年齢は20歳から18歳に引き下げられました（同法４条）。

2　ブロックチェーンゲームにおける未成年ユーザーのフラグ表示機能の設置について述べるものとして、松本恒雄監修『NFTゲーム・ブロックチェーンゲームの法制』（商事法務、2022）158頁。

3　準拠法に関する留意点

(1)　利用規約における準拠法の選択

日本における準拠法の決定については、法の適用に関する通則法（以下「通則法」といいます）の定めに従うことになり、仮に当事者が法律行為の当時にどの地の法律を適用すべきかを選択しなかった場合には、法律行為の成立及び効力は、当該法律行為の当時において当該法律行為に最も密接な関係がある地の法に基づいて判断されることになります（通則法８条１項）。

上記１のとおり、メタバースにおいては、海外居住者も参加することが容易に想定されるため、日本の事業者においては利用規約においてあらかじめ準拠法を日本法と規定することが望ましいと考えられます。この場合には、メタバースに関する法律行為の成立及び効力は、原則として、日本法に基づいて解釈・判断されることになります（通則法７条）。

(2)　消費者契約に関する特則

もっとも、メタバースの運営者と個人との間の契約は「消費者契約」[3]に該当することが多いと思われます。消費者契約は、当事者間の選択によって適用されるべき法が消費者の常居所地法以外の法である場合であっても、消費者が当該常居所地法における特定の強行規定を適用すべき旨の意思を事業者に対して表示したときは、当該消費者契約の成立及び効力に関してその強行規定の定める事項について、当該強行規定も適用されます（通則法11条１項）[4]。

したがって、メタバースのサービス利用規約において、準拠法を日本法と定めていた場合であっても、海外の個人ユーザーから当該ユーザーの常居所地法の特定の強行規定の適用をする旨の意思表示を受けた場合には、当該規

3　事業として又は事業のために契約の当事者となる個人以外の個人と事業者（法人等のほか、事業として又は事業のために契約の当事者となる場合における個人を含む。）との間で締結される労働契約以外の契約をいいます（通則法11条１項）。

定に従って、利用契約の成立及び効力が解釈されることになる点に留意が必要です。

⑶　不法行為の準拠法

また、メタバース内での名誉又は信用の毀損、プライバシー権やパブリシティ権の侵害等を理由に、運営者が不法行為責任（民法709条、723条等）を追及される可能性も否定できません（メタバース内での名誉毀損についてはQ42参照）。このような場合には、不法行為は法律行為ではないことから、利用規約において定められた「法律行為の成立及び効力」に係る準拠法は適用されません。

通則法上、不法行為によって生ずる債権の成立及び効力は、一般的に、原則として加害行為の結果が発生した地の法により、その地における結果の発生が通常予見することのできないものであったときは、例外的に加害行為が行われた地の法によることとされています。

ただし、他人の名誉又は信用を毀損する不法行為については、インターネット等によって容易に世界中に名誉又は信用の毀損を惹起する情報が拡散し、不法行為の結果発生地の特定が困難であることなどに鑑み[5]、他人の名誉又は信用を毀損する不法行為によって生ずる債権の成立及び効力は、被害者の常居所地法とする特則が定められています（通則法19条）[6]。

⑷　著作権侵害に関する準拠法

また、メタバース内で著作権等の知的財産権侵害が発生した場合、その侵

4　当該特則は、消費者契約の締結当時、事業者が、①消費者の常居所を知らず、かつ、知らなかったことについて相当の理由があるとき又は②その相手方が消費者でないと誤認し、かつ、誤認したことについて相当の理由があるときには、適用されません（通則法11条６項３号、４号）。もっとも、メタバースにおいては、利用にあたり、ユーザーに会員登録をさせるなどして当該ユーザーの居住地等を把握することが想定され、このような場合には①に該当すると評価できる場面は少ないと考えられます。また、メタバースに消費者が参加することは通常は予見できるため、②に該当するケースも限定的と考えられます。

5　小出邦夫編著『逐条解説　法の適用に関する通則法〔増補版〕』222～223頁（商事法務、2015）。

害者に対し差止請求（著作権法112条１項等）や損害賠償請求（民法709条）がなされる可能性があります。この場合の準拠法は、通則法上特別な規定が設けられておらず、解釈に委ねられています。

このうち、著作権侵害に係る準拠法については、裁判例において、①差止請求については、ベルヌ条約５条(2)に基づき、保護が要求される国の法律を準拠法とし、②損害賠償請求については、通則法17条を適用する考え方が採用されていることから[7]、このような考え方に基づき準拠法が決定される可能性があります。

(5) 裁判管轄に関する留意点

日本居住者のみを対象としたメタバースであれば利用規約において、自らの本店所在地等を管轄する地方裁判所又は簡易裁判所を第一審の専属適合管轄裁判所である旨を規定し、これをユーザーに同意させることで、日本の裁判所を管轄地とする裁判管轄に係る合意を形成することが可能です。

しかしながら、海外に居住するユーザーが参画することも想定したメタバースにおいては、日本の運営者と海外に居住するユーザーとの間で国際紛争が生じることも想定されるため、このような場合の国際裁判管轄の考え方が問題となります。

6　ただし、このような場合であっても、通則法上、不法行為については次のような例外規定があることに留意が必要です。①不法行為の当時において当事者が法を同じくする地に常居所を有していたこと、当事者間の契約に基づく義務に違反して不法行為が行われたことその他の事情に照らして、明らかに被害者の常居所地により適用すべき法の属する地よりも密接な関係がある他の地があるときは、当該他の地の法によること（通則法20条)。②不法行為の後に、不法行為によって生ずる債権の成立及び効力について適用すべき法を変更することができること（ただし、第三者の権利を害することとなるときは、その変更をその第三者に対抗することができない。通則法21条)。③不法行為について外国法によるべき場合において、当該外国法を適用すべき事実が日本法によれば不法とならないときは、当該外国法に基づく損害賠償その他の処分の請求はすることができず、また、当該外国法を適用すべき事実が当該外国法及び日本法により不法となるときであっても、被害者は、日本法により認められる損害賠償その他の処分でなければ請求することができないこと（通則法22条)。

7　知財高判平成28年６月22日判時2318号81頁、東京地判平成25年５月17日判タ1395号319頁等。

民事訴訟法上、国際裁判管轄も当事者間の合意が書面[8]でされた場合には当該合意に従うこととされているため（同法3条の7第1項、第2項）、上記の管轄合意に従って管轄権の有無が判断されることになります。

もっとも、ユーザーが個人であって利用契約が消費者契約に該当する場合には、将来において生ずる消費者契約に関する紛争を対象とする国際裁判管轄の合意は、ユーザーが別途の合意を援用する場合でない限り、契約締結時において消費者が住所を有していた国の裁判所以外にすることができないため、留意が必要です（民事訴訟法3条の7第5項）。

8　電磁的記録によって合意された場合も、書面によってされたものとみなされるため（民事訴訟法3条の7第3項）、オンライン上で表示された利用規約に同意することでも書面によって行われたものといえます。

Q47 メタバースを運営するにあたり、取得するユーザーやアバターに関する情報の取扱いに関して留意すべき事項を教えてください

1 アバターに関する情報の「個人情報」該当性

メタバース内において、ユーザーは、現実世界とは異なる氏名や性別、性格等を有するアバターを通じて自己を表現したり情報発信したりすることや、同様に現実世界とは異なる氏名や性別、性格等を有する他のアバターと交流することが想定され、メタバースの運営者は、このようなアバターに関する情報を取得し、取り扱うことになります。そこで、メタバースの運営者が取り扱う当該アバターに関する情報が「個人情報」(個人情報保護法２条１項。以下「個人情報」といいます)に該当するかが問題となります。

個人情報保護法上、個人情報は、生存する個人に関する情報であって、当該情報に含まれる記述等により、それ単体で特定の個人を識別することができる場合のほか、それ自体では特定の個人を識別できないものの、他の情報と容易に照合することができ、それにより特定の個人を識別することができることとなる場合に該当するとされます(同法２条１項)。この点、「特定の個人」を識別できるとは、識別される個人が誰であるかわかることを意味するものとされていますが[1]、当該個人の氏名への到達は必要とされていません[2]。

よって、アバターに関する情報が現実世界における当該ユーザーの人物像とは異なっていたとしても、それだけで個人情報該当性が否定されるものではなく、メタバースの運営者(通常は個人情報取扱事業者[3]に該当すると考えられます)において、その情報単体でアバターの背後に存在するユーザー個

---

1 宇賀克也『新・個人情報保護法の逐条解説』60頁(有斐閣、2021)。

2 岡田淳＝北山昇＝小川智史「個人情報保護をめぐる実務対応の最前線　第１回　個人情報とは何か―容易照合性、仮名加工情報、匿名加工情報の概念を中心とした考察」NBL1204号53頁(2021年)。

人を識別することができたり、メタバースを利用するにあたりユーザーに付与されたID等の容易に照合できる他の情報と組み合わせることで、（氏名までは特定できないにしても）特定の個人を識別することができる場合には、当該ユーザーを本人とする個人情報に該当すると考えられます[4]。

2　メタバースの運営者によるアバターの個人情報の取扱いに関する留意点

(1)　海外のデータ保護法の域外適用

メタバースの運営にあたっては、参加対象となるユーザーを、日本の居住者に限定せず、海外の居住者にも広く参加を認めることも想定されます。この場合において、海外のデータ保護法制が域外適用される可能性があることに注意が必要です。

例えば、メタバースをEU域内の居住者も対象としてサービス提供する場合には、メタバース運営者にはEU一般データ保護規則（General Data Protection Regulation。以下「GDPR」といいます）が適用される可能性があります（3条2項(a)号）。

そのため、メタバースを、海外の居住者にも広く参加を認めるサービスとして提供する場合には、当該外国のデータ保護法が適用（域外適用）されないかをあらかじめ確認する必要があります。

(2)　プロファイリング規制

メタバースでは、ユーザーが現実世界で行っているようなショッピングや

3　個人情報データベース等（個人情報を含む情報の集合物であって、特定の個人情報を検索することができるように体系的に構成したもの）を事業の用に供している者をいいます（個人情報保護法16条2項）。

4　ここでは、ある1人のユーザーによって利用されるアバターに関する情報を前提としていますが、仮に複数人のユーザーによってある1つのアバターを利用するといったケースが想定される場合においては、特定のアバターに関する情報の属する主体（データ主体）が誰であるかは別途問題となり得ます。

娯楽、労働といった行為を体験することができることが期待されており、既にその一部が実現されています。ユーザーがメタバースでこのような体験をするに伴い、メタバース運営者は、アバター（及びその背後に存在するユーザー）の生体情報や金融情報、行動履歴等の様々かつ膨大な個人情報を取得し、蓄積することが可能となります。そして、より最適化されたバーチャル体験の提供等の目的で、ユーザーの属性やライフスタイル、趣味嗜好等を分析する、いわゆるプロファイリングを実施することが想定されます。

現在の日本の個人情報保護法では、プロファイリングを直接制限する規定は存在しません。しかしながら、2020年の個人情報保護法改正に際してプロファイリングに対するプライバシーへの懸念も念頭にプロファイリングに対する直接的な制約ではないものの、一定の規律が設けられました。具体的には、不適正利用の禁止（同法19条）、個人データとして取得される個人関連情報に係る規制（同法31条）、第三者提供記録の開示義務化（同法33条５項）及び利用停止・消去・第三者提供の停止の各請求の要件の緩和（同法35条１項、５項、６項）が導入されました[5]。加えて、改正個人情報保護法の施行に先立つ2021年８月には、個人情報保護委員会によって個情法ガイドライン（通則編）が改訂され、本人から得た情報から、本人に関する行動・関心等の情報を分析する場合には、どのような取扱いが行われているかを本人が予測・想定できる程度に利用目的を特定しなければならないとの解釈が示された上、本人から得た情報から、行動・関心等の情報を分析する場合に具体的に利用目的を特定している具体例が追記されており[6]、これらの規制を遵守する必要があります。

また、プロファイリングは、ユーザーのプライバシーその他の権利利益を侵害する可能性があるほか、ユーザーが抵抗感を抱くことによるレピュテーションやいわゆる炎上リスクがあることを踏まえ、慎重な検討が必要になり

5　これらの改正点がプロファイリングによるプライバシー等への懸念に対して導入されたことにつき、佐脇紀代志編著『一問一答　令和２年改正個人情報保護法』109頁（商事法務、2020）参照。

6　個情法ガイドライン（通則編）３－１－１。

ます。そこで、例えばAI（人工知能）を用いたプロファイリングを行う場合には、対象者に生じ得る不利益等に慎重に配慮すべきことを定めたAIネットワーク社会推進会議の公表した「AI利活用ガイドライン」[7]に準拠したり、その他の民間団体の自主的な取組み[8]も念頭に置いた対応をとることが考えられます。

さらに、上記⑴のとおり、海外のデータ保護法制が適用される場合においては、別途の規制が及ぶ可能性があります。例えばGDPRの域外適用を受ける場合には、個人の趣味嗜好や行動傾向等を分析し、又は予想するために行われるコンピュータによるデータ処理等の自動処理はプロファイリングに該当し（GDPR 4 条⑷号）、それが当該個人に法的効果又はそれと同様の重大な影響を及ぼす場合には、原則として、当該個人に対し、このようなプロファイリングを含む個人データの自動処理のみに基づく決定に服さない権利を付与しなければならないとする規制（GDPR22条）[9]等が及ぶため留意が必要です。

⑶　個人データの漏えい等と情報セキュリティ体制の構築

これまでに述べてきたように、メタバースの運営者においては、メタバースの運営にあたって、アバター（ユーザー）のセンシティブな情報を含めた様々で膨大な個人情報を取得することができるため、これらの情報が不正アクセス等により漏えい、滅失又は毀損（以下「漏えい等」と総称します）した場合には、ユーザーのプライバシーその他の権利利益に重大な影響を及ぼすことが想定されます。

7　https://www.soumu.go.jp/main_content/000637097.pdf

8　例えばパーソナルデータ+α研究会「プロファイリングに関する最終提言」（https://wp.shojihomu.co.jp/wp-content/uploads/2022/04/ef8280a7d908b3686f23842831dfa659.pdf）は、プライバシーや平等といった基本的人権・憲法的価値に配慮したプロファイリングの実施・利用方式の留意点に係るチェックリスト等を提示しています。

9　GDPRにおける自動化された個人に対する意思決定及びプロファイリングの詳細については、ARTICLE 29 DATA PROTECTION WORKING PARTY, Guidelines on Automated individual decision-making and Profiling for the purposes of Regulation 2016/679（wp251rev.01）をご参照ください。

万一、ユーザーの個人データが漏えい等した場合には、メタバースの運営者は、プライバシー侵害等を理由とする不法行為に基づく損害賠償請求（民法709条、715条）や差止請求を受ける可能性があります。また、このほかにも個人データの安全管理措置（個人情報保護法23条）が講じられていなかったことなどを理由に、個人情報保護委員会から行政指導（同法144条）や勧告・命令（同法145条1項、2項）を受けるほか、これに従わなかった場合には罰則（法人には両罰規定（同法179条）により罰金刑が科されます）が科される可能性があります（同法173条）。

さらに、2020年の個人情報保護法改正により、一定の個人データの漏えい等の事態が発生し、又はそのおそれがある場合[10]には、当該事態について、個人情報保護委員会への報告及び本人への通知が義務付けられたため（個人情報保護法26条）、漏えい等事態の内容及び性質に応じてこれらの対応が必要となる場合がある点には留意が必要です。

このような法違反はもとより、漏えい等の事態が発生した場合には、企業のレピュテーションが低下し、株価にも影響を与えるほか、セキュリティ体制の構築義務の不履行を理由に、株主から株主代表訴訟を提起される可能性も否定できません（会社法362条4項6号、同法施行規則100条1項5号、同法423条1項、847条1項）。そのため、メタバースの運営者においては、不正アクセス等による個人情報の漏えい等を未然に防ぐ情報セキュリティ体制を確立することが重要な課題となります。

10　当該漏えい等事態について、①要配慮個人情報が含まれる場合、②クレジットカード番号等、不正に利用されることにより財産的被害が生じるおそれがある個人データが含まれる場合、③不正アクセスやランサムウェアの使用等の不正の目的をもって行われたおそれがある場合、④漏えい等した個人データに係る本人の数が1,000人を超える場合が該当します（個人情報の保護に関する法律施行規則7条）。

第 6 章

税　務

Q 48

法人が暗号資産を取得した場合や売却した場合、暗号資産で商品を購入した場合、又は、他の暗号種類と交換した場合にはどのように課税されますか

暗号資産の税務上の取扱いについては、国税庁から「暗号資産に関する税務上の取扱いについて（FAQ）」（令和３年12月22日版）（以下「国税庁FAQ」といいます[1]）が公表されています。暗号資産の税務上の取扱いについては、今後も変更・補充される可能性があるため、検討する際には最新の情報を参照する必要があります。

暗号資産を購入、マイニングまたは分裂（分岐）により取得する場合には、取得の方法により法人税が課税される場合があります。

また、税務上、譲渡とは、有償無償を問わずに資産を移転させる一切の行為をいい、売買だけでなく、交換、競売、公売、代物弁済、財産分与、収用などを含みます（旧所得税基本通達136参照）。そのため、暗号資産を売却する場合や、暗号資産で商品を購入する場合、暗号資産同士を交換する場合には、暗号資産を譲渡したことになり、所得が生じる場合には課税されることになります。

1　暗号資産を取得した場合

(1)　暗号資産の購入による取得

暗号資産を購入して取得した場合には、取得の時点では所得が発生していないため法人税は課税されません。

1　国税庁「暗号資産に関する税務上の取扱いについて」（https://www.nta.go.jp/publication/pamph/pdf/virtual_currency_faq_03.pdf）。

⑵　マイニング等による取得

マイニング、ステーキング、レンディング等により暗号資産を取得する場合には、時価で暗号資産を取得したことになり、所得が生じるため課税されることになります。取得時点での暗号資産の価額を益金の額に算入し、マイニング等に要した費用を損金の額に算入することになります（国税庁FAQ 6）。

⑶　暗号資産の分裂（分岐）による取得

暗号資産を分裂（分岐）により取得した場合には、分裂（分岐）の時点では、新たな暗号資産については取引相場が存在しておらず価値を有していないと考えられるため、所得が生じません（取得価額は0円）。なお、分裂（分岐）により取得した暗号資産をその後に売却した場合には、譲渡価額から譲渡原価（取得価額は0円）を控除した金額が課税対象となります（国税庁FAQ 5）。

2　暗号資産を売却した場合

暗号資産を売却した場合であって、暗号資産を購入した価額よりも高い価額で売却したときには、譲渡価額と譲渡原価の差額が譲渡益となり課税されることになります（国税庁FAQ 1）。例えば、①4月2日に400万円で4BTC（ビットコイン）を購入し、②4月20日に0.2BTCを21万円で売却した場合には、以下の計算式のように、1万円が所得金額となります。

（計算式）

210,000円－(4,000,000円÷4BTC)×0.2BTC＝10,000円

一方、暗号資産を購入した価額よりも低い価額で売却した場合には譲渡損が生じることになり課税所得を減額することになります。

3　暗号資産で商品を購入した場合

暗号資産を用いて商品を購入する場合には、保有する暗号資産を売却し、

売却した代金で商品を購入した場合と同じように取り扱われます。そのため、暗号資産の時価が取得時よりも商品購入時の方が上回っている場合には上記２のように譲渡益が生じて所得金額になり、商品価額（＝譲渡価額）から譲渡原価を控除した金額が所得金額となります（国税庁FAQ 2）。例えば、①４月２日に400万円で4BTCを購入し、②10月20日に、40万3,000円（消費税等込み）の商品を購入する際の決済に0.3BTCを支払った（1BTC＝135万円）場合には、以下の計算式のように、10万3,000円が所得金額となります。

（計算式）

403,000円－(4,000,000円÷4BTC)×0.3BTC＝103,000円

4　暗号資産を交換した場合

保有する暗号資産を他の種類の暗号資産と交換した場合には、保有する暗号資産で他の種類の暗号資産を購入したことになるため、上記３の暗号資産で商品を購入した場合と同様に、他の暗号資産の購入価額（＝譲渡価額）から譲渡原価を控除した金額が所得金額となります（国税庁FAQ 3）。例えば、①４月２日に400万円で4BTCを購入し、②11月２日に40リップル（XRP）を購入する際の決済に1BTCを支払った場合（1XRP＝３万円）には20万円が所得金額となります。

（計算式）

40XRP×30,000円－(4,000,000円÷4BTC)×1BTC＝200,000円

Q49 法人が保有する暗号資産を譲渡した場合には、消費税は課税されますか

消費税法上、支払手段及びこれに類するものの譲渡は非課税とされており、2017年（平成29年）７月以降に行った暗号資産の譲渡は支払手段等の譲渡に該当するため消費税は非課税とされます（国税庁FAQ 29、消費税法６条１号、別表第１第２号、消費税法施行令９条４号、資金決済法２条５号）。

また、消費税の確定申告を一般課税により行う場合には、仕入税額控除を計算する際、当該課税期間の課税売上高、免税売上高及び非課税売上高を基に課税売上割合を算出することになりますが、支払手段等に該当する当該暗号資産の譲渡については、課税売上割合の算出にあたって非課税売上高に含めて計算する必要はないこととされています（消費税法30条、別表第１第２号、消費税法施行令48条２項）。

なお、暗号資産の譲渡の際に、暗号資産交換業者に対して仲介手数料を支払う場合には、暗号資産交換業者の役務の提供に対する対価を支払うことになり、支払手段及びこれに類するものの譲渡ではないため、手数料相当額は消費税の課税対象になります。

Q 50 法人では、暗号資産取引によって生じた利益・損失をいつの事業年度の益金の額又は損金の額に算入することになりますか

暗号資産の売却等に係る契約をした日の属する事業年度の益金の額又は損金の額に算入することになります（約定日基準：法人税法61条１項）（国税庁FAQ 20）。

Q 51 暗号資産の譲渡原価・譲渡損益はどのように算定しますか

暗号資産の譲渡原価の計算方法は以下のとおりです（国税庁FAQ 21）。

暗号資産の譲渡原価＝暗号資産１単位当たりの帳簿価額（注）
×譲渡した暗号資産の数量

暗号資産の譲渡損益の額は、暗号資産の譲渡時点での時価と暗号資産の譲渡原価の差額となります。

（注） 暗号資産１単位当たりの帳簿価額の計算は、移動平均法又は総平均法により算出されることになります。なお、原則として移動平均法により、所轄税務署長に届出等をすることになり総平均法を採用することができます（移動平均法及び総平均法についてQ58参照）。また、帳簿価額の計算方法は暗号資産の種類等ごとに選定することとされています。

Q 52 従業員の給与や役員報酬の一部を暗号資産で支給することを検討していますが、税務上、問題になることはありますか

1　暗号資産による従業員への給与の支払

暗号資産による従業員への給与の支払は、現金以外の現物給与として取り扱われることになり、支給時の円貨換算レートにより評価し、現金での支払額と合計して源泉徴収税額を計算します（国税庁FAQ 28）。例えば、ある月の給与について、現金で20万円、暗号資産で10万円（時価）で支払った場合には、30万円を給与の支給額（月額）として源泉徴収税額を計算することになります。

※労働基準法24条の通貨払いの原則の例外（現物給与に係る労働協約を締結している場合など）となる点に留意が必要です。

2　暗号資産による役員報酬の支払

法人税法上、役員報酬については原則として損金算入できず、例外的に、定期同額給与、事前確定届出給与、業績連動給与のいずれかの要件を充足する場合には損金算入することができます（法人税法34条）。そのため、一般的に、役員報酬として暗号資産を支給する場合に損金算入できる場合は多くはありません。

問題となるのは、役員報酬として毎月１BTCを支給するような場合に定期同額給与となるか否かです。例えば、役員に対して毎月１万米ドルを支払うような場合には、為替レートの変動により円換算した毎月の支給額は同額とはならないが、定期同額給与は支給額を円換算した金額が同額であることまで求めるものではないとして、このような場合でも定期同額給与に該当すると判断されている（国税庁：外貨で支払う役員報酬（定期同額給与））[1]ため、

1　国税庁「外貨で支払う役員報酬（定期同額給与）」（https://www.nta.go.jp/law/shitsugi/hojin/11/21.htm）。

同様に考えることも可能とも考えられます。もっとも、暗号資産の価値の変動は外国為替よりも大きいことがあり、経済的利益の額が毎月概ね一定ではないため、定期同額給与に該当しないとも考えられます。

Q53 法人が事業年度を超えて暗号資産を保有し続ける場合には何らかの課税がされることになりますか

以下のように、一定の場合には、法人は保有する暗号資産を時価評価し、さらに、時価評価課税をする必要があります（国税庁FAQ 22）。そのため、暗号資産の実証実験段階では期末時価評価や時価評価課税はされませんが、活発な市場が存在するようになると期末時価評価をされ、さらに自己の計算において保有する場合には時価評価課税をされることになります。

① 法人が事業年度終了時点において、活発な市場が存在する暗号資産（市場暗号資産）を保有する場合には、暗号資産を時価評価することになります（法人税法61条２項、法人税法施行令118条の７）。

市場暗号資産とは以下の条件を満たす暗号資産をいいます。

(i) 継続的に売買価格等（注）が公表され、かつ、その公表される売買価格等がその暗号資産の売買の価格又は交換の比率の決定に重要な影響を与えているものであること。

（注） 売買価格等とは、売買の価格又は他の暗号資産との交換の比率をいいます。

(ii) 継続的に上記(i)の売買価格等の公表がされるために十分な数量及び頻度で取引が行われていること。

(iii) 次の要件のいずれかに該当すること

・上記(i)の売買価格等の公表がその法人以外の者によりされていること。

・上記(ii)の取引が主としてその法人により自己の計算において行われた取引でないこと。

② ①の場合に、さらに、市場暗号資産を自己の計算において有する場合には、評価額と帳簿価額との差額を益金の額又は損金の額に算入する必要があります（法人税法61条３項）。

【期末時の評価と時価評価課税】

活発な市場の有無 （市場暗号資産か）		①期末時の評価 ②時価評価課税
存在する （市場暗号資産）	自己の計算	①時価評価 ②時価評価課税あり
	自己以外の者の計算	①時価評価 ②時価評価課税なし
存在しない （市場暗号資産でない）	自己の計算	①取得原価 ②時価評価課税なし
	自己以外の者の計算	①取得原価 ②時価評価課税なし

なお、暗号資産の期末時価評価課税は日本の法人の暗号資産に関する税制の中でも特徴的なものです。例えば、米国およびシンガポールでは、暗号資産について期末時価評価課税はされません。日本では、暗号資産が上場して価額が上昇する場合には、上場前から暗号資産を保有していた法人は期末時価評価により法人税を納税しなければならず、保有を継続することによるさらなる含み益の増大化に一定の歯止めがかけられることになります。期末時価評価課税については、従来より、業界団体を通じて税制改正要望が提出されていますが、現時点において税制改正はされていません。

令和５年度の税制改正要望として、金融庁及び経済産業省から、「法人が発行した暗号資産のうち、当該法人以外の者に割り当てられることなく、当該法人が継続して保有しているものについては、期末時価評価課税の対象外とすること」が提出されています。

Q 54 法人が独自の暗号資産を発行する場合にはどのように課税をされることになりますか

法人が独自の暗号資産を発行する場合には、暗号資産を分裂（分岐）により取得した場合（Q48参照）と同様に、発行の時点では取引相場がなく無価値で暗号資産を取得したと考えられることから、発行の時点では課税されないと考えられます。

その後、第三者に暗号資産を譲渡する場合には、譲渡価額と譲渡原価の差額が譲渡益となり課税所得となります（上記Q48参照）。この場合には、譲渡原価の計算において取得原価は０円になります。

また、当該暗号資産が暗号資産取引所に上場され、活発な市場が存在するに至る場合には、期末において暗号資産を時価評価し、さらに、自己の計算において保有する場合には期末時価評価課税がなされることになります（Q53参照）。

第2　個人の税務

Q55 個人が暗号資産を取得した場合や売却した場合、暗号資産で商品を購入した場合、他の暗号種類と交換した場合にはどのように課税されますか

法人の課税関係と同様であるため、Q48をご参照ください。

暗号資産の税務上の取扱いについては、国税庁から「暗号資産に関する税務上の取扱いについて（FAQ）」（令和3年12月22日版）[1]が公表されています。暗号資産の税務上の取扱いについては今後も変更・補充される可能性があるため、検討する際には最新の情報を参照する必要があります。

1　国税庁「暗号資産に関する税務上の取扱いについて」（https://www.nta.go.jp/publication/pamph/pdf/virtual_currency_faq_03.pdf）。

Q 56　個人が保有する暗号資産を譲渡した場合には、消費税は課税されますか

法人の場合と同様であるため、Q49をご参照ください。

Q 57 個人が暗号資産取引により利益を得た場合には、所得税法上、どのように課税されますか。また、必要経費にはどのようなものが認められますか

1　暗号資産により生じた利益の所得区分

個人の得た利益は原則として所得税の課税対象になり、所得の種類により10の所得区分のいずれかに分類されて課税されることになります。

個人が暗号資産取引により得た利益は所得税の課税対象になり、原則として雑所得に区分されます。雑所得とは、利子所得、配当所得、不動産所得、事業所得、給与所得、退職所得、山林所得、譲渡所得及び一時所得のいずれにも該当しない所得をいいます（所得税法35条１項）。そのため、暗号資産取引により得た利益が雑所得以外に分類されることもあります。例えば、①暗号資産取引自体が事業と認められる場合（例えば、暗号資産取引の収入によって生計を立てていることが客観的に明らかである場合など）には、暗号資産取引により得た利益は事業所得に区分されます。また、②暗号資産取引が事業所得等の基因となる行為に付随したものである場合（例えば、事業所得者が、事業用資産として暗号資産を保有し、棚卸資産等の購入の際の決済手段として暗号資産を使用した場合など）には事業所得等に区分されます（国税庁FAQ 8）。

2　所得の認識時期

暗号資産取引により利益を得た場合には、原則として売却等をした暗号資産の引渡しがあった日の属する年分の収入になります。もっとも、納税者の選択により、暗号資産の売却等に関する契約をした日の属する年分の収入とすることもできます（国税庁FAQ 7）。

3　暗号資産取引の必要経費

暗号資産の売却による所得は原則として雑所得に区分され、所得金額は総

収入金額から必要経費を差し引くことにより計算されます（所得税法35条2項）。必要経費に算入できる金額は、暗号資産の譲渡原価その他暗号資産の売却等に際して直接要した費用の額のほか、その年における販売費、一般管理費その他その所得を生ずべき業務について生じた費用の額です（国税庁FAQ 9）。

そのため、暗号資産の売却による所得の計算上、必要経費として、次の費用を収入から差し引いて所得を計算することができます。

・その暗号資産の譲渡原価

・売却の際に支払った手数料

・インターネットやスマートフォン等の回線使用料（暗号資産の売却のために必要な支出であると認められる部分の金額に限ります）

・パソコン等の購入費用（同上）

なお、パソコンなど、使用可能期間が1年以上であり、かつ、一定の金額を超える資産については、その年に一括して必要経費に計上するのではなく、使用可能期間の全期間にわたり分割して必要経費とする（＝減価償却）必要があります（所得税法49条）。また、家事上と業務上の両方に関連がある費用（家事関連費）については、取引の記録に基づき、業務の遂行上直接必要であったことが明らかに区分できる場合に限り、区分した金額を必要経費に算入することができます。

Q 58 初めて暗号資産を取得しましたが、暗号資産の評価方法を選定して税務署に届け出る必要があると聞きました。どのように評価方法を選定し、またどのような届出書を提出する必要がありますか

初めて暗号資産を取得した場合には、確定申告期限（原則として翌年3月15日）までに、納税地の税務署長に対し、「所得税の暗号資産の評価方法」の届出書を提出する必要があります。暗号資産の評価方法には、総平均法と移動平均法があり、納税者はいずれかを選択する必要があります（国税庁FAQ 11)。なお、同届出書の提出がない場合には、評価方法は総平均法になります（所得税法48条の2、所得税法施行令119条の2、119条の3、119条の5）。

総平均法とは、同じ種類の暗号資産について、年初時点で保有する暗号資産の評価額とその年中に取得した暗号資産の取得価額との総額との合計額をこれらの暗号資産の総量で除して計算した価額を「年末時点での1単位当たりの取得価額」とする方法をいいます（所得税法施行令119条の2第1項1号)。

移動平均法とは、同じ種類の暗号資産について、暗号資産を取得する都度、その取得時点において保有している暗号資産の簿価の総額をその時点で保有している暗号資産の数量で除して計算した価額を「取得時点の平均単価」とし、その年12月31日から最も近い日において算出された「取得時点の平均単価」を「年末時点での1単位当たりの取得価額」とする方法をいいます（所得税法施行令119条の2第1項2号、国税庁FAQ 10)。

Q 59 暗号資産交換業者から年間取引報告書が送付されました。年間取引報告書を活用して暗号資産の所得金額を計算する方法を教えてください

平成31年以降の暗号資産取引については、暗号資産交換業者が年間取引報告書を納税者に交付し、納税者は年間取引報告書を活用して暗号資産の所得金額を簡便に計算することができるようになりました。年間取引報告書には次の事項が記載されています（国税庁FAQ 15）。

① 年始数量：その年の1月1日現在の暗号資産の保有数量
② 年中購入数量：その年の暗号資産の購入数量
③ 年中購入金額：その年の暗号資産の購入金額（取得価額）
④ 年中売却数量：その年の暗号資産の売却数量
⑤ 年中売却金額：その年の暗号資産の売却金額
⑥ 移入数量：その年に購入以外で口座に受け入れた暗号資産の数量
⑦ 移出数量：その年に売却以外で口座から払い出した暗号資産の数量
⑧ 年末数量：その年の12月31日現在の暗号資産の保有数量
⑨ 損益合計：その年の暗号資産の証拠金取引の損益の合計額
⑩ 支払手数料：その年に暗号資産交換業者に支払った支払手数料の額

※暗号資産の売却・購入などを外貨で行った場合には、取引時の電信売買相場の仲値（TTM）で円に換算した金額に基づき、各事項が記載されています。

国税庁ホームページの「暗号資産の計算書（総平均法用）」に、年間取引報告書の太枠部分を入力することにより、簡便に暗号資産取引の所得金額を計算することができます（国税庁FAQ 14）。

年間取引報告書

○○様

○○取引所

(現物取引)

通貨名	①年始数量	②年中購入数量	③年中購入金額	④年中売却数量	⑤年中売却金額	⑥移入数量	⑦移出数量	⑧年末数量
ビットコイン		4.5	2,387,800	3.0	2,895,000			

Q 60 暗号資産取引を行ったものの、暗号資産の取得価額や売却価額が分かりません。どのようにして取得価額や売却価額を確認すればよいですか

以下の方法により、取得価額や売却価額を確認することができます（国税庁FAQ 14）。

① 国内の暗号資産交換業者を通じた暗号資産取引

平成31年以降の暗号資産取引については、暗号資産交換業者が年間取引報告書を納税者に交付しているため、年間取引報告書に記載された、年中購入数量、年中購入金額、年中売却数量、年中売却金額から取得価額や売却価額を確認することができます。また、暗号資産交換業者に年間取引報告書の（再）交付を依頼することも可能です。

② ①以外の暗号資産取引（国外の暗号資産交換業者を通じた暗号資産取引や個人間取引）

これらについては年間取引報告書のように取得価額や売却価額をすぐに確認することができません。そのため、以下のような方法により確認することが考えられます。

・暗号資産を購入した際に利用した銀行口座の出金状況や、暗号資産を売却した際に利用した銀行口座の入金状況から、暗号資産の取得価額や売却価額を確認する。

・暗号資産取引の履歴及び暗号資産交換業者が公表する取引相場を利用して、暗号資産の取得価額や売却価額を確認する。

なお、売却した暗号資産の取得価額については、売却価額の５％相当額とすることも認められています（租税措置法31条の４第１項、租税特別措置法31の４－１参照）。

Q 61 暗号資産取引をしたところ損失が生じました。暗号資産取引による損失を給与所得などと通算して他の所得から差し引くことはできますか

所得税法上、不動産所得、事業所得、山林所得、譲渡所得の金額の計算上生じた損失については他の所得と通算することができますが、雑所得については他の所得と通算することができません（所得税法39条２項）。そのため、暗号資産取引で損失が発生したとしても、その他の所得と通算して差し引くことはできません（国税庁FAQ 17）。

Q62 暗号資産のデリバティブ取引を行いました。外国為替証拠金取引（いわゆるFX）と同様に申告分離課税の対象になりますか

所得税は、総合課税（各種の所得金額を合計し総所得金額を求め、これについて税額を計算して確定申告によりその税金を納める方法）を原則としています。もっとも、一定の所得については、申告分離課税（他の所得金額と合計せず、分離して税額を計算し、確定申告によりその税額を納める方法）が採用されています。

外国為替証拠金取引（いわゆるFX）は、金融商品取引法上の金融商品先物取引等に該当し、申告分離課税の対象になっています。一方、暗号資産のデリバティブ取引（証拠金取引）は、FXと同様に金融商品先物取引等に該当するものの、租税特別措置法41条の14により申告分離制度の対象から除外されているため、その取引により得た所得については総合課税の対象になります（国税庁FAQ 18）。

Q63 国内外の暗号資産取引所に暗号資産を保有しています。財産債務調書や国外財産調書に暗号資産を記載する必要がありますか

1　財産債務調書

(1)　財産債務調書制度

財産債務調書制度は、その年分の退職所得を除く各種所得金額の合計額が2,000万円を超え、かつ、その年の12月31日において、合計3億円以上の財産又は合計1億円以上の国外転出特例対象財産を有する場合に、財産の種類、数量及び価額並びに債務の金額その他必要な事項を記載した財産債務調書を、翌年の3月15日までに、納税地の所轄税務署長に提出しなければならないという制度です（国外送金等調書法6条の2）。

暗号資産は、財産の区分のうち、「その他の財産」に該当するため、財産債務調書には暗号資産の種類別、用途別及び所在別に記載する必要があります（国外送金等調書法施行規則15条、別表第3、国税庁FAQ 31）。

なお、暗号資産の所在は財産を有する者の住所の所在により判定されるため、我が国で所得税の申告義務を負う場合には、国外の取引所に暗号資産を預けているときであっても国外財産調書を提出するのではなく、財産債務調書に記載して提出することになります（国外送金等調書法施行規則12条3項6号、15条2項）。

(2)　暗号資産の価額の記載方法

暗号資産の価額については、活発な市場が存在する場合には、取引を行っている暗号資産交換業者が公表するその年の12月31日における取引価格を時価として記載します（国外送金等調書法6条の2）。

また、時価の算定が困難な場合には、その年の12月31日における暗号資産の状況に応じ、その暗号資産の取得価額や売買実例価額などを基に、合理的

な方法により算定した価額を見積価額として記載することも認められています（国税庁FAQ 32）。具体的には以下の方法が考えられます。

① その年の12月31日における売買実例価額（12月31日における売買実例価額がない場合には、12月31日の直前の売買実例価額）のうち、適正と認められる売買実例価額

② ①がない場合には、翌年１月１日から財産債務調書の提出期限までに暗号資産を譲渡した場合の譲渡価額

③ ①及び②がない場合には、取得価額

2　国外財産調書制度

国外財産調書制度は、居住者（非永住者を除く）のうち、その年の12月31日において、合計5,000万円を超える国外財産を有する者は、その国外財産の種類、数量及び価額その他必要な事項を記載した国外財産調書を、翌年の３月15日までに、住所地等の所轄税務署長に提出しなければならないという制度です（国外送金等調書法５条）。

上記のとおり、暗号資産の所在は財産を有する者の所在により判定されるため、暗号資産を預けている取引所の所在が国内・国外にかかわらず、国外財産調書の提出義務はなく、財産債務調書を提出するか否かを検討することになります（国税庁FAQ 33）。

Q 64　暗号資産を相続や贈与により取得した場合の課税関係はどのようになりますか

1　相続税の納税義務

相続税は、相続や遺贈によって取得した財産及び相続時精算課税の適用を受けて贈与により取得した財産の価額の合計額（債務などを控除し、また、相続開始前３年以内の贈与財産の価額を加算する）が基礎控除額（3,000万円＋600万円×法定相続人の数）を超える場合に、その超過部分に対して課税されます。相続税の申告及び納税の期限は、被相続人の死亡したことを知った日の翌日から10カ月以内です（相続税法15条、19条、27条）。

また、相続税法では、個人が、金銭に見積もることのできる経済的価値のある財産を相続、遺贈、贈与により取得した場合には相続税又は贈与税の納税義務があると規定されています（相続税法８条、９条）。暗号資産は、資金決済法上、代価の弁済のために不特定の者に対して使用することができる財産的価値と規定されているため、被相続人等から暗号資産を相続、遺贈、贈与により取得した場合には相続税又は贈与税が課されることになります（国税庁FAQ 26）。

2　相続や贈与により取得した暗号資産の評価方法

相続税及び贈与税における資産の評価は財産評価基本通達によりますが、暗号資産については、同評価通達に規定されていません。そのため、評価通達５（評価方法の定めのない財産の評価）の定めに基づき、同評価通達に定める評価方法に準じて評価することとなります。具体的には、以下のように評価することになります（国税庁FAQ 27）。

①　活発な市場が存在する暗号資産

活発な取引が行われることによって一定の相場が成立し、客観的な交換価値が明らかとなっていることから、外国通貨に準じて、相続人等の納税義務者が取引を行っている暗号資産交換業者が公表する課税時期における取引価格によって評価されます。

② 活発な市場が存在しない暗号資産

客観的な交換価値を示す一定の相場が成立していないため、その暗号資産の内容や性質、取引実態等を勘案して個別に評価されます。例えば、売買実例価額、精通者意見価格等を参照して評価することが考えられます。

Q 65 NFT（非代替性トークン）やFT（代替性トークン）を用いて取引を行う場合にはどのように所得税が課税されますか

1　所得税の課税対象か否か

NFT（非代替性トークン）やFT（代替性トークン）が暗号資産などの財産的価値を有する資産と交換できるものである場合には、NFTやFTを用いた取引は所得税の課税対象となります。

一方、NFTやFTが財産的価値を有する資産と交換できない場合には所得税の課税対象にはなりません（国税庁：No.1525－2「NFTやFTを用いた取引を行った場合の課税関係」[1]参照）。

2　所得税法上の所得区分

NFTやFTが財産的価値を有する資産と交換できるものとして所得税の課税対象となる場合の所得区分は以下のとおりとなります。

(1)　役務提供の対価としてNFTやFTを取得した場合

役務提供の対価として、NFTやFTを取得した場合は、役務提供の種類に応じて、事業所得、給与所得、一時所得または雑所得に区分されます。①農業、漁業、製造業、卸売業、小売業、サービス業等による役務の対価としてNFTやFTを取得した場合には事業所得に、②俸給、給料、賃金、歳費及び賞与並びにこれらの性質を有する給与に係る所得としてNFTやFTを取得した場合には給与所得に、③臨時・偶発的にNFTやFTを取得した場合は一時所得に、④①から③以外に該当しない場合には雑所得に分類されることになります。

1　国税庁「No.1525－2　NFTやFTを用いた取引を行った場合の課税関係」（https://www.nta.go.jp/taxes/shiraberu/taxanswer/shotoku/1525-2.htm）。

⑵ NFTやFTを譲渡した場合

①譲渡したNFTやFTが、譲渡所得の基因となる資産に該当する場合（その所得が譲渡したNFTやFTの値上がり益（キャピタル・ゲイン）と認められる場合）には譲渡所得に区分されます（所得税法33条。なお、NFTやFTの譲渡が、営利を目的として継続的に行われている場合は、譲渡所得ではなく、雑所得または事業所得に区分されます（所得税法27条、35条））。②①以外の場合には雑所得（規模等によっては事業所得）に区分されます。

事項索引

【さ行】

【ま行】

【や行】

【ら行】

【わ行】

Web3への法務Q&A

—ブロックチェーン、NFT・NFTマーケット、
Play to Earn、DeFi、メタバース、税務—

2022年12月12日　第1刷発行

2023年2月13日　第2刷発行

編著者　野　口　香　織

発行者　加　藤　一　浩

〒160-8520　東京都新宿区南元町19

発　行　所　一般社団法人 金融財政事情研究会

企画・制作・販売　株式会社 き　ん　ざ　い

編 集 室　TEL 03(3355)1721　FAX 03(3355)3763

販売受付　TEL 03(3358)2891　FAX 03(3358)0037

URL https://www.kinzai.jp/

校正：株式会社友人社／印刷：株式会社日本制作センター

ISBN978-4-322-14216-7